Die Gesetzgebungskompetenz der Autonomen Provinz Bozen
IM SACHBEREICH JAGD

Die Drucklegung dieses Buches wurde ermöglicht durch
den Südtiroler Jagdverband

BIBLIOGRAFISCHE INFORMATION DER DEUTSCHEN NATIONALBIBLIOTHEK
Die Deutsche Nationalbibliothek verzeichnet diese Publikation in der Deutschen Nationalbibliografie; detaillierte bibliografische Daten sind im Internet abrufbar: http://dnb.d-nb.de

2016

Umschlagfoto/Umschlagillustration: Fotolia.com: © georgerod, © romir2013
Design & Layout: Athesia-Tappeiner Verlag

ISBN 978-88-6839-137-9

www.athesiabuch.it
buchverlag@athesia.it

Die Gesetzgebungskompetenz der Autonomen Provinz Bozen
IM SACHBEREICH JAGD

Benedikt Terzer

ATHESIA VERLAG

Inhalt

Vorwort

Sich selbst die Gesetze geben zu dürfen, das eigene Land selbst zu verwalten, das waren die Erwartungen, Wünsche und Ziele der Mehrheit der Südtiroler.
Nach dem Pariser Vertrag hat es einige Zeit gedauert, bis die zugesicherte Autonomie einigermaßen den Vorstellungen der Südtiroler entsprach. Anstatt einer echten Landesautonomie gab es zunächst eine Regionalautonomie, in welcher die Regionalregierung in Trient alle wesentlichen Kompetenzen innehatte. Erst mit dem zweiten Autonomiestatut von 1972 wurden wichtige Gesetzgebungs- und Verwaltungsbefugnisse an die Autonomen Provinzen Trient und Bozen übertragen. Der Weg war aber noch lange nicht geebnet, was sich auch und vor allem in den Bereichen Umwelt, Natur und Jagd gezeigt hat und sich bis heute zeigt.
Benedikt Terzer zeichnet in seiner Diplomarbeit, eingereicht bei Univ. Prof. Dr. Esther Happacher an der Leopold-Franzens-Universität Innsbruck, Meilensteine der jagdlichen Autonomie in unserem Land nach. Er verweist auf Schwierigkeiten, Interpretationen und Gerichtsurteile und liefert schlussendlich auch eine Vision für die Zukunft.
Die nun als Buch vorliegende Diplomarbeit wird die Literatur über ein wichtiges Thema unserer Südtiroler Identität erweitern. Es wendet sich an Interessierte, Studierende, aber auch an die Jägerschaft, die verstehen möchte, warum wir in Südtirol das häufige Murmeltier nicht bejagen dürfen, die Feldlerche aber vom Staat aus ohne Weiteres in die Liste der jagdbaren Tiere unseres Landes aufgenommen werden könnte.
Die Aussagen sind klar, der Stil verständlich, die Botschaft deutlich.
Ich gratuliere dem Autor zu diesem Buch, bedanke mich beim Verlagshaus Athesia für die Veröffentlichung und wünsche dem Werk eine gute Verbreitung.

Berthold Marx
Landesjägermeister

Abkürzungsverzeichnis

ABl Eu	Amtsblatt der Europäischen Union
ABl R	Amtsblatt der Region
AEUV	Vertrag über die Arbeitsweise der Europäischen Union
BGBl	Bundesgesetzblatt der Bundesrepublik Deutschland
D LH	Dekret des Landeshauptmanns
DPR	Dekret des Präsidenten der Republik
EUV	Vertrag über die Europäische Union
GA	Gesetzesanzeiger
GA KrI	Gesetzesanzeiger des Königreichs Italien
GvD	Gesetzesvetretendes Dekret
GD	Gesetzesdekret
iVm	in Verein mit
Kgl D	Königliches Dekret
LG	Landesgesetz
OBl	Ordentliches Beiblatt
Rdnr	Randnummer
RE	Rechtliche Erwägungen
RG	Regionalgesetz
RGBL	Reichs- Gesetz- und Regierungsblatt für das Kaisertum Österreich
SV	Sachverhalt
Verf	Verfassung der Republik Italien
VerfGes	Italienisches Verfassungsgesetz
VerfGH	Italienischer Verfassungsgerichtshof
VwG	Verwaltungsgericht
ZGB	Zivilgesetzbuch der Republik Italien

Zu diesem Buch

In diesem Buch wird erstmals die Gesetzgebungskompetenz der Autonomen Provinz Bozen im Sachbereich Jagd aufgearbeitet.
Die Autonome Provinz Bozen verfügt im Bereich der Jagd seit dem Jahr 1972 über primäre Zuständigkeit. Nichtsdestotrotz konnte der Landesgesetzgeber über zentrale Aspekte des Jagdsektors nie frei bestimmen und musste nach und nach weitreichende Einschnitte in seine Befugnisse hinnehmen.
Der Autor zeigt die Gründe hierfür auf, skizziert den aktuellen Umfang der Kompetenzen des Landesgesetzgebers im Bereich der Jagd und schlägt Lösungsansätze für die Wiederherstellung bzw. den Ausbau der jagdlichen Autonomie vor.

Dieses Buch ist an die Diplomarbeit „Die Gesetzgebungskompetenz der Autonomen Provinz Bozen im Sachbereich Jagd“ angelehnt. Die Arbeiten wurden mit 31. Mai 2015 abgeschlossen, spätere Rechtsprechung, Gesetzgebung und Literatur konnten nur vereinzelt berücksichtigt werden.[1]

1 Herzlich bedanken möchte ich mich in erster Linie bei Frau ao. Univ.- Prof. Dr. Esther Happacher für die äußerst gewissenhafte wissenschaftliche Begleitung. Ein weiteres Dankeschön geht an Herrn Heinrich Aukenthaler, Geschäftsführer des Südtiroler Jagdverbandes, der mir wichtige Unterlagen zur Verfügung gestellt hat sowie Anregungen und Empfehlungen mit auf den Weg gab. Danke sagen möchte ich auch Herrn Dr. Heinrich Erhard, Direktor des Amtes für Jagd und Fischerei der Autonomen Provinz Bozen a.D., der mir Kontakte vermittelte und ebenfalls Unterlagen zur Verfügung gestellt hat. Auch bei Herrn RA Dr. Adolf Auckenthaler, Generaldirektor der Südtiroler Landesverwaltung a.D., möchte ich mich bedanken. In seinen Vorlesungen zum besonderen Verwaltungsrecht der Autonomen Provinz Bozen an der Universität Innsbruck im Wintersemester 2013/14 hat er unter anderem wichtige Aspekte der Südtiroler Jagdautonomie behandelt und mit seinem Skriptum einen hilfreichen Beitrag für dieses Buch geleistet.

1. Verfassungsrechtliche Grundlagen

1.1. Autonomiestatut 1972

Die Autonome Provinz Bozen verfügt gemäß Autonomiestatut (im Folgenden: Autonomiestatut 1972), das im DPR Nr. 670 vom 31. August 1972[2] enthalten ist, über primäre, sekundäre und tertiäre Gesetzgebungskompetenzen.[3] Der Sachbereich ***„Jagd und Fischerei"*** liegt laut **Art. 8 Nr. 15 Autonomiestatut 1972** in der **primären Zuständigkeit** der **Autonomen Provinz Bozen**. Bis zum Inkrafttreten des so genannten zweiten Autonomiestatuts im Jahr 1972 war die primäre Zuständigkeit im Bereich der Jagd auf Grundlage des Verfassungsgesetzes (in der Folge: VerfGes) Nr. 5 vom 26. Februar 1948[4] der Region Trentino/Südtirol zugeordnet. Durch das VerfGes Nr. 1 vom 10. November 1971[5] wurde die primäre Zuständigkeit im Bereich Jagd, in Umsetzung der Paket-Maßnahme[6] Nr. 3, den Autonomen Provinzen Bozen und Trient übertragen.[7]

Die primäre Gesetzgebungskompetenz wird auch als *„alleinige"*,[8] *„ausschließliche"* oder *„volle"* Gesetzgebungskompetenz bezeichnet, da in den in Art. 8 Autonomiestatut 1972 enumerierten Kompetenztatbeständen der Landesgesetzgeber über die *„volle"* Kompetenz verfügt, d. h. sie nicht mit dem Staat teilen muss.[9] Neben den Autonomen Provinzen Bozen und Trient, die gemeinsam die Autonome Region Trentino – Alto Adige/Südtirol bilden,[10] verfügen vier weitere Regionen mit Sonderstatut im Sachgebiet *„Jagd und Fischerei"* über

2 GA Nr. 301 vom 20.11.1972.

3 Siehe Art. 8–10 Autonomiestatut 1972.

4 GA Nr. 62 vom 13.03.1948.

5 GA Nr. 3 vom 05.01.1972.

6 Das Paket umfasst 137 Maßnahmen zugunsten Südtirols, die von der 19er-Kommission erstellt wurden und zu deren Verwirklichung sich der italienische Staat verpflichtete, vgl. *Riz/Happacher*, Grundzüge des Italienischen Verfassungsrechts unter Berücksichtigung der verfassungsrechtlichen Aspekte der Südtiroler Autonomie[4] (2013) 319.

7 *Auckenthaler*, Die Verwaltungsbehörden in Südtirol – ausgewählte Bereiche von Verwaltungsaktivitäten, Vorlesungsskriptum, Wintersemester 2013/14, Universität Innsbruck, nicht veröffentlicht, 177.

8 *Riz/Happacher*, Grundzüge des Italienischen Verfassungsrechts, 326.

9 *Bonell/Winkler*, Südtirols Autonomie[10] (2010) 153.

10 Art. 116 Abs. 2 Verf.

primäre Gesetzgebungsbefugnis: Friaul – Julisch Venetien,[11] Sardinien,[12] Sizilien[13] und Aostatal/Vallée d'Aoste.[14] Art. 16 Abs. 1 Autonomiestatut 1972[15] bestimmt zudem in Anwendung des Prinzips des Parallelismus,[16] dass der Autonomen Provinz Bozen neben der Gesetzgebungsbefugnis auch die Verwaltungsbefugnis im Sachbereich Jagd und Fischerei zusteht.

Primäre Gesetzgebungsbefugnis im Bereich Jagd und Fischerei bedeutet zwar, dass der Landesgesetzgeber über die ausschließliche Zuständigkeit verfügt, jedoch wird diese **von** so genannten **Schranken begrenzt**. Funktion der Schranken ist es, den *„Raum an autonomer Entscheidungsmöglichkeit, über den der Landesgesetzgeber im Verhältnis zur staatlichen Gesetzgebung verfügt"*,[17] abzugrenzen. Aus methodischer Sicht erscheint es angebracht, zwischen den Schranken, die das Autonomiestatut *per se* vorsieht, und den Auswirkungen des VerfGes Nr. 3 vom 18. Oktober 2001,[18] zu unterscheiden.[19]

Der primären Gesetzgebungsbefugnis werden von **Art. 4 Autonomiestatut 1972** folgende **Schranken** gesetzt:

- **Übereinstimmung mit der Verfassung;**
- **Übereinstimmung mit den Grundsätzen der Rechtsordnung der Republik;**
- **Achtung der internationalen Verpflichtungen;**
- **Achtung der der nationalen Interessen, in welchen jenes des Schutzes der örtlichen sprachlichen Minderheiten inbegriffen ist;**
- **Achtung der grundlegenden Bestimmungen der wirtschaftlich-sozialen Reformen der Republik.**

Während die Schranken der Verfassung, der Grundsätze der Rechtsordnung der Republik, der grundlegenden Bestimmungen der wirtschaftlich-sozialen Reformen und der interna-

11 Art. 4, Ziffer 3 VerfGes Nr. 1 vom 31.01.1963, GA vom 1.02.1963, Nr. 29.

12 Art. 3 lit. *i)* VerfGes Nr. 3 vom 26.02.1948, GA vom 9.03.1948, Nr. 58.

13 Art. 14 lit. *l)* Kgl D Nr. 455 vom 15.05.1946, GA vom 10.06.1946, Nr. 133; umgewandelt in VerfGes Nr. 2 vom 26.02.1948, GA vom 9.03.1948, Nr. 58.

14 Art. 2 lit. *l)* VerfGes Nr. 4 vom 26.02.1948, GA vom 10.03.1948, Nr. 59.

15 Art. 16 Abs. 1 Autonomiestatut 1972 lautet: *„Auf den Sachgebieten und in den Schranken, innerhalb derer die Region oder Provinz Gesetzesbestimmungen erlassen kann, werden die Verwaltungsbefugnisse, die nach der früheren Ordnung dem Staat zustanden, von der Region beziehungsweise von der Provinz ausgeübt."*

16 *Happacher*, Südtirols Autonomie in Europa. Institutionelle Aspekte der europäischen Integration (2012) 62.

17 *Happacher*, Südtirols Autonomie in Europa, 61.

18 GA vom 24.10.2011, Nr. 248.

19 Zu den Auswirkungen des VerfGes Nr. 3/2001 siehe unter 1.3.1.

tionalen Verpflichtungen Italiens technisch-juristischer Natur sind, ist die Schranke der nationalen Interessen eher politischer Natur.[20]

Die Schranke der Grundsätze der Rechtsordnung der Republik wurde erstmals im Jahr 1956 vom Verfassungsgerichtshof (in der Folge: VerfGH) interpretiert.[21] Im Urteil Nr. 6/1956 wies der VerfGH darauf hin,[22] dass man unter Grundsätzen der Rechtsordnung jene Ausrichtungen und Richtlinien verstehen müsse, die allgemeingültigen und fundamentalen Charakter aufweisen und die man aus der systematischen Verknüpfung und aus der Koordinierung der innersten Zweckmäßigkeit der Normen bildet, die in einem bestimmten Augenblick zusammenwirken, um das Gerüst einer Rechtsordnung zu formen.[23]

Aufgrund der Schranke der Achtung der internationalen Verpflichtungen ist die Autonome Provinz Bozen verpflichtet, das Völkerrecht und das Recht der Europäischen Union als verbindliches Recht zu beachten[24] sowie für die Anwendung und Durchführung von völkerrechtlichen Abkommen und Rechtsakten der Europäischen Union zu sorgen.

Der Schranke der Achtung der nationalen Interessen wurde im Rahmen der Paketumsetzung die Präzisierung, dass auch der Schutz der örtlichen sprachlichen Minderheiten in die Schranke inbegriffen ist, angefügt.[25] Daraufhin brachte der Staat die Verletzung dieser Schranke weitaus seltener vor, sodass sie kaum mehr die Gesetzgebungs- und Verwaltungsautonomie Südtirols einschränkte.[26]

Die **Schranke** der **Achtung der grundlegenden Bestimmungen der wirtschaftlich-sozialen Reformen** ist die **einschneidendste** statutarische **Schranke der primären Gesetzgebungskompetenz** der Autonomen Provinz Bozen im Sachbereich Jagd. Bis zum VerfGH Urteil Nr. 406/1995 wurde sie vom staatlichen Gesetzgeber extensiv ausgelegt, indem bereits im Jahr 1990 das gesamte staatliche Jagdrahmengesetz Nr. 968 vom 27. Dezember 1977[27] als grundlegendes Reformgesetz eingestuft wurde.[28] Häufig versah der staatliche Gesetzgeber Gesetze mit einer Schlussbestimmung, die das ganze Staatsgesetz als *„grund-*

20 *Bonell/Winkler*, Südtirols Autonomie, 153.

21 *Riz/Happacher*, Grundzüge des Italienischen Verfassungsrechts, 387.

22 VerfGH Urteil Nr. 6/1956: *"Fa d'uopo rilevare che si devono considerare come principi dell'ordinamento giuridico quegli orientamenti e quelle direttive di carattere generale e fondamentale che si possono desumere dalla connessione sistematica, dal coordinamento e dalla intima razionalità delle norme che concorrono a formare, in un dato momento storico, il tessuto dell'ordinamento giuridico vigente."*

23 Vgl. *Riz/Happacher*, Grundzüge des Italienischen Verfassungsrechts, 387.

24 *Riz/Happacher*, Grundzüge des Italienischen Verfassungsrechts, 388.

25 *Happacher*, Südtirols Autonomie in Europa, 64.

26 *Riz/Happacher*, Grundzüge des Italienischen Verfassungsrechts, 389.

27 GA Nr. 3 vom 04.01.1978.

28 VerfGH Urteil Nr. 577/1990, Giur. cost. 1990, 3239, RE Rdnr 2.

legende Bestimmung" bezeichnete[29] und dadurch zur Schranke laut Art. 4 Autonomiestatut 1972 wurde. Dieser Praxis schob das eben zitierte Urteil einen Riegel vor, indem es u. a. feststellte, dass nur jene Bestimmungen, die *„auf die Kategorie der wirtschaftlich-sozialen Reformen rückführbar sind, weil sie tiefgehende Neuerungen aufweisen oder Sektoren betreffen, die für das Leben der Allgemeinheit von grundlegender Bedeutung sind"*,[30] eine Schranke darstellen können.

1.2. Durchführungsbestimmungen zum Autonomiestatut 1972

1.2.1. Theoretische Aspekte

Die Durchführungsbestimmungen gelten als das wichtigste Instrument zur Umsetzung der Südtiroler Autonomie[31] und dienen in erster Linie der Vervollständigung des Sonderstatuts.[32] Die rechtliche Grundlage zum Erlass von Durchführungsbestimmungen ist in Art. 107 ff Autonomiestatut 1972 enthalten. Sie werden von der Regierung in Form eines gesetzesvertretenden Dekrets (in der Folge: GvD) verabschiedet und vom Präsidenten der Republik erlassen.[33]

Dadurch, dass Durchführungsbestimmungen eine *„Abgrenzung zwischen staatlichen und autonomen Kompetenzbereichen"*[34] vornehmen, dienen sie der Detailgestaltung der Autonomie.[35] Die Durchführungsbestimmungen dienen aber nicht nur einer Durchführung des Statuts *secundum legem*, sondern auch einer Ergänzung desselben *praeter legem*,[36] sofern sie ihm *„sprachlich, inhaltlich und logisch"*[37] entsprechen. Keinesfalls dürfen sie jedoch *contra legem* sein, d. h. gegen die Bestimmungen des Sonderstatuts verstoßen, da diese Rechtsquelle

29 *Riz/Happacher*, Grundzüge des Italienischen Verfassungsrechts, 392.
30 VerfGH Urteil Nr. 406/1995, RE Rdnr. 4, Giur. It. 1995, 109.
31 *Happacher*, Südtirols Autonomie in Europa, 67; zu den Durchführungsbestimmungen im Allgemeinen siehe *Gabriele*, Decreti legislativi di attuazione degli statuti speciali, Enciclopedia giuridica (1988).
32 *Riz/Happacher*, Grundzüge des Italienischen Verfassungsrechts, 420.
33 *Happacher*, Südtirols Autonomie in Europa, 67.
34 Ebenda.
35 Ebenda.
36 *Riz/Happacher*, Grundzüge des Italienischen Verfassungsrechts, 420.
37 Ebenda.

hierarchisch höhergestellt ist.[38] Steht also eine Durchführungsbestimmung im Widerspruch zu einer Norm des Autonomiestatuts, führt dies zur Verfassungswidrigkeit,[39] die der VerfGH feststellen kann. *„Durchführungsbestimmungen können so lange erlassen werden, wie Bedarf zur Umsetzung des Autonomiestatuts besteht“*,[40] und gelten, solange die Bestimmungen des Autonomiestatuts, die sie ausführen und ergänzen, in Kraft sind.[41]

Die Lehre bezeichnet die Durchführungsbestimmungen als Bestimmungen bzw. Rechtsquellen mit verstärkter Gesetzeskraft.[42] Unter verstärkter Gesetzeskraft ist der Vorrang gegenüber ordentlichen Gesetzen, d. h. primären Rechtsquellen zu verstehen, weshalb Durchführungsbestimmungen keinesfalls durch einfachgesetzliche Bestimmungen, sondern nur *„durch ebensolche Durchführungsbestimmungen oder Verfassungsbestimmungen abgeändert, aufgehoben oder eingeschränkt werden können.“*[43] Außerdem werden Durchführungsbestimmungen als *„Parameter für die Verfassungswidrigkeit von ordentlichen Gesetzen herangezogen.“*[44]

1.2.2. Durchführungsbestimmung für den Sachbereich *Jagd*

Die **Durchführungsbestimmung** zum Sonderstatut der Autonomen Provinz Bozen, die den **Bereich Jagd** betrifft, ist das **DPR Nr. 279 vom 22. März 1974.**[45]

Art. 1 Abs. 1 DPR Nr. 279/1974 bestimmt, dass die Befugnisse der Staatsverwaltung und der Region Trentino-Südtirol, die das Sachgebiet Jagd und Fischerei betreffen, von den beiden Autonomen Provinzen Trient und Bozen ausgeübt werden. Allerdings behält sich der Staat die Ausstellung des Waffenpasses zum Jagdgebrauch (Jagdgewehrschein) weiterhin vor.[46] Die Regelung dazu ist in Art. 42 des Einheitstextes der Gesetze über die öffentliche

38 Ebenda.
39 *Riz/Happacher*, Grundzüge des Italienischen Verfassungsrechts, 421.
40 *Happacher*, Südtirols Autonomie in Europa, 69.
41 Ebenda.
42 *Riz/Happacher*, Grundzüge des Italienischen Verfassungsrechts, 421; *Happacher*, Südtirols Autonomie in Europa, 68.
43 *Happacher*, Südtirols Autonomie in Europa, 68.
44 *Riz/Happacher*, Grundzüge des Italienischen Verfassungsrechts, 421.
45 GA Nr. 196 vom 26.07.1974; die deutsche Übersetzung wurde im OBl zum ABl R Nr. 62 vom 19.12.1979 veröffentlicht.
46 Art. 8 DPR Nr. 279/1974 lit. *i)*.

Sicherheit[47] Nr. 773 vom 18. Juni 1931[48] enthalten, der die Ausstellung des Jagdgewehrscheins durch den Quästor vorsieht.

Dem Staat bleiben im Sachbereich Jagd außerdem die Zuständigkeiten im Hinblick „*auf die internationalen Beziehungen und auf die Beziehungen zur Europäischen Wirtschaftsgemeinschaft, auf die Anwendung von Verordnungen und anderen Rechtsakten der Europäischen Wirtschaftsgemeinschaft betreffend die Preis- und Marktpolitik, auf die Forschung und wissenschaftlichen Versuche von gesamtstaatlichen Interesse in Land- und Forstwirtschaft, Jagd und Fischerei (…)*“[49] vorbehalten.[50]

Nach ***Bronzetti*** ist in der Zwischenzeit durch Art. 9 der Durchführungsbestimmung DPR Nr. 526/1987 auch die Verwaltungsbefugnis bezüglich Forschung und wissenschaftlichen Versuchen von gesamtstaatlichem Interesse im Bereich Jagd auf die Autonome Provinz Bozen übertragen worden.[51] Mit dieser Durchführungsbestimmung wurden nämlich die Verwaltungsbefugnisse gemäß DPR Nr. 616/1977 auf die Sachgebiete, in denen die Autonome Provinz Bozen über primäre und sekundäre Gesetzgebungskompetenz verfügt, übertragen.

Bemerkenswert erscheint der normative Inhalt von **Art. 1 Abs. 2 des DPR Nr. 279/1974**: ***„Die Standards zum Schutz der Fauna werden mit Landesgesetz geregelt, in welchem der Jagdkalender und die jagdbaren Tiere in Beachtung der Schutzrichtlinien festgelegt sind, die aus den in die staatliche Rechtsordnung eingeführten internationalen Abmachungen und EG-Bestimmungen[52] hervorgehen.“***[53]

Dieser Absatz wurde dem DPR Nr. 279/1974 erst durch Art. 5 des GvD Nr. 267 vom 16. März 1992[54] angefügt. Diese Durchführungsbestimmung wurde erlassen, um in der Gesetzgebungsbefugnis der Autonomen Provinz Bozen im Sachbereich Jagd jenen Frei-

47 Die italienische Bezeichnung lautet: “*Testo Unico delle Leggi di Pubblica Sicurezza*“.

48 GA Nr. 146 vom 26.06.1931.

49 Art. 8 Abs. 1 DPR Nr. 279/1974.

50 Vgl. hierzu *Reggio D'Aci*, La Regione Trentino-Alto Adige[2] (1994), 147.

51 *Bronzetti*, L'estensione al Trentino-Alto Adige del D.P.R. 616. Appendice di aggiornamento a Le potestá legislative ed amministrative della Regione Trentino-Alto Adige e delle Province di Trento e Bolzano (1991) 14.

52 Nunmehr: unionsrechtliche Bestimmungen.

53 Der italienische Text lautet: “*Lo standard di protezione della fauna è disciplinato con legge provinciale che stabilisce il calendario venatorio e le specie cacciabili, attenendosi ai livelli di protezione risultanti dalle convenzioni internazionali o dalle norme comunitarie introdotte nell'ordinamento statale.*”

54 OBl zum GA Nr. 94 vom 22.04.1992; die deutsche Übersetzung wurde im OBl zum ABl R Nr. 20 vom 12.05.1992 veröffentlicht.

raum zurückzugewinnen, der bis zu einem VerfGH-Urteil aus dem Jahr 1990[55] bestanden hatte.[56] Der VerfGH hatte nämlich mit Urteil Nr. 577/1990[57] das LG Nr. 14 vom 17. Juli 1987[58] (in der Folge: Landesjagdgesetz) in jenem Teil für verfassungswidrig erklärt, in dem es die Bejagung von vier Wildarten[59] erlaubte, die nicht im Katalog der jagdbaren Wildarten des damaligen staatlichen Jagdrahmengesetzes Nr. 968/1977 enumeriert waren. Das GvD Nr. 267/1992 wurde wenige Wochen vor der Streitbeilegungserklärung erlassen, weshalb es gemeinsam mit dem Paket vom Jahr 1969, dem Autonomiestatut 1972 und den anderen erlassenen Durchführungsbestimmungen bei den bedeutenden internationalen Organen sowie in Wien im Jahr 1992 offiziell hinterlegt wurde und dadurch international verankert und justiziabel ist.[60]

Daraus ergibt sich für den Staat das völkerrechtliche Verbot einer einseitigen Abänderung all jener Autonomiebestimmungen, die zum Zeitpunkt der Streitbeilegungserklärung im Jahr 1992 hinterlegt wurden.[61]

Obwohl Art. 1 Abs. 2 DPR Nr. 279/1974 klar bestimmt, dass die Autonomen Provinzen Bozen und Trient, unter Berücksichtigung der internationalen Abmachungen und gemeinschaftlichen (nunmehr: unionsrechtlichen) Bestimmungen, die in die staatliche Rechtsordnung eingeführt wurden, für die Regelung der Standards zum Schutz der Fauna zuständig sind, hat er dem Landesgesetzgeber nicht zum erhofften Durchbruch[62] verholfen. Der Grund hierfür kann hauptsächlich in der Judikatur des VerfGH ausfindig gemacht werden.[63] Dieser teilte nämlich nicht die u. a. von ***Borgonovo Re*** vertretene Auffassung, wonach die primäre Gesetzgebungskompetenz der Autonomen Provinz Bozen im Sachbereich Jagd aufgrund Art. 1 Abs. 2 DPR Nr. 279/1974 nur den Bestimmungen der internationalen und gemeinschaftlichen Rechtsordnung (nunmehr: Unionsrechtsordnung) untersteht.[64]

55 VerfGH Urteil Nr. 577/1990.

56 *Auckenthaler*, Die Verwaltungsbehörden in Südtirol, 178.

57 VerfGH Urteil Nr. 577/1990, Giur. cost. 1990, 3239.

58 ABl R Nr. 34 vom 28.07.1987.

59 Murmeltier, Dachs, Edel- und Steinmarder.

60 *Riz/Happacher*, Grundzüge des Italienischen Verfassungsrechts, 322.

61 Ebenda.

62 Zur erhofften Wende mit GvD Nr. 267/1992, das dem DPR Nr. 279/1974 in Art. 1 Abs. 2 angefügt wurde, siehe ua *Mahlknecht*, Bericht des Landesjägermeisters Eduard Mahlknecht, Jägerzeitung, Magazin des Südtiroler Jagdverbandes, Nr. 3/1992, 2 ff.

63 Näheres dazu siehe unter 5.1.1.6.

64 *Borgonovo Re*, Land- und Forstwirtschaft, Jagd und Fischerei, öffentliche Nutzungsrechte und geschlossene Höfe, in *Autonome Region Trentino-Südtirol/Universität Trient* (Hg), Kommentar zu den Durchführungsbestimmungen des Autonomiestatuts (1995) 540; vgl. außerdem *Bonell/Winkler*, Südtirols Autonomie, 285.

Aus heutiger Sicht kann jedenfalls die Ansicht von ***Reggio D'Aci,*** wonach den Autonomen Provinzen Trient und Bozen alle Zuständigkeiten im Sachbereich Jagd, mit Ausnahme von Art. 8 lit. *a), b), c)* und *i)* des DPR Nr. 279/1974 zustehen, nicht mehr geteilt werden.[65]

1.3. VerfGes Nr. 3/2001

1.3.1. Grundsätzliches

Mit VerfGes Nr. 3/2001 wurde der V. Titel des II. Teils der Verf grundlegend abgeändert. Art. 117 Abs. 1 Verf verfügt zunächst, dass die Gesetzgebungsbefugnis von Staat und Regionen unter Wahrung der Verfassung sowie der Schranken, die aus der gemeinschaftlichen (nunmehr: unionsrechtlichen) Rechtsordnung und aus den internationalen Verpflichtungen erwachsen, ausgeübt wird. Auf diesen Grundsatz folgt eine Enumerierung der Sachbereiche, in denen der Staat über ausschließliche Gesetzgebungskompetenz verfügt.[66]

In all jenen Bereichen, die der staatlichen Gesetzgebung nicht explizit vorbehalten sind, steht dagegen laut Art. 117 Abs. 4 Verf den Regionen die Gesetzgebungsbefugnis zu. Hieraus ergibt sich, dass das VerfGes Nr. 3/2001 das traditionelle Aufteilungskriterium umgekehrt

---

65 *Reggio D'Aci,* La Regione Trentino-Alto Adige, 147.

66 Art. 117 Abs. 2 Verf lautet: *„Für nachstehende Sachgebiete besitzt der Staat die ausschließliche Gesetzgebungsbefugnis: a) Außenpolitik und internationale Beziehungen des Staates; Beziehungen des Staates mit der Europäischen Union; Asylrecht und rechtliche Stellung der Bürger von Staaten, die nicht der Europäischen Union angehören; b) Einwanderung; c) Beziehungen zwischen der Republik und den religiösen Bekenntnissen; d) Verteidigung und Streitkräfte; Sicherheit des Staates; Waffen, Munition und Sprengstoffe; e) Währung, Schutz der Spartätigkeit und Kapitalmärkte; Schutz des Wettbewerbs; Währungssystems; Steuersystem und Rechnungswesen des Staates; Finanzausgleich; f) Organe des Staates und entsprechende Wahlgesetze; staatliche Referenden; Wahl zum Europäischen Parlament; g) Aufbau und Organisation der Verwaltung des Staates und der gesamtstaatlichen öffentlichen Körperschaften; h) öffentliche Ordnung und Sicherheit, mit Ausnahme der örtlichen Verwaltungspolizei; i) Staatsbürgerschaft, Personenstand- und Melderegister; l) Gerichtsbarkeit und Verfahrensvorschriften; Zivil- und Strafgesetzgebung; Verwaltungsgerichtsbarkeit; m) Festsetzung der wesentlichen Leistungen im Rahmen der bürgerlichen und sozialen Grundrechte, die im ganzen Staatsgebiet gewährleistet sein müssen; n) allgemeine Bestimmungen über den Unterricht; o) Sozialvorsorge; p) Wahlgesetzgebung, Regierungsorgane und grundlegende Aufgaben der Gemeinden, Provinzen und Stadtmetropolen; q) Zoll, Schutz der Staatsgrenzen und internationale vorbeugende Maßnahmen; r) Gewichte, Maße und Festsetzung der Zeit; Koordinierung der statistischen Information und informatische Koordinierung der Daten der staatlichen, regionalen und örtlichen Verwaltung; Geisteswerke; s) Umwelt-, Ökosystem- und Kulturgüterschutz."*

hat und nun nicht mehr die gesetzgeberischen Zuständigkeiten der Regionen, sondern, nach bundesstaatlichem Vorbild,[67] jene des Staates taxativ aufgezählt werden.
Die Gesetzgebungskompetenz der Regionen dehnt sich somit ausnahmslos, in Anwendung des Grundsatzes der Residualität, auf alle nicht benannten Kompetenzbereiche aus.[68] Da der Sachbereich Jagd weder im ausschließlichen Kompetenzkatalog des Staates aufscheint noch, wie vor der Verfassungsreform,[69] zur konkurrierenden Gesetzgebung zählt, fällt er in die Residualzuständigkeit der Regionen.
Nach ***Panunzio*** stellen die ausschließlichen Kompetenztatbestände des Staates gemäß Art. 117 Abs. 2 Verf eine Derogation des allgemeinen Grundsatzes der Gesetzgebungszuständigkeit der Regionen im Sinne von Art. 117 Abs. 4 Verf dar, weshalb sie restriktiv ausgelegt werden müssten.[70] Diese Auffassung setzte sich jedoch in der Judikatur des VerfGH nicht durch.
Unter den **ausschließlichen Kompetenzen des Staates** laut Art. 117 Abs. 2 Verf nehmen die **transversalen Kompetenzen**[71] eine **besondere Rolle** ein.[72] Dieser **Kompetenztypus** ist allerdings nicht in der Verfassung explizit vorgesehen, sondern stellt eine **Schöpfung des VerfGH** dar, die im Zuge der Grenzziehung zwischen den ausschließlichen Kompetenzen des Staates und den primären Kompetenzen der Regionen mit Sonderstatut vorgenommen wurde. Insofern können die transversalen Kompetenzen des Staates als implizite Schranke bezeichnet werden.[73] Für den VerfGH sind die transversalen Kompetenzen nicht Sachgebiete im engeren Sinn, sondern Zuständigkeiten des Staates, die imstande sind, aufgrund des Erfordernisses einheitlicher Regelung, alle Kompetenzen des regionalen Gesetzgebers zu tangieren[74] und somit die Zuständigkeiten der nachgeordneten Gebietskörperschaften schmälern.[75]

---

67 *Bonell/Winkler*, Südtirols Autonomie, 150.

68 *Antonini*, Art. 117, 2° co., in *Bifulco/Celotto/Olivetti* (Hg), Commentario alla Costituzione Artt. 101–139 (2006) 2229.

69 Vgl. *D'Atena*, Riarticolazione delle competenze legislative e disciplina della caccia, Vortragsmanuskript der Tagung "Ecosistema e caccia tra Stato e Regioni", Rom, 10.12.2002, nicht veröffentlicht, 2.

70 *Antonini*, Art. 117, 2° co., 2230.

71 Neben dieser Bezeichnung sind auch die Termini transversale Werte, Querschnittskompetenzen und Querschnittsfunktionen geläufig, vgl. bei *Riz/Happacher*, Grundzüge des Italienischen Verfassungsrechts, 397.

72 *Happacher*, Südtirols Autonomie in Europa, 95.

73 *Happacher*, Südtirols Autonomie in Europa, 105.

74 VerfGH Urteil Nr. 282/2002, Giur. cost. 2002, 2012, RE Rdnr 3; *Happacher*, Südtirols Autonomie in Europa, 95.

75 Vgl. *Benelli*, Art. 117, 2° co. in *Bartole/Bin*, Commentario breve alla Costituzione[2] (2008), 1053.

Die Lehre steht den transversalen Werten aus mehreren Gründen skeptisch gegenüber:

- Sie stellen eine versteckte Neuauflage der Schranke des nationalen Interesses dar, das mit der Verfassungsreform aus dem Jahre 2001 aus dem Verfassungsgefüge verbannt wurde.[76]
- Sie führen zu Rechtsunsicherheit, da nirgendwo festgelegt ist, wie weit die transversalen Werte die regionalen Zuständigkeiten einschränken können.[77]
- Sie stehen im Widerspruch zu Art. 116 Abs. 3 Verf, der bestimmt, dass den interessierten Regionen mit Staatsgesetz weitere Formen und besondere Arten der Autonomie zuerkannt werden können.[78]

Eine **typische transversale Kompetenz** stellt der **Schutz der Umwelt und des Ökosystems** dar, welcher durch die Verfassungsreform in den ausschließlichen Zuständigkeitskatalog des Staates aufgenommen wurde.[79]

Auch wenn das nationale Interesse nach der Reform durch VerfGes Nr. 3/2001 nicht mehr *expressis verbis* als Schranke im Verfassungsgefüge auftaucht,[80] kann festgehalten werden, dass die **transversalen Werte eine Neuauflage des nationalen Interesses**, wenn auch in gewandelter Form, darstellen.[81] Unter Berufung auf die Schranke der transversalen Kompetenzen hat der VerfGH die Regelung zu zahlreichen Aspekten, die *de facto* laut Kompetenzkatalog den Regionen mit Sonderstatut zugestanden wären, dem Staat zugesprochen, weshalb in der Lehre auch von einer *„Entmaterialisierung der Kompetenzen"* gesprochen

76 *Benelli/Bin*, Prevalenza e "rimaterializzazione" delle materie: scacco matto alle Regioni, 26 unter *http://robertobin.it/ARTICOLI/Rimaterializzazione.pdf* (abgerufen am 25.04.2014).

77 *Calzolaio*, L'ambiente e la riforma del Titolo V. Nota breve a due sentenze contrastanti, 3 unter *http://www.forumcostituzionale.it/site/index3.php?option=content&task=view&id=271* (abgerufen am 21.03.2014).

78 *Benelli*, Separazione *vs* collaborazione: due nuove pronunce della Corte costituzionale in tema di tutela dell'ambiente e di materie trasversali, 7 unter *http://www.forumcostituzionale.it/site/images/stories/pdf/documenti_forum/giurisprudenza/2008/0020_nota_104_105_2008_benelli.pdf* (abgerufen am 10.04.2014).

79 Siehe hierzu näher unter 1.3.4.

80 Zum Verschwinden des nationalen Interesses aus des Verfassung vgl. *Barbera*, Chi é il custode dell'interesse nazionale? Quaderni costituzionali 2001, 345.

81 Vgl. *Benelli/Bin*, Prevalenza e "rimaterializzazione" delle materie: scacco matto alle Regioni, 26; *Richter Stella*, Un nuovo tipo di sentenza costituzionale: la sentenza creativa, in Giust. Civ. 2003, 608; *De Santis*, Riparto di competenze legislative tra Stato e Regioni (tra *standards* uniformi e limite delle norme fondamentali delle riforme economico sociali dopo la riforma del Titolo V), Giur. it. 2004, 10; *Gorlani* La materia della caccia davanti alla corte costituzionale dopo la riforma del titolo V Cost.: Ritorna l'interesse nazionale e il "primato" della legislazione statale di principio?, 2 unter *http://www.forumcostituzionale.it/site/index3.php?option=content&task=view&id=274* (abgerufen am 21.03.2014).

wird.[82] Es bleibt festzustellen, dass die Entmaterialisierung immer zu Lasten der Regionen und somit zu Gunsten einer Kompetenzanreicherung des Staates erfolgt.[83]
Art. 117 Abs. 1 Verf führt die *„gemeinschaftliche Rechtsordnung"* (nunmehr: Unionsrechtsrechtsordnung) explizit als Schranke für die Gesetzgebung von Staat und Regionen ein. Die Gesetzgebungsbefugnis der Autonomen Provinz Bozen unterlag jedoch schon vor dem VerfGes Nr. 3/2001 der Schranke der gemeinschaftlichen Rechtsordnung. Nach Ansicht des VerfGH implizierte nämlich die statutarische Schranke der internationalen Verpflichtungen auch jene Verpflichtungen, die aus der gemeinschaftlichen Rechtsordnung resultierten.[84]
Die Schranke der grundlegenden Bestimmungen der wirtschaftlich-sozialen Reformen bleibt nach Ansicht des VerfGH auch nach der Verfassungsreform durch das VerfGes Nr. 3/2001 für die Regionen mit Sonderstatut aufrecht.[85] Dies hat der VerfGH auch in zwei Urteilen bekräftigt, die die primäre Gesetzgebungskompetenz der Autonomen Region Sardinien und der Autonomen Provinz Trient im Sachbereich Jagd schmälern.[86]
Ficht der Staat ein Landesgesetz wegen Verletzung des Art. 117 Abs. 1 Verf an, so verwendet der VerfGH im Rahmen einer direkten Verfassungsbeschwerde auch nach der Reform durch das VerfGes Nr. 3/2001 die unionsrechtlichen Normen als zwischengeschaltete Parameter zu Art. 117 Abs. 1 und zu Art. 11 Verf.[87]

1.3.2. Art. 10 VerfGes Nr. 3/2001

Um die Autonomen Provinzen Trient und Bozen sowie die Regionen mit Sonderstatut an der Reform durch VerfGes Nr. 3/2001 zu beteiligen,[88] wurde mit **Art. 10 VerfGes Nr. 3/2001** ein eigener Passus eingefügt, der Folgendes bestimmt: ***„Bis zur Anpassung der jeweiligen Statute finden die Bestimmungen dieses Verfassungsgesetzes auch in den Regionen mit Sonderstatut und in den Autonomen Provinzen Trient und Bozen Anwendung, und zwar für jene Teile, in denen Formen der Autonomie vorgesehen werden, welche über***

82 *Benelli/Bin*, Prevalenza e "rimaterializzazione" delle materie: scacco matto alle Regioni, 4.
83 *Happacher*, Südtirols Autonomie in Europa, 96.
84 VerfGH Urteil Nr. 182/1976, Giur. cost. 1976, 1138, RE Rdnr 2; vgl. *Happacher*, Südtirols Autonomie in Europa, 66.
85 *Riz/Happacher*, Grundzüge des Italienischen Verfassungsrechts, 394.
86 VerfGH Urteile Nr. 536/2002, Giur. cost. 2002, 4416; Nr. 227/2003, Giur. cost. 2003, 1923; vgl. hierzu näher unter 5.1.1.6. und 5.1.2.5.
87 *Happacher*, Südtirols Autonomie in Europa, 247.
88 *Riz/Happacher*, Grundzüge des Italienischen Verfassungsrechts, 326.

die bereits zuerkannten hinausgehen."[89] Ziel dieser als **Günstigkeitsklausel** bekannten Regelung ist, die **Sonderautonomien** in die Lage zu versetzen, bereits ab Inkrafttreten der Verfassungsreform **an jenen weitergehenden Formen der Autonomie zu partizipieren, die in der Neuordnung der Beziehungen zwischen Staat und Regionen für die regionale Ebene begünstigend sind.**[90] Ursprünglich als Übergangslösung eingefügt, sind inzwischen mehr als elf Jahre vergangen, ohne dass ein einziges Sonderstatut ans VerfGes Nr. 3/2001 angepasst worden wäre.[91] Der VerfGH hat sich mehrmals mit den Auswirkungen des Art. 10 VerfGes Nr. 3/2001 befasst und u. a. betont, dass diese Bestimmung von „*absoluter Spezialität*" geprägt sei, weshalb hinsichtlich ihrer Anwendung weder eine extensive noch eine analoge Interpretation zulässig sei.[92] Ebenso betonte der VerfGH, dass der Verfassungsgesetzgeber mit dieser Bestimmung das Entstehen einer Lücke zwischen den Regionen mit Normalstatut und jenen mit Sonderstatut verhindern wollte.[93] Nach ***D'Atena*** manifestiert sich der Kompetenzzuwachs durch die Günstigkeitsklausel entweder als neuer Sachbereich oder als Erweiterung eines vorhandenen Kompetenztatbestandes.[94] Konkret bedeutet dies im ersteren Fall, dass die Regionen mit Sonderstatut und die Autonomen Provinzen Trient und Bozen Gesetzgebungskompetenz in Sachbereichen erhalten, in denen sie laut Sonderstatut keine Rechtssetzungsbefugnis haben, die aber gemäß Art. 117 Abs. 3 und Abs. 4 den Regionen mit Normalstatut zustehen. Eine Erweiterung des Kompetenztatbestandes, auch *upgrading* genannt, liegt hingegen dann vor, wenn die Regionen mit Normalstatut in diesen Sachbereichen über eine breitere Zuständigkeitssphäre verfügen.[95] Die Günstigkeitsklausel rechtfertigt jedoch keinen Kompetenzzuwachs der Regionen mit

---

89 Der italienische Text lautet: "*Sino all'adeguamento dei rispettivi statuti, le disposizioni della presente legge costituzionale si applicano anche alle Regioni a statuto speciale ed alle province autonome di Trento e di Bolzano per le parti in cui prevedono forme di autonomia più ampie rispetto a quella già attribuite.*"

90 *Happacher*, Südtirols Autonomie in Europa, 87.

91 *Falcon*, Auswirkungen des Verfassungsgesetzes Nr. 3/2001 auf die Gesetzgebungs- und Verwaltungsautonomie Südtirols in *Happacher/Obwexer* (Hg) 40 Jahre Zweites Autonomiestatut. Südtirols Sonderautonomie im Kontext der europäischen Integration (2012) 34.

92 VerfGH Urteil Nr. 370/2006, Giur. cost. 2006, 3867, RE Rdnr 4.2.1.

93 VerfGH Urteil Nr. 370/2006 RE Rdnr 4.2.1.: "*Il legislatore costituzionale del 2001 ha, pertanto perseguito, con la norma in esame, l'obbiettivo di evitare che il rafforzamento del sistema delle autonomie delle Regioni ordinarie, attuato dalla riforma del titolo V, potesse determinare un divario rispetto a quelle Regioni che godono di forme e condizioni particolari di autonomia.*"

94 *D'Atena*, Diritto regionale (2010) 248.

95 Ebenda; vgl. hierzu etwa VerfGH Urteil Nr. 80/2007, Giur. cost. 2007, 2.

Sonderstatut und der Autonomen Provinzen, der über die Bestimmungen des reformierten Titel V Verf hinausgeht.[96]

Hinsichtlich ihrer Anwendung birgt die Günstigkeitsklausel Tücken in sich: Die Praxis zeigt nämlich, dass der Vergleich zwischen dem *status quo*, d. h. der rechtlichen Lage gemäß Autonomiestatut und der Kompetenzlage laut reformiertem Titel V Verf sowie die Bewertung, ob *„weitergehende Formen der Autonomie"* vorliegen, nicht unproblematisch sind.[97] Von Anfang an gab es Interpretationsschwierigkeiten, in welchem Umfang Bestimmungen des VerfGes Nr. 3/2001 durch die Günstigkeitsklausel auf die Regionen mit Sonderstatut übertragen werden könnten, da von *„Bestimmungen"*, *„Teilen"* und *„Formen"* die Rede ist.[98] Bevor sich der VerfGH klärend mit diesen Fragestellungen auseinandersetzte, wurde teilweise vermutet, dass jeder beliebige Teil des VerfGes Nr. 3/2001, der im Vergleich zu den bestehenden Sonderstatuten vorteilhafter war, auf die Sonderautonomien übertragen werden könnte.[99]

Aus einer Analyse der Judikatur des VerfGH lassen sich diesbezüglich zwei verschiedene Interpretationsstränge ableiten. Einerseits das so genannte System der Zweigleisigkeit, andererseits die Theorie der Durchlässigkeit der Schrankensysteme.[100] Nach der Theorie der Zweigleisigkeit verlaufen die Kompetenzordnungen gemäß Sonderstatut und laut VerfGes Nr. 3/2001 auf getrennten, aber parallelen Schienen.[101] Sobald die Bestimmung, die für die Regionen mit Sonderstatut bzw. die Autonomen Provinzen im Konkreten vorteilhafter ist, eruiert wurde, muss sie *in toto*, d. h. auch hinsichtlich der Schranken angewendet werden. Dieses Prinzip bestätigte der VerfGH im Urteil Nr. 370/2006: *„Wenn die Gesetzgebungskompetenz einer Region mit Sonderstatut auf den Normen des Verfassungsgesetzes Nr. 3/2001 beruht – weil diese im Vergleich zum Statut eine „umfassendere" Gesetzgebungsbefugnis zuweisen – finden die im Titel V enthaltenen Bestimmungen vollumfänglich Anwendung."*[102]

---

96 *D'Atena*, Diritto regionale, 249.

97 *Parisi*, La potestá primaria alla deriva? Spunti ricostruttivi per ripensare un luogo comune, Le Regioni 2011, 826.

98 *Ruggiu*, Le "nuove" materie spettanti alle Regioni speciali in virtú dell'art. 10, legge costituzionale 3/2001, Le Regioni 2011, 802.

99 Ebenda.

100 Ebenda.

101 *Ruggiu*, Le Regioni 2011, 803.

102 VerfGH Urteil Nr. 370/2006 RE Rdnr 4.2.2.: "*(…) quando la competenza legislativa di una Regione a statuto speciale si radica sulle norme contenute nella legge costituzionale n. 3 del 2001 – perché le stesse attribuiscono una competenza legislativa 'piú ampia' rispetto allo statuto – le disposizioni contenute nel titolo V trovano applicazione nella loro interezza.*"

Nach der Theorie der Durchlässigkeit der Schrankensysteme finden dagegen sowohl Bestimmungen als auch Schranken Anwendung, die für die Regionen mit Sonderstatut nachteilig sind.[103] In einigen Fällen hat der VerfGH den Regionen mit Sonderstatut gegenüber, neben den herkömmlichen Schranken, auch solche angewendet, die sich aus dem VerfGes Nr. 3/2001 ergeben: Betrachtet man diesen Vorgang im Lichte des *favor specialitas* laut Günstigkeitsklausel, ist klar ersichtlich, dass diese Auslegung nicht zulässig wäre.[104]
Summa summarum stehen die beiden analysierten Interpretationsstränge im Widerspruch zu einer wörtlichen Auslegung der Günstigkeitsklausel, die der VerfGH jedoch immer verwehrt hat.[105] Zusammenfassend kann festgehalten werden, dass der VerfGH einerseits auf die Regionen mit Sonderstatut neue Schranken laut VerfGes Nr. 3/2001 angewandt hat, während er sich andererseits stets weigerte, die statutarischen Zuständigkeiten im Lichte der weniger strikten Schranken laut Verfassungsreform Nr. 3/2001 zu betrachten.[106]

1.3.3. Art. 10 VerfGes Nr. 3/2001 und der Sachbereich *Jagd*

Die **Anwendung** der so genannten **Günstigkeitsklausel** gemäß Art. 10 VerfGes Nr. 3/2001 auf die primäre Gesetzgebungskompetenz der Sonderautonomien im Sachbereich Jagd war kurz nach Inkrafttreten der Verfassungsreform von 2001 **Gegenstand des VerfGH Urteils Nr. 536/2002**.
Nach Inkrafttreten des VerfGes Nr. 3/2001 führte die Region Sardinien mit einer Gesetzesnovelle im Jahre 2002 einen Passus ins sardische Jagdgesetz ein, welcher die Jagdausübung für einen längeren Zeitraum als das staatliche Jagdrahmengesetz Nr. 157 vom 11. Februar 1992[107] (in der Folge: staatliches Jagdrahmengesetz Nr. 157/1992) zuließ.[108]
Da der Präsident des Ministerrates gegen diese Gesetzesbestimmung direkte Verfassungsbeschwerde einreichte, wurde sie zum Gegenstand einer vielbeachteten Nagelprobe hinsichtlich der Auswirkungen des VerfGes Nr. 3/2001 auf die Gesetzgebungskompetenz der Regionen mit Sonderstatut und der autonomen Provinzen im Sachbereich Jagd.

103 *Ruggiu*, Le Regioni 2011, 804.
104 Ebenda.
105 *Ruggiu*, Le Regioni 2011, 805.
106 Ebenda.
107 GA vom 25.02.1992, Nr. 46.
108 Siehe hierzu näher unter 5.1.2.6.

Die Frage, ob die Regionen mit Sonderstatut sowie die Autonomen Provinzen Trient und Bozen aufgrund der Günstigkeitsklausel[109] laut Art. 10 VerfGes Nr. 3/2001 künftig im Sachbereich Jagd die Schranken gemäß Art. 117 Abs. 1 Verf anstelle der statutarischen Schranken beachten müssen, beantwortete der VerfGH widersprüchlich. Zunächst räumte der VerfGH nämlich ein, dass die Günstigkeitsklausel zwar unmittelbar anwendbar ist, im Zuge seiner Schlussfolgerung stritt er die Anwendbarkeit jedoch ab: „*Die Günstigkeitsklausel gemäß Art. 10 VerfGes Nr. 3/2001 impliziert nicht, dass falls sich ein Sachbereich, der in der Kompetenzsphäre der Regionen mit Sonderstatut liegt, mit ausschließlichen Zuständigkeitsbereichen des Staates überlagert, die Region mit Sonderstatut ohne Beachtung der statutarischen Schranken der Achtung der internationalen Verpflichtungen und der grundlegenden Bestimmungen der wirtschaftlich-sozialen Reformen der Republik gesetzgeberisch tätig werden kann.*“[110] Somit hat der **VerfGH, in Missachtung des *favor specialitas***[111] der **Günstigkeitsklausel** *ex* Art. 10 VerfGes Nr. 3/2001, **gleichzeitig** sowohl die **statutarischen Schranken als auch die Schranken laut VerfGes Nr. 3/2001 angewendet**.

Diese paradox anmutende Interpretation wurde von der herrschenden Lehre[112] scharf kritisiert. ***Morrone*** sprach etwa von einer Fehlinterpretation des Art. 10 VerfGes Nr. 3/2001 durch den VerfGH, der sich darauf beschränkt habe, nicht von seiner Entscheidungslinie abzuweichen, anstatt die Bestimmung im Lichte eines gewandelten verfassungsrechtlichen Kontexts auszulegen,[113] während ***De Santis*** betonte, dass die Günstigkeitsklausel keine Wahlmöglichkeit lasse und folglich dem Wortlaut nach Anwendung finden müsse.[114]

Aus Sicht der Sonderautonomien ist dieser Präzendenzfall besonders negativ zu bewerten, da die Günstigkeitsklausel *in malam partem* verkehrt wurde und somit bereits kurz nach

---

109 Vgl. hierzu näher unter 1.3.2.

110 VerfGH Urteil Nr. 536/2002, RE Rdnr 5 lautet: "*La previsione per cui il nuovo regime stabilito dalla riforma si applica anche alle Regioni a statuto speciale ove sia più favorevole all'autonomia regionale (art. 10 della legge costituzionale n. 3 del 2001) non implica che, ove una materia attribuita dallo statuto speciale alla potestá regionale interferisca in tutto o in parte con un ambito ora spettante in forza del secondo comma dell'art. 117 della Costituzione alla potestá esclusiva statale, la regione speciale possa disciplinare la materia (o la parte di materia) riservata allo Stato senza dovere osservare i limiti statutari imposti alla competenza primaria delle Regioni, tra cui quelli derivanti dall'osservanza degli obblighi internazionali e delle norme fondamentali delle riforme economico-sociali.*"

111 *Ruggiu*, Le Regioni, 804.

112 Vgl. *ex multis Gorlani*, La materia della caccia davanti alla Corte Costituzionale dopo la riforma del titolo V Cost., 4; *Richter Stella*, Giust. Civ. 2003, 610; *Calzolaio*, L'ambiente e la riforma del Titolo V, 2; *Lobello*, Caccia e ambiente: una problematica non ancora risolta, Giur. it. 2004, 14.

113 *Morrone*, Una spada di damocle sulla potestá legislativa esclusiva delle regioni, Giur. cost. 2002, 4432.

114 *De Santis*, Giur. it. 2004, 11.

Inkrafttreten der Verfassungsreform von 2001 einer möglichen Erweiterung der Gesetzgebungskompetenz der Sonderautonomien im Bereich Jagd ein Riegel vorgeschoben wurde.

1.3.4. Ausschließliche Gesetzgebungskompetenz des Staates im Sachbereich *Schutz der Umwelt und des Ökosystems*

Mit der **Reform** durch **VerfGes Nr. 3/2001** wurden die Kompetenztatbestände ***Schutz der Umwelt und des Ökosystems*** **in** den **ausschließlichen Zuständigkeitskatalog des Staates**, d. h. in Art. 117 Abs. 2 Verf **aufgenommen**.

Obwohl diese Bereiche bis dahin in der Verfassung nicht *expressis verbis* enthalten waren, griff der VerfGH bereits ab Beginn der Siebzigerjahre sporadisch den Aspekt des Naturschutzes auf.[115] Im Jahre 1987 hat der VerfGH,[116] unter Berufung auf Art. 9 Abs. 2 Verf und Art. 32 Verf,[117] erstmals eine eigenständige Definition von Umweltschutz geliefert.[118] Art. 9 Abs. 2 Verf wurde vom VerfGH hauptsächlich im Bereich des Landschaftsschutzes herangezogen, jedoch reichte er *de facto* nicht aus, um einen umfassenden Umweltschutz zu gewährleisten.[119] Mit Art. 32 Verf, der sich dem Schutz der Gesundheit widmet, konnte zwar das subjektive Recht auf ein gesundes Umfeld begründet werden, jedoch konnte unter Berufung auf diese Norm der Umweltschutz nur auf jene Aspekte ausgedehnt werden, die in einem direkten Zusammenhang mit dem Schutz der Gesundheit stehen.[120]

Ursprünglich wurde der Umweltschutz vom VerfGH nicht als eigenständiger Sachbereich, sondern in erster Linie als verfassungsmäßig geschützter Wert betrachtet.[121] Nach Ansicht des VerfGH waren unter Umweltschutz jedenfalls in erster Linie die Erhaltung und die Verbesserung der Lebensräume zu verstehen.[122]

---

115 *Amirante*, Profili di diritto costituzionale dell'ambiente, in *Dell'Anno/Picozza* (Hg), Trattato di diritto dell'ambiente, Volume I (2012) 248.

116 VerfGH Urteil Nr. 210/1987.

117 Art. 9 Verf lautet: „*Die Republik fördert die Entwicklung der Kultur und die wissenschaftliche und technische Forschung. Sie schützt die Landschaft und das geschichtliche und künstlerische Vermögen des Staates.*"

Art. 32 Verf lautet: „*Die Republik hütet die Gesundheit als Grundrecht des einzelnen und als Interesse der Gemeinschaft und gewährleistet den Bedürftigen kostenlose Behandlung.*"

118 *Amirante*, Profili di diritto costituzionale dell'ambiente, 252.

119 *Amirante*, Profili di diritto costituzionale dell'ambiente, 258.

120 Ebenda.

121 *Marocco*, Nota a sentenza Corte Costituzionale n. 407/2002 in *Pozza/Renna*, L'ambiente nel nuovo titolo V della Costituzione (2004) 215.

122 Vgl. *Amirante*, Profili di diritto costituzionale dell'ambiente, 252.

Als dann mit dem VerfGes Nr. 3/2001 die Sachbereiche Schutz der Umwelt und des Ökosystems in den ausschließlichen Zuständigkeitsbereich des Staates gezogen wurden, gab es zunächst Unklarheit über die genaue Definition und die Reichweite dieser Sachbereiche, da das Verfassungsgefüge keinerlei präzisierende Angaben enthält. Dass die *Aufwertung der Kultur- und Umweltgüter* im Zuge derselben Reform als Sachgebiete der konkurrierenden Gesetzgebung gemäß Art. 117 Abs. 3 Verf erklärt wurden, erschwerte die Abgrenzungsversuche zusätzlich.
In der Lehre wird betont, dass im Hinblick auf den Terminus *Umwelt* drei Dimensionen berücksichtigt werden müssen: die Beziehungen zwischen Umweltfaktoren untereinander, die räumliche, d. h. territoriale sowie die zeitliche Komponente.[123] Nach ***Cecchetti*** ist unter Umweltschutz der Schutz des ökologischen Gleichgewichts der Biosphäre oder der Ökosysteme zu verstehen.[124] Der Terminus *Umwelt* ist auf jeden Fall umfassender als der Begriff *Landschaft*, weshalb der Landschaftsschutz als im Umweltschutz enthalten erachtet werden muss.[125] Hieraus ergibt sich laut ***Parisi***, dass die Zuständigkeit der Autonomen Provinz Bozen im Sachbereich *Landschaftsschutz* gemäß Art. 8 Nr. 6 Autonomiestatut 1972 unter dem Deckmantel des Umweltschutzes verschwindet.[126] Dieser Auffassung kann jedoch das VerfGH Urteil Nr. 226/2009 [127] entgegengehalten werden, in welchem der VerfGH feststellte, dass die in Art. 117 Abs. 2 lit. *s)* Verf enthaltene ausschließliche staatliche Zuständigkeit im Sachbereich Umweltschutz nicht gegenüber der Autonomen Provinz Trient im Hinblick auf den Landschaftsschutz greife, da dieser Sachbereich der primären Gesetzgebungsbefugnis der autonomen Provinzen vorbehalten sei.[128] In den Augen des VerfGH bezieht sich der Landschaftsschutz auf den sichtbaren Bereich der Umwelt und umfasst die Morphologie des regionalen Gebiets.[129]

123 *Cecchetti*, Ambiente, paesaggio e beni culturali in *Corso Lopilato* (Hg), Il diritto amministrativo dopo le riforme costituzionali, Parte speciale, Volume I (2006) 317.

124 *Cecchetti*, Ambiente, paesaggio e beni culturali, 317.

125 Ebenda.

126 Vgl. *Parisi*, Le Regioni 2011, 856.

127 VerfGH Urteil Nr. 226/2009, Giur. cost. 2009, 2666.

128 VerfGH Urteil Nr. 226/2009, RE Rdnr 4.

129 VerfGH Urteil Nr. 226/2009, RE Rdnr 2.1: "*(...) per paesaggio deve intendersi, innanzitutto, la 'morfologia del territorio' regionale e (...) esso riguarda 'l'ambiente nel suo aspetto visivo'.*"

Was dagegen den Schutz des Ökosystems anbelangt, dient dieser nach Ansicht von ***Cecchetti*** *in primis* der Vervollständigung und Präzisierung des Konzeptes des Umweltschutzes.[130] Eine andere Lehre stuft dagegen den Schutz des Ökosystems als zusätzliche Auflage des Umweltschutzes ein, da er die Maßnahmen in diesem Sachbereich dem Aspekt des ökologischen Gleichgewichts unterstellt.[131] *Summa summarum* können die Charakteristika des Umweltschutzes in vier Schlüsselaspekten zusammengefasst werden:

- der Umweltschutz hat einen finalistischen Ansatz, da er auf den Erhalt der Umwelt abzielt;
- in puncto Umweltschutz wirken mehrere Zuständigkeiten zusammen, deren Ziele in staatlichen oder regionalen Rechtsquellen festgelegt sind;
- die staatliche Zuständigkeit im Umweltschutz stellt eine Schranke für die regionale Gesetzgebung dar;
- die Regionen können, solange sie im Rahmen ihrer Kompetenztatbestände bleiben, strengere Schutzstandards festlegen.[132]

Der VerfGH unterstrich im Urteil Nr. 407/2002,[133] dass nicht alle Sachbereiche des Art 117 Abs. 2 Verf als *„Bereiche"* im engeren Sinne bezeichnet werden können, da es sich vereinzelt um Zuständigkeiten des staatlichen Gesetzgebers handle, die aufgrund ihrer Charakteristika imstande seien, mehrere Sachbereiche zu tangieren.[134] Auf diese Prämisse aufbauend, argumentierte der **VerfGH**, dass der **Umweltschutz nicht** als **spezifischer Sachbereich** dargestellt werden könne, **da** er **nicht präzise umschrieben** bzw. abgegrenzt und somit unentwirrbar mit anderen Bereichen verknüpft sei.[135] Der VerfGH betonte im Urteil Nr. 407/2002, dass es die Absicht des Reformgesetzgebers gewesen sei, dem Staat im Sachbereich Umweltschutz die Zuständigkeit vorzubehalten, einheitliche Schutzstandards auf dem gesamten Staatsgebiet festzulegen, ohne jedoch regionale Zuständigkeiten auszu-

---

130 *Cecchetti*, Ambiente, paesaggio e beni culturali, 319; dieselbe Meinung vertreten *Bellocci/Passaglia*, La giurisprudenza costituzionale relativa al riparto di competenze tra Stato e Regioni in materia di 'ambiente' e di 'beni culturali', 22, unter *http://www.cortecostituzionale.it/documenti/convegni_seminari/STU_189_2_Ambiente.pdf* (abgerufen am 20.03.2014).

131 Vgl. *Amirante*, Profili di diritto costituzionale dell'ambiente, 260 f.

132 *Amirante*, Profili di diritto costituzionale dell'ambiente, 272.

133 Giur. cost. 2002, 2940, RE Rdnr 3.2.

134 VerfGH Urteil Nr. 407/2002, RE Rdnr 3.2.: *"A questo riguardo va peró precisato che non tutti gli ambiti materiali specificati nel secondo comma dell'art. 117 possono, in quanto tali, configurarsi come "materie" in senso stretto, poiché, in alcuni casi, si tratta piú esattamente di competenze del legislatore statale idonee ad investire una pluralitá di materie."*

135 Vgl. hierzu näher *D'Atena*, Diritto regionale 2010, 148 ff.

schließen, die mit dem Umweltschutz funktionell verbunden sind.[136] Er verwies weiters darauf, dass aus der Judikatur vor der Reform durch VerfGes Nr. 3/2001 die Einstufung des Umweltschutzes als verfassungsmäßig geschützter Wert mit transversalem Charakter hervorgehe.[137]

Die Meinung,[138] dass die Einschränkung der regionalen Gesetzgebungskompetenzen durch die transversalen Werte im Endeffekt nicht so bedeutsam sei, weil ohnehin das Unionsrecht die Grundzüge des Schutzes der Umwelt und des Ökosystems determiniere, kann, zumindest was den Jagdsektor anbelangt, nicht geteilt werden. Aus der Judikatur des VerfGH ist nämlich klar ersichtlich, dass der **VerfGH zahlreiche einheitliche Schutzstandards festlegt, die dem Unionsrecht gänzlich unbekannt sind.**[139]

Die ausschließliche Gesetzgebungskompetenz des Staates in den Sachbereichen Schutz der Umwelt und des Ökosystems wird von einem Teil der Lehre[140] auch aufgrund einer Widersprüchlichkeit kritisiert: Während nämlich einerseits der Staat die besagten Bereiche in seinen ausschließlichen Zuständigkeitsbereich gezogen hat, wurden gleichzeitig mehrere Sachbereiche, die unweigerlich mit dem Umweltschutz eng verflochten sind, der konkurrierenden Gesetzgebung zugeordnet. Man denke etwa an den Gesundheitsschutz, an die Häfen und Zivilflughäfen, an die großen Verkehrs- und Schifffahrtsnetze, an die Produktion, den Transport und die gesamtstaatliche Verteilung von Energie und an die Aufwertung der Kultur- und Umweltgüter.

Aus diesen Ausführungen ist klar ersichtlich, dass sich die ausschließliche Zuständigkeit des Staates im Sachbereich Schutz der Umwelt und des Ökosystems mit der primären Gesetzgebungsbefugnis der Autonomen Provinz Bozen im Sachbereich Jagd überschneidet.[141]

Der **VerfGH** hat in mehreren Urteilen[142] **unterstrichen**, dass der **Sachbereich Jagd der transversalen Kompetenz des Schutzes der Umwelt und des Ökosystems unterliegt**,

136 VerfGH Urteil Nr. 407/2002 RE Rdnr 3.2 Abs. 2: "*I lavori preparatori relativi alla lettera* s) *del nuovo art. 117 Costituzione inducono, d'altra parte, a considerare che l'intento del legislatore sia stato quello di riservare comunque allo Stato il potere di fissare standards di tutela uniformi sull'intero territorio nazionale, senza peraltro escludere in questo settore la competenza regionale alla cura di interessi funzionalmente collegati con quelli propriamente ambientali.*"

137 Zu den Auswirkungen, die die Einstufung des Umweltschutzes als transversalen Wert auf die Gesetzgebungskompetenz der Autonomen Provinz Bozen hat, siehe unter 7.4.

138 *Fracchia*, Governo del territorio e ambiente in *Pozzo/Renna* (Hg), L'ambiente nel nuovo titolo V della Costituzione (2004) 75.

139 Vgl. hierzu näher unter 7.4. und 5.

140 *Marocco*, Nota a sentenza Corte Costituzionale n. 407/2002, 217.

141 Vgl. hierzu auch unter 1.3.1.

142 U.a. VerfGH Urteile Nr. 536/2002 RE Rdnr 4; 278/2012, RE Rdnr 4.

weshalb dem **Staat** u. a. in diesem Bereich zuerkannt werden muss, ***„einheitliche Standards für das gesamte Staatsgebiet“* festzulegen.**[143]
Zusammenfassend kann festgehalten werden, dass sich der Grenzverlauf zwischen ausschließlicher staatlicher Gesetzgebungskompetenz in *puncto* Schutz der Umwelt und des Ökosystems und den diese Bereiche tangierenden Gesetzgebungszuständigkeiten der Regionen und autonomen Provinzen *a priori* nicht genau festlegen lässt.[144] Hieraus resultiert schlussendlich die beträchtliche Anzahl an Verfahren vor dem VerfGH, die sich dieser Problematik widmen. Aus verfassungsverfahrensrechtlicher Sicht steht fest, dass der Präsident des Ministerrates bei der Anfechtung von Gesetzesbestimmungen der Regionen und autonomen Provinzen sich nicht darauf beschränken kann, die Normen des Art. 117 Abs. 2 Verf einzuwenden, sondern begründen muss, weshalb diese auf den konkreten Sachverhalt angewandt werden sollten.[145]

1.4. Umsetzung von EU-Recht

1.4.1. Grundsätzliches

Mit dem Inkrafttreten des Vertrags von Lissabon[146] am 1. Dezember 2009 ist die Europäische Union an die Stelle der Europäischen Gemeinschaft getreten.[147] Durch den Vertrag von Lissabon wurde der Terminus *„Gemeinschaft“* durch *„Union“* ersetzt, weshalb es seit dem 1. Dezember 2009 nur mehr Unionsrecht gibt.[148]
Das **Unionsrecht determiniert** momentan etwa **60% des Rechts der Mitgliedsstaaten**, was verdeutlicht, welchen Einfluss es auf die Rechtsordnung der Mitgliedsstaaten hat und wie viel an Souveränität diese inzwischen auf die Union übertragen haben.[149] Der **Kompetenzverlust der Mitgliedsstaaten**, der eine natürliche Begleiterscheinung des europäischen Integrati-

143 *Riz/Happacher*, Grundzüge des Italienischen Verfassungsrechts, 398.
144 Vgl. *Benelli*, Separazione *vs* collaborazione, 4.
145 VerfGH Urteil Nr. 312/2006, Giur. cost. 2006, 3099, RE Rdnr 3.
146 ABl EU 2007 C 306/01.
147 Art. 1 Abs. 3 EUV.
148 *Riz/Happacher*, Grundzüge des Italienischen Verfassungsrechts, 67.
149 *Obwexer*, Die europäische Integration: Auswirkungen auf die autonomen Kompetenzen Südtirols, in *Happacher/Obwexer* (Hg) 40 Jahre Zweites Autonomiestatut. Südtirols Sonderautonomie im Kontext der europäischen Integration (2013) 58.

onsprozesses darstellt, betrifft nicht nur die Mitgliedsstaaten *per se*, sondern **erstreckt sich auch auf** die **nachgeordneten Gebietskörperschaften.**[150] Die Autonome Provinz Bozen ist unter anderem im Sachbereich Jagd und Fischerei davon betroffen. Art. 4 Abs. 2 des Vertrages über die Arbeitsweise der Europäischen Union[151] (in der Folge: AEUV) führt elf Hauptbereiche an, die in die geteilte Zuständigkeit der Europäischen Union fallen. Die Betitelung *„Hauptbereiche"* deutet darauf hin, dass die Aufzählung nicht taxativ, sondern lediglich demonstrativ ist.[152] Gemäß Art. 2 Abs. 2 AEUV können im Bereich der geteilten Zuständigkeit sowohl die Union als auch die Mitgliedsstaaten gesetzgeberisch tätig werden und verbindliche Rechtsakte erlassen. Allerdings sind die Mitgliedsstaaten nur dann zur Gesetzgebung befugt, wenn die Union ihre Zuständigkeit nicht ausgeübt hat.[153] In der demonstrativen Aufzählung der geteilten Zuständigkeiten von **Art. 4 Abs. 2 AEUV** scheint u. a. der **Hauptbereich Umwelt** auf. Es ist evident, dass sich dieser Hauptbereich mit der primären Gesetzgebungskompetenz des Landes Südtirol im Sachbereich Jagd überschneidet. Es lässt sich folglich festhalten, dass die Europäische Union die Rechtssetzungsbefugnis der Autonomen Provinz Bozen im Sachbereich Jagd hinsichtlich der damit verbundenen Umweltaspekte inhaltlich determiniert.[154]

Der Rechtsakt, dessen sich die Union dabei bedient, ist hauptsächlich die Richtlinie. Laut Art. 288 Abs. 3 AEUV ist die *„Richtlinie für jeden Mitgliedsstaat, an den sie gerichtet ist, hinsichtlich des zu erreichenden Ziels verbindlich, überlässt jedoch den innerstaatlichen Stellen die Wahl der Form und der Mittel."*[155] Sie verpflichtet die Mitgliedstaaten, das zu erreichende Ziel, das treffender als Ergebnis bezeichnet werden könnte, innerhalb einer bestimmten Frist zu erreichen.[156] Darüber hinaus enthalten die Schlussbestimmungen der Richtlinien die Verpflichtung für die Mitgliedsstaaten bzw., je nach innerstaatlicher Kompetenzverteilung, auch für die nachgeordneten Gebietskörperschaften, auf die Umsetzung entweder in der Umsetzungsnorm selbst oder alternativ mittels Umsetzungshinweis bei der Veröffentlichung hinzuweisen.[157] In der Wahl der Mittel zur Erreichung des Ziels einer Richtlinie haben die Mitgliedsstaaten nach ständiger Rechtsprechung des Gerichtshofs der EU *„diejenigen*

150 Ebenda.
151 Konsolidierte Fassung in ABl EU 2012 C 326/01.
152 *Obwexer,* Die europäische Integration, 65.
153 Art. 2 Abs. 2 Satz 2 AEUV.
154 Vgl. *Obwexer,* Die europäische Integration, 66.
155 *Obwexer,* Die europäische Integration, 69.
156 Ebenda.
157 *Obwexer,* Die europäische Integration, 70.

Formen und Mittel zu wählen, die für die Gewährleistung der praktischen Wirksamkeit (effet utile) *der Richtlinie am besten geeignet sind* („Ziel-Mittel-Optimierung“). “[158]
Der Begriff Umsetzung muss klar von der Durchsetzung unterschieden werden.[159] Während die Umsetzung den legislativen Vollzug einer mittelbar anwendbaren EU-Norm, d. h. EU-Richtlinien und mittelbar anwendbare Verordnungen,[160] umschreibt, ist die Durchsetzung „*Teil des judikativen Vollzugs durch die Gerichte.*“[161] Als Sammelbegriff für die Tätigkeiten der Umsetzung und Durchsetzung wird der Terminus Vollzug eingesetzt.[162]
In der Umsetzung ist das Loyalitätsgebot gemäß Art. 4 Abs. 3 des Vertrages über die Europäische Union[163] (in der Folge: EUV) von zentraler Bedeutung. Im Sinne des Loyalitätsgebots hat der Landesgesetzgeber die Pflicht zur Umsetzung des Unionsrechts und zur Bereinigung der innerstaatlichen Rechtslage im Rahmen der Kompetenzsphäre der Autonomen Provinz.[164] Die Autonome Provinz Bozen hat insbesondere „*den Anwendungsvorrang, die unionsrechtskonforme Interpretation und die Sperrwirkung des Unionsrechts*“[165] zu beachten. Die Sperrwirkung hindert die Autonome Provinz Bozen am „*Erlass von neuem, dem Unionsrecht widersprechenden Recht und beschränkt insofern ihre politische Entscheidungsfreiheit.*“[166]
Im Rahmen der innerstaatlichen Kompetenzverteilung sind die regionalen Gebietskörperschaften, im Rahmen ihres Kompetenzkatalogs, zum Vollzug des Unionsrechts durch normative und exekutive Tätigkeit berufen.[167] Da die Europäische Union an der innerstaatlichen Kompetenzverteilung nach zentralistischen, regionalistischen oder föderalistischen Kriterien desinteressiert ist, spricht man auch von einer „*Landes-Blindheit*“ des Unionsrechts.[168]

158 Ebenda.
159 *Mathá,* Der autonome Vollzug von EU-Recht anhand ausgewählter Kompetenzen Südtirols, in *Happacher/Obwexer* (Hg) 40 Jahre Zweites Autonomiestatut. Südtirols Sonderautonomie im Kontext der europäischen Integration (2013) 95.
160 Ebenda.
161 Ebenda.
162 *Mathá,* Der autonome Vollzug von EU-Recht anhand ausgewählter Kompetenzen Südtirols, 95.
163 Konsolidierte Fassung in ABl EU 2012 C 326/01.
164 *Happacher,* Südtirols Autonomie in Europa, 198.
165 Ebenda.
166 *Happacher,* Südtirols Autonomie in Europa, 195.
167 *Happacher,* Südtirols Autonomie in Europa, 198.
168 *Happacher,* Südtirols Autonomie in Europa, 232.

1.4.2. Zuständigkeit der Autonomen Provinz Bozen zur Vollziehung von EU-Recht

Mit der Durchführungsbestimmung DPR Nr. 526 vom 19. November 1987,[169] welche die Bestimmungen des DPR Nr. 616 vom 24. Juli 1977[170] auf die Region Trentino-Südtirol und auf die Autonomen Provinzen Trient und Bozen ausdehnte, wurde eine Regelung für den Vollzug von Normen der Europäischen Gemeinschaften in Sachbereichen von Landeszuständigkeit eingeführt.[171] Dadurch konnte die Autonome Provinz Bozen die Richtlinien in den Bereichen primärer Zuständigkeit unmittelbar gesetzgeberisch und auf Verwaltungsebene umsetzen, während die Regionen mit Normalstatut zur Umsetzung von Richtlinien in ihren Kompetenzsphären die Vorgaben durch die staatlichen Gesetze abwarten mussten.[172]

Art. 6 DPR Nr. 526/1987 verfügt, dass es der Autonomen Provinz Bozen in ihrem Zuständigkeitsbereich zusteht, *„für die Durchführung der Verordnungen der Europäischen Wirtschaftsgemeinschaft zu sorgen, falls diese eine ergänzende Regelung oder eine durchführende Verwaltungstätigkeit erfordern."* Die Formulierung *„ergänzende Regelung"* ermächtigt den Landesgesetzgeber, neben der Verwaltungsebene auch auf legislativer Ebene aktiv zu werden.[173]

Art. 7 DPR Nr. 526/1987 regelt dagegen die Umsetzung von Richtlinien und Empfehlungen. Diese kann die Autonome Provinz Bozen in den Sachgebieten primärer Zuständigkeit unmittelbar umsetzen. Allerdings sind dabei im Rahmen der Schranken des Autonomiestatuts die einschlägigen staatlichen Umsetzungsbestimmungen einzuhalten.[174]

Mit der Verfassungsreform durch das VerfGes Nr. 3/2001 wurde die aktive Rolle der Regionen und der autonomen Provinzen im Prozess der europäischen Integration verfassungsrechtlich verankert.[175] Der neu eingeführte Art. 117 Abs. 5 Verf[176] bestimmt: *„Die Re-*

169 GA Nr. 301 vom 28.12.1987.

170 GA Nr. 234 vom 29.08.1977.

171 *Happacher*, Südtirols Autonomie in Europa, 481.

172 *Happacher*, Südtirols Autonomie in Europa, 241.

173 *Happacher*, Südtirols Autonomie in Europa, 487.

174 Ebenda.

175 *Riz/Happacher*, Grundzüge des Italienischen Verfassungsrechts, 73.

176 Der italienische Text lautet: *"Le Regioni e le Province autonome di Trento e di Bolzano, nelle materie di loro competenza, partecipano alle decisioni dirette alla formazione degli atti normativi comunitari e provvedono all'attuazione e all'esecuzione degli accordi internazionali e degli atti dell'Unione europea, nel rispetto delle norme di procedura stabilite da legge dello Stato, che disciplina le modalitá di esercizio del potere sostitutivo in caso di inadempienza."*

gionen und die Autonomen Provinzen Trient und Bozen nehmen für die in ihre Zuständigkeit fallenden Sachgebiete an den Entscheidungen im Rahmen des Rechtssetzungsprozesses der Europäischen Union teil und sorgen für Anwendung und Durchführung von (...) Rechtsakten der Europäischen Union; dabei sind die Verfahrensbestimmungen zu beachten, die mit Staatsgesetz festgesetzt werden, durch das die Einzelheiten der Ausübung der Ersetzungsbefugnis in Fällen der Untätigkeit geregelt sind."

Mit der Verfassungsreform aus dem Jahre 2001 tauchte die Frage auf, ob trotz der nunmehr auf verfassungsrechtlicher Ebene bestätigten Zuständigkeit der Autonomen Provinz Bozen zur Vollziehung des Unionsrechts in allen Bereichen der Südtiroler Kompetenz die besonderen Regelungen, wie etwa das DPR Nr. 526/1987, weiterhin Anwendung finden oder nicht.[177] Da die einschlägigen Durchführungsbestimmungen als *lex spezialis* gewertet werden, kommen sie auch weiterhin zur Anwendung.[178]

Dies wird auch durch Art. 11 Abs. 1 des Gesetzes Nr. 131 vom 5. Juni 2003,[179] das eines der beiden Ausführungsgesetze zu Art. 117 Abs. 5 Verf ist, bestätigt. Diese Rechtsnorm verweist nämlich darauf, dass für die Autonome Provinz Bozen die einschlägigen Durchführungsbestimmungen weiterhin Anwendung finden. Art. 11 Abs. 3 Gesetz Nr. 131/2003 sieht außerdem vor, dass spezifische Regelungen bezüglich der Beziehungen der Sonderautonomie zur Europäischen Union auch schon vor der Anpassung des Autonomiestatuts mittels Durchführungsbestimmungen eingeführt werden können.[180] Da das DPR Nr. 526/1987 *ratione temporis* nicht alle Aspekte der Umsetzung und Vollziehung von Unionsrecht umfasst,[181] kommen in der Autonomen Provinz Bozen die staatlichen Ausführungsgesetze zu Art. 117 Abs. 5 Verf in jenen Bereichen zur Anwendung, die vom DPR Nr. 526/1987 nicht geregelt werden. Die einschlägigen staatlichen Ausführungsbestimmungen sind zum einen im angesprochenen Gesetz Nr. 131/2003, zum anderen nunmehr im Gesetz Nr. 234 vom 24. Dezember 2012,[182] welches zur Gänze das Gesetz Nr. 11 vom 4. Februar 2005[183] ersetzt, enthalten.

Art. 59 des Gesetzes Nr. 234/2012 hält in Analogie zum Gesetz Nr. 131/2003 fest, dass für die Regionen mit Sonderstatut und die Autonomen Provinzen Bozen und Trient die

177 *Happacher,* Südtirols Autonomie in Europa, 484.
178 Ebenda.
179 GA Nr. 132 vom 10.06.2003
180 *Happacher,* Südtirols Autonomie in Europa, 484.
181 *Happacher,* Südtirols Autonomie in Europa, 490.
182 GA Nr. 3 vom 04.01.2013.
183 GA Nr. 37 vom 15.02.2005.

einschlägigen Durchführungsbestimmungen weiterhin Anwendung finden. Art. 29 Abs. 1 Gesetz Nr. 234/2012 bestimmt, dass der Staat, die Regionen und die Autonomen Provinzen Trient und Bozen, in den jeweiligen Bereichen gesetzgeberischer Zuständigkeit, für die fristgemäße Umsetzung von EU-Richtlinien zu sorgen haben, wodurch Art. 7 DPR Nr. 526/1987 ergänzt wird.
In Südtirol ist der Landtag für die Umsetzung von EU-Recht auf Gesetzgebungsebene zuständig,[184] faktisch erfolgt die Umsetzung jedoch hauptsächlich auf Verwaltungsebene durch Verordnungen. Die Autonome Provinz Bozen unterliegt als nachgeordnete Gebietskörperschaft in der Umsetzung des Unionsrechts denselben Pflichten wie die Mitgliedsstaaten *per se*.
Hinsichtlich der Umsetzung entsteht ein Streitpunkt, wenn die Autonome Provinz Bozen eine EU-Norm, die einen ihrer Zuständigkeitsbereiche betrifft, umgesetzt hat[185] und *„anschließend der Staat neue Bestimmungen erlässt, die unter die Schranken der primären oder sekundären Zuständigkeit laut Autonomiestatut fallen."*[186] In diesem Falle muss das Land Südtirol gemäß Art. 2 GvD Nr. 266 vom 16. März 1992[187] seine Gesetzgebung innerhalb von sechs Monaten oder aber in einer längeren Frist, die im Amtsblatt der Republik festgelegt wird, an die neuen staatlichen Bestimmungen anpassen. Bis zur Anpassung finden weiterhin die geltenden landesgesetzlichen Bestimmungen Anwendung. Ist nach Ablauf der Anpassungsfrist keine Angleichung der Landesgesetzgebung an die neuen staatlichen Bestimmungen erfolgt, kann die nicht angepasste Gesetzesbestimmung der Autonomen Provinz Bozen gemäß Art. 97 Autonomiestatut 1972 vor dem VerfGH angefochten werden.[188] Sieht der Präsident des Ministerrates von einer Anfechtung ab, bleibt das Landesgesetz weiterhin aufrecht und kann allenfalls Gegenstand einer indirekten Verfassungsbeschwerde sein. Es ist aber davon auszugehen, dass eine Anfechtung immer dann verpflichtend wird, sobald das Landesgesetz nicht *„nur staatliche Bestimmungen, sondern auch EU-Bestimmungen verletzt."*[189]

184 *Mathá,* Der autonome Vollzug von EU-Recht anhand ausgewählter Kompetenzen Südtirols, 103.
185 *Mathá,* Der autonome Vollzug von EU-Recht anhand ausgewählter Kompetenzen Südtirols, 104.
186 Ebenda.
187 GA Nr. 94 vom 22.04.1992.
188 Art. 2 Abs. 2 GvD Nr. 266/1992.
189 *Mathá,* Der autonome Vollzug von EU-Recht anhand ausgewählter Kompetenzen Südtirols, 104.

1.4.3. Staatliche Ersatzgewalt bei Nichtbeachtung des Unionsrechts durch den Landesgesetzgeber

Die Autonome Provinz Bozen ist zur Umsetzung des Unionsrechts in den Bereichen ihrer Kompetenz nicht nur berechtigt, sondern auch verpflichtet.[190] Mit der Durchführungsbestimmung DPR Nr. 526/1987 wurde folglich neben der Zuständigkeit des Landesgesetzgebers in der Umsetzung des EU-Rechts auch die Regelung der Ersatzgewalt kodifiziert. Art. 8 DPR Nr. 526/1987 bestimmt: *„Bei erwiesener Untätigkeit der Organe der Region und der Provinzen, die zur Nichterfüllung von Verpflichtungen aus der Gemeinschaft führt, kann die Regierung der Republik mit Beschluss des Ministerrates nach Einholen der Stellungnahme der Parlamentskommission für regionale Angelegenheiten und nach Anhörung der Region oder der betroffenen Provinz eine angemessene Frist für das Tätigwerden vorschreiben. Falls die Untätigkeit der Organe der Region oder der Provinzen nach Ablauf dieser Frist andauert, kann der Ministerrat anstelle der vorerwähnten Organe die notwendigen Maßnahmen erlassen.“*

Durch die Verfassungsreform mit VerfGes Nr. 3/2001 wurde dem Staat in Art. 117 Abs. 5 Verf und Art. 120 Abs. 2 Verf ein Instrument zur Beseitigung von Verstößen durch die Regionen und autonomen Provinzen gegen die Unionsrechtsordnung vorbehalten. Der EU-Mitgliedsstaat Italien haftet nämlich für die Verletzung von unionsrechtlichen Bestimmungen, die von den Regionen oder den Autonomen Provinzen Trient und Bozen verursacht werden.[191]

Aus Sicht der Autonomie kann zwischen *„Ersatzmaßnahmen im Falle einer regionalen Untätigkeit und Ersatzmaßnahmen im Falle einer erfolgten regionalen Vollzugstätigkeit“*[192] unterschieden werden. Die staatliche Ersatzgewalt im Falle regionaler Untätigkeit ist im Art. 117 Abs. 5 Verf enthalten. Unter der dort explizit angesprochenen Untätigkeit ist die Unterlassung von Handlungen, zu deren Setzung die Autonome Provinz Bozen im Rahmen ihrer Zuständigkeitssphäre verpflichtet ist,[193] gemeint. Art. 117 Abs. 5 Verf verweist darauf, dass die Einzelheiten zur Ausübung der Ersatzgewalt mittels Staatsgesetz festgelegt werden. Dies ist zunächst mit dem Gesetz Nr. 11 vom 4. Februar 2005[194] erfolgt, das vom Gesetz Nr. 234/2012 ersetzt wurde. Liegt eine Untätigkeit der Autonomen Provinz Bozen

190 *Happacher*, Südtirols Autonomie in Europa, 273.
191 *Happacher*, Südtirols Autonomie in Europa, 273.
192 *Happacher*, Südtirols Autonomie in Europa, 459.
193 *Happacher*, Südtirols Autonomie in Europa, 110.
194 GA Nr. 37 vom 15.02.2005.

in der Umsetzung von EU-Bestimmungen vor, die in ihren Zuständigkeitsbereich fallen, kann der Staat seine Ersatzgewalt ausüben.[195] In diesem Falle finden ab dem Ablauf der unionsrechtlich bestimmten Umsetzungsfrist die staatlichen Bestimmungen Anwendung.[196] Der damit einhergehende Kompetenzverlust der Autonomen Provinz Bozen ist allerdings nur vorübergehend, denn sobald die Umsetzungsregelung des Landesgesetzgebers in Kraft getreten ist, weichen die staatlichen Bestimmungen.[197] Außerdem müssen die staatlichen Bestimmungen explizit auf ihre Natur als Ersatzmaßnahme hinweisen und ihren vor der regionalen Tätigkeit weichenden Charakter anführen.[198] Die Entscheidung über das Vorliegen einer Untätigkeit obliegt einer Bewertung der staatlichen Organe, in deren Bewertung die Einschätzung darüber, ob die Regionen und autonomen Provinzen imstande sind, ihren Verpflichtungen rechtzeitig nachzukommen, einfließt.[199]

„Die präventive Ausübung der Ersatzgewalt des Staates birgt ein hohes Potential an Beeinflussung der regionalen Umsetzungstätigkeit in sich",[200] denn obwohl die staatlichen Bestimmungen, die die Ersatzgewalt betreffen, vor der einschlägigen Umsetzungsregelung der Regionen und autonomen Provinzen weichen, konditionieren sie inhaltlich die Umsetzung durch die autonome Gebietskörperschaft, weil diese möglichst einer Anfechtung vor dem VerfGH entgehen möchte.[201] Insoweit ist es wichtig, dass der Landesgesetzgeber innerhalb seiner Kompetenzsphären rechtzeitig von seiner Umsetzungsbefugnis Gebrauch macht.

Die zweite Anwendungshypothese der staatlichen Ersatzgewalt, die von der Lehre als *„außerordentliche Ersatzgewalt"*[202] bezeichnet wird und grundsätzlich auch gegenüber Sonderautonomien zur Anwendung kommt,[203] ist in Art. 120 Abs. 2 Verf enthalten. Diese Verfassungsnorm sieht gleich mehrere Situationen vor, in denen sich der Staat in Gestalt der Regierung an die Stelle der Organe der autonomen Gebietskörperschaften setzen kann.[204] Aufgrund des gewählten Themenschwerpunkts wird jedoch an dieser Stelle le-

195 Siehe Art. 41 Abs. 1 Gesetz Nr. 234/2012.
196 Siehe Art. 41 Abs. 1 2. Satz Gesetz Nr. 234/2012.
197 Siehe Art. 41 Abs. 1 2. Satz Gesetz Nr. 234/2012.
198 Siehe Art. 41 Abs. 1 3. Satz Gesetz Nr. 234/2012.
199 *Happacher*, Südtirols Autonomie in Europa, 460.
200 *Happacher*, Südtirols Autonomie in Europa, 461.
201 Ebenda.
202 *Happacher*, Südtirols Autonomie in Europa, 114; *Riz/Happacher*, Grundzüge des Italienischen Verfassungsrechts, 400.
203 *Happacher*, Südtirols Autonomie in Europa, 114.
204 *Happacher*, Südtirols Autonomie in Europa, 110.

diglich die außerordentliche Ersatzgewalt bei Nichtbeachtung von EU-Bestimmungen beleuchtet. Art. 120 Abs. 2 Verf bestimmt, dass die Regierung bei Nichtbeachtung von EU-Bestimmungen an die Stelle der Organe der Regionen, der Stadtmetropolen, der Provinzen und der Gemeinden treten kann. Im zweiten Satz des Art. 120 Abs. 2 Verf legt der Verfassungsgeber mittels Gesetzesvorbehalt fest, dass die Norm, die die Verfahrensnormen für die staatliche Ersatzgewalt regelt, die Grundsätze der Subsidiarität und der loyalen Zusammenarbeit berücksichtigen muss. Diese Vorgaben wurden mit Art. 8 des Ausführungsgesetzes Nr. 131/2003 erfüllt. Die Prinzipien der Subsidiarität und der loyalen Zusammenarbeit stellen einen Schutzmechanismus *„gegen ein zu intensives Eindringen staatlicher Handlungen in die regionale Autonomiesphäre“*[205] dar. Zudem wurde in Art. 8 Nr. 5 Gesetz Nr. 131/2003 das Prinzip der Verhältnismäßigkeit der Ersatzgewalt des Staates in Bezug auf die zu erreichenden Ziele verankert. Was die Anwendung der außerordentlichen Ersatzvornahme gemäß Art. 120 Abs. 2 auf die Autonome Provinz Bozen anbelangt, kann festgehalten werden, dass im Bereich der statutarisch verankerten Kompetenzen, wie z. B. im Sachbereich Jagd, der Staat nur im administrativen, nicht jedoch im legislativen Bereich intervenieren darf.[206]

205 *Happacher*, Südtirols Autonomie in Europa, 464.

206 *Mathá*, Der autonome Vollzug von EU-Recht anhand ausgewählter Kompetenzen Südtirols, 106; siehe dazu auch *Happacher*, Südtirols Autonomie in Europa, 114; VerfGH Urteil Nr. 236/2004, Giur. cost. 2004, 4, RE Rdnr 4.1.

2. Unionsrechtlicher Einfluss auf den Sachbereich *Jagd*

2.1. Richtlinie 2009/147/EG

Die **Gesetzgebungskompetenz der Autonomen Provinz Bozen im Sachbereich Jagd** wird in besonderem Maße **von zwei unionsrechtlichen Bestimmungen determiniert.**[207] Dies ist zum einen die **Richtlinie**[208] **2009/147/EG**[209] des Europäischen Parlaments und des Rates über die Erhaltung der wildlebenden Vogelarten. Im deutschsprachigen Raum ist sie hauptsächlich unter der Bezeichnung *Vogelschutzrichtlinie* bekannt.[210] *De facto* kann diese Richtlinie keineswegs auf den Schutz der Vögel reduziert werden, da sie, wie aus der offiziellen Bezeichnung hervorgeht, in erster Linie die Erhaltung des Federwildes anstrebt. Sie setzt die Erhaltung keineswegs mit einem völligen Schutz des Federwildes gleich, sondern betont vielmehr die Möglichkeit einer nachhaltigen Nutzung. Insofern sind die italienische Bezeichnung *Direttiva Uccelli* oder etwa die englische Bezeichnung „*Birds Directive*" präziser als die deutsche Betitelung *Vogelschutzrichtlinie*, die vor allem in Jägerkreisen kritisiert wird.[211]
Die **Richtlinie 2009/147/EG** (in der Folge: Vogelrichtlinie) **ersetzt die Richtlinie Nr. 79/409/EWG** des Rates vom 2. April 1979[212] über die Erhaltung der wildlebenden Vogelarten, jedoch sind die Änderungen rein formeller Natur und dienen im Endeffekt einer Kodifizierung der Richtlinie aus Gründen der Klarheit und Übersichtlichkeit.[213] Die **Richtlinie 79/409/EWG** galt **ursprünglich nur** für die **neun Mitgliedsstaaten der EWG**, nämlich Deutschland, Frankreich, Italien, Belgien, Luxemburg, Niederlande, Dänemark, Großbritannien und Irland. Im Laufe der Jahre musste die Richtlinie 79/409/EWG, vor allem auch aufgrund

207 Vgl. hierzu näher unter 1.4.

208 Zu Richtlinien im Allgemeinen siehe unter 1.4.1.

209 ABl EU L 20 vom 26.01.2010.

210 *Ebner*, Nachhaltige Jagd. 20 Jahre Intergruppe ‚Nachhaltige Jagd, Biodiversität und Ländliche Aktivitäten' im Europäischen Parlament (2005) 100; *Lebersorger*, Der Jäger in der EU-Bürokrat oder grüner Praktiker? Jägerzeitung, Magazin des Südtiroler Jagdverbandes, Nr. 5/1997.

211 *Heinrich Aukenthaler* und *Michl Ebner* plädieren für die Bezeichnung „*Vogelrichtlinie*", siehe hierzu etwa *Ebner*, Nachhaltige Jagd, 100.

212 ABl EU L 103 vom 25.04.1979.

213 Präambel Nr. 1 der Vogelrichtlinie.

der Beitritte neuer Mitgliedsstaaten, mehrfach und erheblich abgeändert werden.[214] Vergleicht man den geographischen Geltungsbereich der Vogelrichtlinie aus dem Jahr 1979 (9 Mitgliedsstaaten) mit jenem aus dem Jahre 2015 (28 Mitgliedsstaaten), fällt einerseits auf, dass aufgrund der größeren Ausdehnung der EU dem Erreichen der Ziele der Richtlinie eine größere Reichweite beschieden ist, andererseits, dass mit der zunehmenden Ausdehnung der Europäischen Union die Richtlinie mit völlig neuen biogeographischen Lagen[215] konfrontiert ist.
Aus diesem Grund setzte sich die **Intergruppe *„Nachhaltige Jagd, Biodiversität und Ländliche Aktivitäten"* im Europäischen Parlament** mit der schriftlichen Erklärung Nr. 12/2000[216] von EU-Parlamentarier ***Michl Ebner*** für die **Anwendung des Subsidiaritätsprinzips auf die nachhaltige Bewirtschaftung von Zugvögeln** ein, die mit 44,6 % der damals 626 Mitglieder des Europäischen Parlaments die Mehrheit knapp verfehlte.[217]
Die **Vogelrichtlinie betrifft** die **Erhaltung sämtlicher wildlebenden Vogelarten, die in den Mitgliedsstaaten der Europäischen Union heimisch** sind.[218] Sie setzt sich den **Schutz**, die **Bewirtschaftung** und die **Regulierung** der in den Mitgliedsstaaten heimischen, **wildlebenden Vogelarten** zum Ziel und regelt ihre **Nutzung**.[219] Neben den Vögeln hat die Vogelrichtlinie auch ihre Eier, Nester und Lebensräume zum Gegenstand.[220] Art. 2 Vogelrichtlinie verpflichtet die Mitgliedsstaaten alle erforderlichen Maßnahmen zu treffen, um die heimischen wildlebenden Vogelarten auf einem Stand zu halten bzw. auf einen Stand zu bringen, der den ökologischen, wissenschaftlichen und kulturellen Erfordernissen entspricht. Dabei haben die Mitgliedsstaaten alle erforderlichen Maßnahmen zu treffen, um für die heimischen wildlebenden Vogelarten vielfältige Lebensräume mit einer ausreichenden Flächengröße zu erhalten oder wiederherzustellen.[221] Um dies zu erreichen, müssen die Mitgliedsstaaten gemäß Art. 3 Abs. 2 Vogelrichtlinie folgende Maßnahmen ergreifen: a) Einrichtung von Schutzgebieten, b) Pflege und ökologisch richtige Gestaltung der Lebensräume in- und außerhalb von Schutzgebieten, c) Wiederherstellung zerstörter Lebensstätten, d)

214 *Ebner*, Nachhaltige Jagd, 83.
215 *Ebner*, Nachhaltige Jagd, 97.
216 Schriftliche Erklärung Nr. 12/2000 vom 18. September 2000, unter *http://www.europarl.europa.eu/plenary/de/written-declarations.html#sidesForm* (abgerufen am 12.06.2014); zur medialen Gegenkampagne siehe näher *Ebner*, Nachhaltige Jagd, 95 f.
217 *Ebner*, Nachhaltige Jagd, 95.
218 Art. 1 Abs. 1 Vogelrichtlinie.
219 Art. 1 Abs. 1 Vogelrichtlinie.
220 Art. 1 Abs. 2 Vogelrichtlinie.
221 Art. 3 Abs. 1 Vogelrichtlinie.

Neuschaffung von Lebensstätten. Darüber hinaus haben die Mitgliedsstaaten im Hinblick auf bestimmte Vogelarten, die im Anhang I[222] der Vogelrichtlinie aufgelistet sind, besondere Schutzmaßnahmen hinsichtlich ihrer Lebensräume anzuwenden, um ihr Überleben und ihre Vermehrung in ihrem Verbreitungsgebiet sicherzustellen.[223] *De facto* ist unter den besagten besonderen Schutzmaßnahmen die Ausweisung von zahlen- und flächenmäßig geeigneten Schutzgebieten für die Vogelarten gemäß Anhang I der Vogelrichtlinie zu verstehen. Diese Schutzgebiete (SG) bilden gemeinsam mit besonderen Schutzgebieten (BSG) gemäß Richtlinie 92/43/EWG das Europäische Schutzgebietsnetz Natura 2000.[224]
Zum Schutz der wildlebenden heimischen Vogelarten haben die EU-Mitgliedsstaaten gemäß Art. 5 Vogelrichtlinie folgende Maßnahmen zu erlassen: das Verbot

- des absichtlichen Tötens oder Fangens, ungeachtet der angewandten Methode, unbeschadet der Jagdausübung gemäß Art. 7 und der Ausnahmen laut Art. 9 Vogelrichtlinie;
- der absichtlichen Zerstörung oder Beschädigung von Nestern und Eiern und Entfernung von Nestern;
- des Sammelns der Eier in der Natur und des Besitzes dieser Eier, auch in leerem Zustand;
- ihres absichtlichen Störens, insbesondere während der Brut- und Aufzuchtzeit, sofern sich diese Störung auf die Zielsetzung dieser Richtlinie erheblich auswirkt;
- des Haltens von Vögeln der Arten, die nicht bejagt oder gefangen werden dürfen.

Die **Präambel der Vogelrichtlinie betont**, dass es **bei der Erhaltung der Vogelarten** neben dem langfristigen Schutz **auch um die Bewirtschaftung der natürlichen Ressourcen** des gemeinsamen Erbes der europäischen Völker geht.[225] In diesem Sinne regelt Art. 7 der Vogelrichtlinie die Jagdausübung im Hinblick auf die wildlebenden einheimischen Vogelarten wie folgt: *„Die in Anhang II aufgeführten Arten dürfen aufgrund ihrer Populationsgröße, ihrer geographischen Verbreitung und ihrer Vermehrungsfähigkeit in der gesamten Gemeinschaft im Rahmen der einzelstaatlichen Rechtsvorschriften bejagt werden.“*

Der **Unionsgesetzgeber unterscheidet** dabei **zwischen Arten**, die im **Anhang II Teil A** der Vogelrichtlinie und im **Anhang II Teil B** angeführt sind. **Erstere dürfen in allen EU-Mitgliedsstaaten bejagt** werden, während **Letztere nur in den Mitgliedsstaaten, bei**

222 *Summa summarum* sind im Anhang I der Vogelrichtlinie 193 Vogelarten aufgelistet.
223 Art. 4 Abs. 1 Vogelrichtlinie.
224 Siehe hierzu unter 3.2.7.
225 Präambel Nr. 7 der Vogelrichtlinie.

denen sie durch ein **Kreuzchen im Anhang der Vogelrichtlinie** freigegeben sind, bejagt werden. Anhang II Teil A der Vogelrichtlinie listet folgende 24 Vogelarten auf: Saatgans (*Anser fabalis*), Graugans (*Anser anser*), Kanadagans (*Branta canadensis*), Pfeifente (*Anas penelope*), Schnatterente (*Anas strepera*), Krickente (*Anas crecca*), Stockente (*Anas platyrhynchos*), Spießente (*Anas acuta*), Knäkente (*Anas querquedula*), Löffelente (*Anas clypeata*), Tafelente (*Aythya ferina*), Reiherente (*Aythya fuligula*), Schottisches Moorschneehuhn (*Lagopus lagopus scoticus et hibernicus*), Alpenschneehuhn (*Lagopus mutus*), Steinhuhn (*Alectoris graeca*), Rothuhn (*Alectoris rufa*), Rebhuhn (*Perdix perdix*), Fasan (*Phasianus colchicus*), Blässhuhn (*Fulica atra*), Zwergschnepfe (*Lymnocryptes minumus*), Bekassine (*Gallingago gallinago*), Waldschnepfe (*Scolopax rusticola*), Felsentaube (*Columba livia*), Ringeltaube (*Columba palumbus*).

Für den Mitgliedsstaat Italien sind zusätzlich folgende 18 Vogelarten laut Anhang II Teil B jagdbar: Birkhuhn (*Tetrao tetrix*), Auerhuhn (*Tetrao urogallus*), Felsenhuhn (*Alectoris barbara*), Wachtel (*Coturnix coturnix*), Wasserralle (*Rallus acquaticus*), Teichralle (*Gallinula chloropus*), Kiebitz (*Vanellus vanellus*), Kampfläufer (*Philomachus pugnax*), Rotschenkel (*Tringa totanus*), Turteltaube (*Streptopelia turtur*), Feldlerche (*Alauda arvensis*), Amsel (*Turdus merula*), Wacholderdrossel (*Turdus pilaris*), Singdrossel (*Turdus philomelos*), Rotdrossel (*Turdus iliacus*), Eichelhäher (*Garrulus glandarius*), Elster (*Pica pica*), Aaskrähe (*Corvus corone*).

Die **Mitgliedsstaaten** müssen dafür **sorgen**, dass **bei** der **Jagdausübung** die Grundsätze **für eine vernünftige Nutzung und** eine **ökologisch ausgewogene Regulierung der Bestände** der betreffenden Vogelarten eingehalten werden, sodass eine bestandsverträgliche Entnahme erfolgen kann.[226] Um diese zu garantieren, haben die Mitgliedsstaaten dafür Sorge zu tragen, dass die Bejagung nicht während der Nistzeit oder während der einzelnen Phasen der Brut und Aufzuchtzeit erfolgt.[227] Handelt es sich um Zugvögel, so ist zusätzlich dafür zu sorgen, dass diese nicht während ihres Rückzuges zu den Nistplätzen bejagt werden.[228] Neben diesen Vorschriften enthält die Vogelrichtlinie weitere gezielte Verbote[229] hinsichtlich der Jagdmittel: Sämtliche Mittel, Einrichtungen und Methoden, mit denen Vögel in Mengen oder wahllos gefangen oder getötet werden können, sind von den Mitgliedsstaaten

226 Art. 7 Abs. 4 Vogelrichtlinie.
227 Art. 7 Abs. 4 U.Abs. 1 Vogelrichtlinie.
228 Art. 7 Abs. 4 U.Abs. 2 Vogelrichtlinie.
229 Vgl. unter 4.2.2.8.

zu verbieten. Im Anhang IV der Vogelrichtlinie sind derartige verbotene Mittel detailliert aufgelistet:

- Schlingen (mit Ausnahme Finnlands und Schwedens für den Fang von Moorschneehühnern (*Lagopus lagopus*) und Alpenschneehühnern (*Lagopus mutus*) nördlich des 58. Breitengrads Nord), Leimruten, Haken, als Lockvögel benutzte geblendete oder verstümmelte lebende Vögel, Tonbandgeräte, elektrische Schläge erteilende Geräte;
- künstliche Lichtquellen, Spiegel, Vorrichtungen zur Beleuchtung der Ziele, Visiervorrichtungen für das Schießen bei Nacht mit Bildumwandler oder elektronischem Bildverstärker;
- Sprengstoffe;
- Netze, Fangfallen, vergiftete oder betäubende Köder;
- halbautomatische oder automatische Waffen, deren Magazin mehr als zwei Patronen aufnehmen kann;
- Luftfahrzeuge, Kraftfahrzeuge;
- Boote mit einer Antriebsgeschwindigkeit von mehr als 5 km/Stunde. Auf hoher See können die Mitgliedsstaaten aus Sicherheitsgründen die Verwendung von Motorbooten mit einer Höchstgeschwindigkeit von 18 km/Stunde zulassen. Die Mitgliedsstaaten unterrichten die Kommission über die erteilten Genehmigungen.

Neben den Normen *in puncto* Jagdausübung sind die Bestimmungen hinsichtlich der Regulierung[230] von Vogelarten von zentraler Bedeutung. Art. 9 Abs. 1 Vogelrichtlinie bestimmt, dass die Mitgliedsstaaten, sofern es keine andere zufriedenstellende Lösung gibt, aus den folgenden Gründen von den Normen dieser Richtlinie abweichen können:

- im Interesse der Gesundheit und der öffentlichen Sicherheit;
- im Interesse der Sicherheit der Luftfahrt;
- zur Abwendung erheblicher Schäden an Kulturen, Viehbeständen, Wäldern, Fischereigebieten und Gewässern;
- zum Schutz der Pflanzen und Tierwelt;
- zu Forschungs- und Unterrichtszwecken, zur Aufstockung der Bestände, zur Wiederansiedlung und zur Aufzucht im Zusammenhang mit diesen Maßnahmen;
- um unter streng überwachten Bedingungen selektiv den Fang, die Haltung oder jede andere vernünftige Nutzung bestimmter Vogelarten in geringen Mengen zu ermöglichen.

230 Vgl. 3.2.6.

Der Unionsgesetzgeber hat für die Anwendung der Abweichungen ein starres Vorgabenkorsett festgelegt. Bei Abweichungen laut Art. 9 Vogelrichtlinie sind folgende Angaben zu machen: *a)* für welche Vogelarten die Abweichungen gelten; *b)* die zugelassenen Fang- oder Tötungsmittel, -einrichtungen und -methoden; *c)* die Art der Risiken und die zeitlichen und örtlichen Umstände, unter denen diese Abweichungen getroffen werden können; *d)* die Stelle, die befugt ist zu klären, dass die erforderlichen Voraussetzungen gegeben sind, und zu beschließen, welche Mittel, Einrichtungen und Methoden in welchem Rahmen von wem angewandt werden können; *e)* welche Kontrollen vorzunehmen sind.[231]

Was dagegen die Ansiedlung wildlebender Vogelarten betrifft, die in den Mitgliedsstaaten der Europäischen Union nicht heimisch sind, so haben diese dafür zu sorgen, dass sich die Ansiedlung in keiner Weise negativ auf die örtliche Tier- und Pflanzenwelt auswirkt.[232]

Art. 13 Vogelrichtlinie kann als vertragliche Absicherungsklausel bezeichnet werden: Er verfügt, dass die Gesamtheit der aufgrund dieser Richtlinie getroffenen Maßnahmen zum Erhalt der heimischen wildlebenden Vogelarten nicht zu einer Veränderung *in peius* der derzeitigen Lage führen darf. *In puncto* Umsetzung von Schutzmaßnahmen können Mitgliedsstaaten strengere Maßnahmen ergreifen, als sie in der Vogelrichtlinie festgelegt sind.[233]

Auch wenn der Unionsgesetzgeber sich diesbezüglich an die Mitgliedsstaaten wendet, sind für die Festlegung strengerer Schutzmaßnahmen, je nach innerstaatlicher Kompetenzverteilung, auch die nachgeordneten Gebietskörperschaften zuständig.

Was die Umsetzung der Vogelrichtlinie im Mitgliedsstaat Italien anbelangt, ist zwischen staatlicher und regionaler Ebene zu unterscheiden. Der staatliche Gesetzgeber hat die Vogelrichtlinie im staatlichen Jagdrahmengesetz Nr. 157/1992 umgesetzt, wovon der Umsetzungshinweis im Art. 1 Abs. 1-*bis* sowie verschiedene im Rahmengesetz verteilte Normen zeugen. Auf regionaler Ebene ist die Umsetzung der Vogelrichtlinie durch die Autonome Provinz Bozen[234] hervorzuheben. Der Landesgesetzgeber hat die Vogelrichtlinie aufgrund seiner Zuständigkeit in der Umsetzung von EU-Richtlinien im Jagdsektor ins Landesjagdgesetz einfließen lassen. Dies belegen, neben dem obligatorischen Umsetzungshinweis, Bestimmungen in den Bereichen der Wildhege, der Sonderabschussermächtigungen, der Wildbezirke sowie der Verbote.[235]

231 Art. 9 Abs. 2 lit. *a)* ff. Vogelrichtlinie.
232 Art. 11 Vogelrichtlinie.
233 Art. 14 Vogelrichtlinie.
234 Vgl. auch unter 1.4.2.
235 Vgl. dazu unter 3.2.3., 3.2.6., 3.2.7. und 3.2.10.

2.2. Richtlinie 92/43/EWG

Neben der Vogelrichtlinie ist die **Richtlinie 92/43/EWG** des Rates der Europäischen Gemeinschaften vom 21. Mai 1992[236] **zur Erhaltung der natürlichen Lebensräume sowie der wildlebenden Tiere und Pflanzen** für das Landesjagdrecht von Bedeutung. Aus dem Titel der Richtlinie 92/43/EWG resultiert, dass sie sich der Flora und Fauna sowie dem Habitat widmet, weshalb sie häufig als **FFH-Richtlinie** bezeichnet wird.[237] Zum Zeitpunkt ihres Erlasses war die FFH-Richtlinie der erste Rechtsakt, der auf gemeinschaftlicher (nunmehr: unionsrechtlicher) Ebene einen umfassenden Schutz der Habitate und der wildlebenden Tiere und Pflanzen einführte.[238]

Art. 1 der FFH-Richtlinie beinhaltet zahlreiche Begriffsdefinitionen zum besseren Verständnis zahlreicher fachspezifischer Termini. Die „*Erhaltung*" wird beispielsweise wie folgt umschrieben: „*Alle Maßnahmen, die erforderlich sind, um die natürlichen Lebensräume und die Populationen wildlebender Tier- und Pflanzenarten in einem günstigen Erhaltungszustand (...) zu erhalten oder diesen wiederherzustellen.*"

Die Zielsetzung der FFH-Richtlinie ist dagegen in Art. 2 enthalten: Demnach ist das Ziel, zur Sicherung der Artenvielfalt durch die Erhaltung der natürlichen Lebensräume sowie der wildlebenden Tiere und Pflanzen im europäischen Gebiet der Mitgliedsstaaten beizutragen. Der günstige Erhaltungszustand der natürlichen Lebensräume und der wildlebenden Tiere und Pflanzen von unionsrechtlichem Interesse soll bewahrt oder wiederhergestellt werden.[239] Besondere Aufmerksamkeit verdient sich Art. 3 Abs. 2 FFH-Richtlinie, der bestimmt, dass die getroffenen Maßnahmen den Anforderungen von Wirtschaft, Gesellschaft und Kultur sowie den regionalen und örtlichen Besonderheiten Rechnung tragen. Hieraus ergibt sich ein starkes Argument, um – unter Berufung auf das Subsidiaritätsprinzip – regionale und örtliche Besonderheiten in jedweder Form bei der Umsetzung der Richtlinie zu berücksichtigen, natürlich vorausgesetzt, dass sie den Zielen nicht widersprechen.

Art. 3 enthält *de iure* die **Wurzeln** der so genannten **Natura-2000-Gebiete,**[240] da er deren Errichtung verfügt. Dieses weltweit größte[241] Schutzgebietsnetz besteht aus Gebieten, die die

236 ABl EU L 206 vom 22.07.1992.

237 Vgl. *Carmignola/Erhard*, Natura 2000: Auswirkungen auf die Jagd? Jägerzeitung, Magazin des Südtiroler Jagdverbandes, Nr. 2/2000, 22.

238 *Mezzetti*, Manuale di diritto ambientale (2001), 698.

239 Art. 2 Abs. 2 FFH-Richtlinie.

240 Vgl. dazu näher unter 3.2.7.

241 *Mori*, La caccia. Il diritto della caccia, le leggi, la giurisprudenza commentata (2011) 103.

natürlichen Lebensraumtypen des Anhangs I[242] sowie die Habitate der Arten des Anhang II[243] umfassen. Neben diesen Gebieten besteht das europäische Schutzgebietsnetz *„Natura 2000"* aus den so genannten besonderen Schutzgebieten, die von den Mitgliedsstaaten gemäß Art. 4 Abs. 1 Vogelrichtlinie ausgewiesen werden.[244]

Nach Art. 6 FFH-Richtlinie legen die Mitgliedsstaaten die nötigen Erhaltungsmaßnahmen fest und treffen geeignete Maßnahmen, um in den besonderen Schutzgebieten die Verschlechterung der natürlichen Lebensräume und der Habitate zu vermeiden. Pläne oder Projekte, die nicht unmittelbar mit der Verwaltung des Gebietes in Verbindung stehen oder hierfür nicht notwendig sind und das Gebiet erheblich beeinträchtigen könnten, erfordern außerdem eine Verträglichkeitsprüfung mit den festgelegten Erhaltungszielen.[245]

Aus jagdrechtlicher Sicht ist Art. 15 der FFH-Richtlinie von besonderer Bedeutung. Er legt hinsichtlich der Jagdmittel für das Fangen oder Erlegen der in Anhang V lit. *a)* genannten wildlebenden Tierarten das Verbot der Verwendung nichtselektiver Geräte fest, durch die diese Tierarten schwer gestört werden könnten bzw. ihr örtliches Verschwinden hervorgerufen werden könnte. Zu den verbotenen Jagdmitteln zählen im Sinne von Anhang VI lit. *a)* u.a.: künstliche Lichtquellen, Vorrichtungen zum Beleuchten der Ziele, Vorrichtungen für das Schießen bei Nacht mit elektronischem Bildverstärker oder Bildumwandler, Armbrüste, halbautomatische oder automatische Waffen, deren Magazin mehr als zwei Patronen aufnehmen kann.

Wie schon bei der Umsetzung der Vogelrichtlinie muss auch bei der Umsetzung der FFH-Richtlinie zwischen staatlichem Gesetzgeber und Landesgesetzgeber unterschieden werden. Auf staatlicher Ebene wurde die FFH-Richtlinie mit dem DPR Nr. 357 vom 8. September 1997[246] umgesetzt, d.h. sie wurde, im Unterschied zur Vogelrichtlinie, nicht ins staatliche Jagdrahmengesetz Nr. 157/1992 implementiert. Auf Landesebene dagegen sind die jagdrechtlichen Aspekte der FFH-Richtlinie im Landesjagdgesetz umgesetzt worden, die restlichen Aspekte im LG Nr. 6 vom 12. Mai 2010,[247] das sich dem Naturschutz widmet.

---

242 Im Anhang I FFH-Richtlinie sind die verschiedenen Lebensraumtypen von unionsrechtlichem Interesse, samt Auflistung der jeweiligen Unterkategorien enthalten. Die Einteilung der Lebensraumtypen lautet wie folgt: *„1. Lebensräume in Küstenbereichen und halophytische Vegetation, 2. Dünen an Meeresküsten und im Binnenland, 3. Süßwasserlebensräume, 4. Gemäßigte Heide- und Buschvegetation, 5. Hartlaubgebüsche, 6. Natürliches und Naturnahes Grasland, 7. Hoch- und Niedermoore, 8. Felsige Lebensräume und Höhlen, 9. Wälder."*

243 Anhang II FFH-Richtlinie ist eine Ergänzung des Anhangs I zur Verwirklichung eines zusammenhängenden Netzes von besonderen Schutzgebieten; er führt Säugetiere, Reptilien, Amphibien, Fische, Gliederfüßler, Weichtiere sowie verschiedenste Pflanzenarten an.

244 Art. 3 Abs. 2 FFH-Richtlinie.

245 Art. 6 Abs. 3 FFH-Richtlinie.

246 GA Nr. 248 vom 23.10.1997.

247 ABl R Nr. 21 vom 25. Mai 2010.

3. Landesjagdgesetz

3.1. Zur Entstehung des Landesjagdgesetzes

Obschon die Autonome Provinz Bozen durch das Autonomiestatut 1972 die primäre Gesetzgebungsbefugnis im Sachbereich Jagd erhielt, verzichtete der Landesgesetzgeber für einen beträchtlichen Zeitraum auf eine autonome Regelung der Materie. Der Grund hierfür lässt sich aus einem kurzen Rückblick auf die normative Ebene im Jagdsektor ableiten. Die Jagdausübung wurde in den ersten Jahren des Autonomiestatuts 1972 maßgeblich vom Königlichen Dekret (in der Folge: Kgl D) Nr. 1016 vom 5. Juni 1939[248] geregelt. Neben dieser staatlichen Rechtsnorm gab es eine weitere auf regionaler Ebene: das Gesetz der Region Trentino-Südtirol Nr. 30 vom 7. September 1964,[249] mit welchem das so genannte Reviersystem besser abgesichert wurde.[250]

Lange Zeit hielt man in Südtirol die Regelung der Jagdausübung durch die eben genannten Rechtsnormen für ausreichend, was sich jedoch bald als Trugschluss erweisen sollte.[251] Die Notwendigkeit einer autonomen Regelung verdeutlichte sich zum einen mit Inkrafttreten des staatlichen Rahmengesetzes zur Jagd Nr. 968 vom 27. Dezember 1977,[252] zum anderen in der Folge des 1979 erstmals angestrebten aufhebenden Referendums[253] in Bezug auf nahezu jede Bestimmung des staatlichen Jagdrahmengesetzes Nr. 968/1977.[254] Nachdem der VerfGH das angestrebte Referendum für unzulässig erklärt hatte,[255] folgten zwei weitere aufhebende Referenden, wobei das Erste wiederum vom VerfGH für unzulässig erklärt wurde[256] und das Zweite das von Art. 75 Verf vorgeschriebene Anwesenheitsquorum nicht erreichte.[257]

248 GA KrI Nr. 172 vom 25.07.1939.

249 ABl R Nr. 39 vom 15.09.1964.

250 Näheres dazu siehe unter 3.2.7.1.

251 *Durnwalder*, Das Südtiroler Jagdgesetz, in *Sailer* (Hg), Wild und Weidwerk in Südtirol (1994), 53.

252 GA Nr. 3 vom 04.01.1978.

253 *Durnwalder*, Landesjagdgesetz: Bestimmungen über die Wildhege und die Jagdausübung, Jägerzeitung, Magazin des Südtiroler Jagdverbandes, Nr. 7/1987, 2.

254 *Gorlani*, La caccia programmata. Per un esercizio venatorio ecocompatibile. Commento alla legge 11 febbraio 1992 n° 157[2] (1992), XVII.

255 VerfGH Urteil Nr. 27/1981, Giur. cost. 1981, 164.

256 VerfGH Urteil Nr. 28/1987, Giur. cost. 1987, 160.

257 VerfGH Urteil Nr. 63/1998, Giur. cost. 1990, 247; siehe hierzu näher *Gorlani*, La caccia programmata, XVII.

Schließlich arbeitete das Amt für Jagd und Fischerei einen Gesetzesentwurf aus, der interessierten Kreisen und Organisationen zur Stellungnahme übermittelt wurde.[258] Die Reaktionen waren allerdings eher spärlich, einige Kreise plädierten für die Beibehaltung der bisherigen Situation, da man eine Verschlechterung der Situation befürchtete.[259] Erst die Anfechtung des Jagdkalenders 1986/87 vor dem Verwaltungsgericht (in der Folge: VwG) Bozen konnte alle Kreise von der Notwendigkeit einer autonomen Regelung überzeugen.[260] Maßgeblich an der Entstehung beteiligt war der Landesrat für Landwirtschaft und Forstwesen, ***Luis Durnwalder***, der nach einer ersten Rückverweisung des Gesetzentwurfs durch die römische Regierung im Landtag auf die raschest mögliche Verabschiedung des Landesjagdgesetzes drängte.[261] Dieses wurde mit dem Gesetz Nr. 14 vom 17. Juli 1987 verabschiedet. Wenige Jahre nach Inkrafttreten des Landesjagdgesetzes wurde auf staatlicher Ebene das neue Rahmengesetz zur Jagd Nr. 157/1992 verabschiedet.

Das Landesjagdgesetz wurde bis dato in einigen Punkten geändert, um terminologische und inhaltliche Verbesserungen vorzunehmen, um Urteilen des VerfGH Folge zu leisten sowie zwecks Umsetzung von EU-Richtlinien im Zuge des Prozesses der europäischen Integration. Diese Ziele wurden mit folgenden Normen verwirklicht: Art. 6 LG Nr. 23 vom 28. November 1996,[262] Art. 2 LG Nr. 4 vom 11. Februar 2000,[263] Art. 28 LG Nr. 10 vom 12. Oktober 2007,[264] Art. 19 LG Nr. 4 vom 10. Juni 2008,[265] Art. 2 LG Nr. 14 vom 12. Dezember 2011,[266] Art. 11 LG Nr. 7 vom 15. Mai 2013,[267] sowie zuletzt Art. 5 und Art. 17 LG Nr. 10 vom 23. Oktober 2014.[268]

258 *Durnwalder*, Das Südtiroler Jagdgesetz, 54.

259 *Durnwalder*, Landesjagdgesetz: Bestimmungen über die Wildhege und die Jagdausübung, Jägerzeitung, Magazin des Südtiroler Jagdverbandes Nr. 7/1987, 2.

260 *Durnwalder*, Das Südtiroler Jagdgesetz, 54.

261 Siehe dazu näher Wortprotokoll des Südtiroler Landtages, Sitzung 189 vom 17.06.1987, 12 ff.

262 ABl R Nr. 55 vom 10.12.1996.

263 OBl Nr. 1 zum ABl R Nr. 9 vom 29.02.2000.

264 OBl Nr. 2 zum ABl R Nr. 43 vom 23.10.2007.

265 OBl Nr. 2 zum ABl R Nr. 26 vom 24.06.2008.

266 OBl Nr. 1 zum ABl R Nr. 51 vom 20.12.2011.

267 ABl R Nr. 21 vom 21.05.2013.

268 ABl R Nr. 43 vom 28.10.2014.

3.2. Zentrale Bestimmungen des Landesjagdgesetzes

Im Folgenden werden zentrale Aspekte des Landesjagdgesetzes und einiger damit zusammenhängenden Rechtsnormen beleuchtet. Diese sind in der Hauptsache die Durchführungsverordnung zum Landesjagdgesetz D LH Nr. 18 vom 6. April 2000[269] und die so genannte Landesjagdordnung,[270] die vom Südtiroler Jagdverband aufgrund einer Ermächtigung zur Verordnungssetzung ex Art. 24 Landesjagdgesetz erlassen wird und der Gesetzmäßigkeits- und Sachkontrolle durch die Landesregierung unterliegt. Die geltende Landesjagdordnung wurde mit Dekret des Landesrates für Forstwirtschaft vom 23. März 2012, Nr. 151/32.4 gebilligt.

3.2.1. Zielsetzung des Landesjagdgesetzes

Art. 1 Abs. 1 Landesjagdgesetz setzt sich einerseits den **natürlichen und ausgewogenen Schutz sowie die Erhaltung und Verbesserung eines angemessenen Wildbestandes** zum Ziel, andererseits den **Schutz der land- und forstwirtschaftlichen Kulturen vor Wild- und Jagdschäden**. Diese gleichwertig verankerte Doppelzielsetzung[271] deutet auf die Interessensfelder hin, über welche das Landesjagdgesetz einen Bogen spannt.

Art. 1 Abs. 2 enthält den so genannten Umsetzungshinweis,[272] mit welchem der Landesgesetzgeber darauf hinweist, dass folgende EU-Richtlinien ins Landesjagdgesetz Eingang und somit Umsetzung gefunden haben: die Richtlinie 2009/147/EG des Europäischen Parlaments und des Rates vom 30. November 2009 über die Erhaltung der wildlebenden Vogelarten, die Richtlinie 92/43/EWG des Rates der Europäischen Gemeinschaften vom 21. Mai 1992[273] zur Erhaltung der natürlichen Lebensräume sowie der wildlebenden Tiere und Pflanzen sowie die Richtlinie 1999/22/EG des Rates der Europäischen Union vom 29. März 1999[274] über die Haltung von Wildtieren in Zoos. Da diese Richtlinien allesamt den Sachbereich Jagd betreffen, in welchem die Autonome Provinz Bozen über primäre

269 ABl R Nr. 19 vom 02.05.2000.

270 Die geltende Landesjagdordnung wurde mit Dekret des Landesrates für Forstwirtschaft von 23. März 2012, Nr. 151/32.4 gebilligt.

271 Vgl. *Erhard*, Die Entwicklung des Jagdrechtes im südlichen Teil Tirols vom 19. bis Anfang des 21. Jahrhunderts, 8 unter *www.provinz.bz.it/forst/download/DIE__ENTWICKLUNG_DES_JAGDRECHTES.pdf* (abgerufen am 08.03.2014).

272 Vgl. dazu näher unter 1.4.1.

273 ABl EU L 206 vom 22.07.1992.

274 ABL EU L 94 vom 09.04.1999.

Gesetzgebungskompetenz verfügt, konnten sie vom Landesgesetzgeber auf Grundlage von Art. 7 DPR Nr. 526/1987 unmittelbar umgesetzt werden.[275]

3.2.2. Begriff *Wild*

Obwohl in einer einschlägigen Durchführungsbestimmung[276] zum Sonderstatut explizit festgehalten wird, dass die Autonome Provinz Bozen den Schutzstatus der Fauna mit Landesgesetz regeln kann, in welchem der Jagdkalender und die jagdbaren Tiere unter Beachtung der internationalen und unionsrechtlichen Bestimmungen festgelegt werden, die in die staatliche Rechtsordnung Eingang gefunden haben, muss sich der **Landesgesetzgeber** bei der **Begriffsdefinition des Wildes** *stricto iure* **an** die **Vorgaben des staatlichen Jagdrahmengesetzes Nr. 157/1992 halten.**[277] Art. 2 Landesjagdgesetz versteht unter dem Terminus ***„Wild"*** die **frei lebenden, sich ständig oder vorübergehend in Südtirol aufhaltenden Säugetiere** (Haarwild) **und Vögel** (Federwild) und steht somit in perfektem Einklang mit der Definition des staatlichen Jagdrahmengesetzes Nr. 157/1992.[278] **Nicht zum Wild** gehören **Maulwürfe, Ratten, Langschwanz- und Wühlmäuse.**[279] Die *„Langschwanzmaus"* ersetzt infolge einer Gesetzesnovelle durch das LG Nr. 14 vom 12. Dezember 2011 die *„Hausmaus"*, da Erstere eher den *„topi propriamente detti"*[280] entspricht, die im staatlichen Jagdrahmengesetz Nr. 157/1992 vorgesehen sind.[281] Langschwanzmäuse sind deshalb die zoologisch bessere Übersetzung, weil ihre Familie z. B. auch die Waldmaus und die Gelbhalsmaus umfasst.[282] Dies ist insofern von Bedeutung, als das staatliche Jagdrahmengesetz Nr. 157/1992 und das Landesjagdgesetz Maulwürfen, Ratten, Langschwanz- und Wühlmäusen keinen Schutz einräumen, da sie für die Landwirtschaft schädlich sind.[283] Dadurch entsteht eine Einteilung der Wildtiere in Nutzwild und Schadwild, die der staatliche

275 Siehe dazu näher unter 1.4.2.

276 Art. 1 Abs. 2 DPR Nr. 279/1974.

277 Siehe dazu näher unter 7.5. und 3.3.

278 Art. 2 Abs. 1 Gesetz Nr. 157/1992 bestimmt: *"Fanno parte della fauna selvatica oggetto della tutela della presente legge le specie di mammiferi e di uccelli dei quali esistono popolazioni viventi stabilmente o temporaneamente in stato di naturale libertá nel territorio nazionale."*

279 Art. 2 Abs. 1 Satz 2 Landesjagdgesetz.

280 Art. 2 Abs. 2 Gesetz Nr. 157/1992.

281 *Aukenthaler*, Omnibusdekret ändert Jagdbestimmungen, Jägerzeitung, Magazin des Südtiroler Jagdverbandes, Nr. 1/2012, 8.

282 *Aukenthaler*, Jägerzeitung, Nr. 1/2012, 8.

283 *Gorlani*, La caccia programmata, 18.

Gesetzgeber im staatlichen Jagdrahmengesetz Nr. 157/1992 eigentlich vermeiden wollte.[284] Eine derartige Zweiteilung wurde in Vergangenheit vom Kgl D Nr. 1016/1939 durch eine taxative Enumerierung der schädlichen Wildtiere vorgenommen. Art. 4 lit. *a)* zählte Wolf, Fuchs, Steinmarder, Iltis, Fischotter und Wildkatze zu den schädlichen Säugetieren, lit. *b)* Adler, Roten Milan, Habicht, Sperber und Uhu zu den schädlichen Vögeln.

Aus der Definition des Begriffs *„Wild"* lassen sich zumindest drei essentielle Schlussfolgerungen ziehen: Erstens können nur Säugetiere und Vögel zum Wild gehören, zweitens müssen diese frei lebend sein und drittens sich ständig oder zumindest zeitweise in Südtirol aufhalten. Im Umkehrschluss bedeutet dies, dass folgende Kategorien nicht zum Wild gehören: einerseits Haustiere, gezähmte Tiere oder Tiere in Gefangenschaft, andererseits Reptilien, Fische, Insekten und all jene Tiere, die nicht zur Gattung der Säugetiere und Vögel zählen.[285] Wildtiere unterscheiden sich klar von Haustieren oder gezähmten Tieren, da Letztere einen Eigentümer anerkennen und die Gewohnheit zur Rückkehr aufweisen, die im römischen Recht als *mos* oder *consuetudo revertendi* bezeichnet wurde.[286] Auch Zuchttiere gehören nicht zum Wild, da sie nicht frei lebend und Eigentum des Züchters sind.[287] Im Gegensatz zu Haustieren lebt das Wild im Naturzustand, abseits von jeglicher menschlicher Überwachung, weshalb es dem Schutz des Gesetzes unterliegt.[288] Nach Ansicht des VerfGH gehören auch verwilderte Tiere, die sich unabhängig vom Menschen fortpflanzen, ernähren und Unterschlupf suchen zum Wild.[289]

Unweigerlich mit der Begriffsdefinition der Wildtiere ist die Eigentumsfrage verbunden, auf die jedoch an anderer Stelle näher eingegangen wird.[290] An dieser Stelle sei lediglich erwähnt, dass Wildtiere unverfügbares Vermögensgut darstellen und, innerhalb der Landesgrenzen, vom Land Südtirol verwaltet werden.

3.2.3. Begriff *Hege*

Unter **Hege** sind **alle Maßnahmen zur Erhaltung und Verbesserung eines Wildbestandes, der den Äsungsbedingungen sowie den Erfordernissen der Land- und Forstwirt-**

284 Ebenda.
285 *Correnti,* Commento teorico pratico alla legge sulla caccia 27 dicembre 1977 n° 968, (1986) 16.
286 *Gorlani,* La caccia programmata, 16.
287 Ebenda.
288 Ebenda.
289 VerfGH Urteil Nr. 303/2013; siehe dazu näher unter 7.4. und 7.5.
290 Siehe dazu 4.2.2.1.

schaft angepasst ist, zu verstehen.[291] Die italienische Übersetzung des Landesjagdgesetzes bezeichnet Hege als *„tutela"*, was jedoch semantisch nicht bzw. nur teilweise mit dem deutschen Begriff übereinstimmt. Der Hegegedanken als solcher war weder im staatlichen Jagdrahmengesetz Nr. 968/1977, das zum Zeitpunkt des Erlasses des Landesjagdgesetzes in Kraft war, enthalten noch wird er im geltenden staatlichen Jagdrahmengesetz Nr. 157/1992 erwähnt, woraus schlussendlich auch die terminologischen Übersetzungsschwierigkeiten resultieren. Der Landesgesetzgeber hat insofern Weitsichtigkeit gezeigt, indem er neben der gleichwertig verankerten Doppelzielsetzung[292] bereits 1987 gezielte Maßnahmen zur Wildhege eingeführt hat.

Der Hegegedanken lässt sich auf die erste Hauptzielsetzung des Landesjagdgesetzes, nämlich auf die Erhaltung und die Verbesserung eines angemessenen Wildbestandes rückführen. In der Praxis ist von einer nachhaltigen Nutzung die Rede, durch welche von den jagdbaren Wildtieren nur das abgeschöpft wird, was im Überschuss da ist, weshalb Schutz und Nutzung keinen Widerspruch darstellen.[293] Die Hege umfasst außerdem das Recht und die Pflicht, das Wild zu betreuen, seine Entwicklung zu fördern, seine Lebensgrundlagen zu sichern und allen Störungen entgegenzuwirken.[294] Eine zentrale Aufgabe kommt dabei der Landesregierung zu, die Maßnahmen ergreifen und Untersuchungen in Auftrag geben kann, die der Erhaltung, dem Schutz und der Wiederherstellung der natürlichen Lebensräume des Wildes dienen.[295] Dabei wird die Landesregierung von der Wildbeobachtungsstelle unterstützt, die sie in technischen und wissenschaftlichen Fragen berät und Gutachten erstellt.[296] Dieses fünfköpfige Expertengremium muss in der Zusammensetzung das Sprachgruppenverhältnis der letzten amtlichen Volkszählung widerspiegeln, vorbehaltlich der Zugangsmöglichkeit für die ladinische Sprachgruppe.[297]

Die Grundlagen der in Südtirol heute noch zur Anwendung kommenden Hegerichtlinien wurden ab dem Jahr 1965 geschaffen, als ***Ludwig von Lutterotti*** die Führung des Südtiroler Jagdverbandes übernahm und sich *in puncto* Wildhege vom Tiroler und Kärntner Landes-

291 Art. 3 Abs. 1 Satz 1 Landesjagdgesetz.

292 Siehe dazu unter 3.2.1.

293 *Aukenthaler/Waldburger*, Die Jagd in Tirol und Südtirol. Gemeinsamkeiten und Unterschiede im Waidwerk nördlich und südlich des Brenners, Tiroler Bauernkalender 2014, 181.

294 Art. 3 Abs. 2 Landesjagdgesetz.

295 Art. 3 Abs. 3 Landesjagdgesetz.

296 Art. 3 Abs. 4 Landesjagdgesetz.

297 Art. 3 Abs. 4 Satz 2 Landesjagdgesetz.

jägermeister beraten ließ.[298] In der jagdlichen Praxis wird die Wildhege unter anderem *a priori* durch die Abschussplanung und *a posteriori* durch die Hegeschauen verwirklicht. **Art. 27 Abs. 1** bestimmt, dass **Schalenwild,**[299] mit Ausnahme des Schwarzwildes, **Raufußhühner und Steinhühner nur im Rahmen eines Abschussplanes gejagt** werden dürfen. Mit LG Nr. 10/2007 wurde das Landesjagdgesetz dahingehend abgeändert, dass vor dem Erstellen des Abschussplans für Birkhahn, Schnee- und Steinhuhn das Amt für Jagd und Fischerei durch eine Prüfung verifiziert, ob eine Entnahme für den Bestand und die Entwicklung der betreffenden Art verträglich ist.[300] In der Wortwahl des Landesgesetzgebers in Art. 27 Abs. 2 Landesjagdgesetz spiegelt sich die gleichwertig verankerte doppelte Zielsetzung klar wider: *„Der Abschussplan ist so zu erstellen, dass ein der Größe und den Äsungsverhältnissen des Wildbezirks angemessener Wildbestand erreicht und erhalten werden kann; dabei sind der richtige Altersaufbau und das natürliche Geschlechterverhältnis der betreffenden Wildbestände sowie die Belange der Land- und Forstwirtschaft zu berücksichtigen.“* Die Details zur Abschussplanung sind in der Landesjagdordnung und in der Durchführungsverordnung zum Landesjagdgesetz D LH Nr. 18/2000 geregelt. An dieser Stelle sei auf die wichtigsten Regelungen hieraus hingewiesen. Art. 2 Landesjagdordnung bestimmt, dass die Abschusspläne für das jagdbare Schalenwild, die jagdbaren Raufußhühner und das Steinhuhn, getrennt für die einzelnen Wildarten, von den Revierausschüssen vorgeschlagen und von der auf Bezirksebene tätigen 6-köpfigen Abschussplankommission[301] endgültig festgesetzt werden. Im Abschussplan wird das Schalenwild nach Geschlecht, Güte und Alter unterschieden.[302] Damit die Hegemaßnahmen überprüft werden können, ist die Veranstaltung der jährlichen Hegeschauen[303] (Trophäenschauen) durch den Südtiroler Jagdverband unabdingbar, bei

298 *Aukenthaler,* Südtirols Jagd von 1946 bis heute, Der Anblick, Zeitschrift für Jagd, Fischerei, Jagdhundewesen und Naturschutz, Nr. 8/1996, 26.

299 Unter Schalenwild versteht man alle Paarhufer, die dem Jagdrecht unterliegen: *Aukenthaler/Gerstgrasser/Heidegger* et al, Wild-Wissen. Lebensraum-Biologie-Jagd (2008) 334.

300 Art. 3 Abs. 1 Satz 2 Landesjagdgesetz; vgl. dazu auch *Aukenthaler,* Jagdgesetz-Auswirkungen, Jägerzeitung, Magazin des Südtiroler Jagdverbandes, Nr. 1/2008, 19.

301 Art. 2 Abs. 2 Landesjagdordnung regelt die Zusammensetzung der Abschussplankommission: *„Die Abschussplankommission setzt sich aus folgenden Mitgliedern zusammen: einem vom Landesjagdausschuss ernannten Fachmann als Präsidenten; dem zuständigen Bezirksjägermeister; dem Direktor des Amtes für Jagd und Fischerei oder einem von diesem Bevollmächtigten; dem Bezirksbauernbundobmann oder einem anderen vom Südtiroler Bauernbund ernannten Vertreter; dem Direktor des Forstinspektorats, in dessen Gebiet das entsprechende Revier liegt, oder einem anderen von der Landesforstbehörde ernannten Vertreter; einem Vertreter der Landesabteilung Landwirtschaft.“*

302 Art. 6 Abs. 1 D LH Nr. 18/2000.

303 Zur Einführung der Hegeschauen siehe *Aukenthaler,* Der Anblick, Zeitschrift für Jagd, Fischerei, Jagdhundewesen und Naturschutz, Nr. 8/1996, 26.

welchen sämtliche Trophäen des Schalenwildes, das im Vorjahr in den Jagdrevieren kraft Gesetzes und in den Eigenjagden[304] erlegt worden ist, vorgezeigt werden müssen.[305] Ziel und Zweck dieser auf Bezirksebene durchgeführten Veranstaltungen ist die Überprüfung des Abschussplans und der Hegerichtlinien, die von der Landesjagdordnung vorgegeben werden. Eine vom Landesjagdausschuss[306] ernannte Kommission führt eine Altersschätzung und Klassifizierung der Trophäen (des Kopfschmucks) durch, sodass die Einhaltung des Abschussplans und der Hegerichtlinien bis ins kleinste Detail überprüft wird.

Neben der Abschussplanung und den Hegeschauen gibt es eine Reihe von weiteren Auflagen, die auf die Erfüllung des Hegegedankens hin ausgelegt sind. An dieser Stelle seien nur einige davon erwähnt: Die Einführung von allgemeinen Hegerichtlinien[307] durch die Landesjagdordnung und spezifischen Hegerichtlinien für Reh-, Gams- und Rotwild,[308] die Einführung und Regelung der Gamspirschführertätigkeit, die Gründung von Gamshegeringen sowie individuelle Abschusskontingente.[309]

Die zahlreichen Normen zur Wildhege, d. h. sowohl die Grundlagen auf legislativer Ebene als auch die Detailregelung auf Verordnungsebene zeugen einerseits von einem beträchtlichen Spielraum für Gesetzgeber und Verwaltung, andererseits davon, dass in der Autonomen Provinz Bozen, ohne dass es dazu staatlicher Vorschriften bedurfte, strikte Vorschriften zur Wahrung des Nachhaltigkeitsgrundsatzes eingeführt wurden.

3.2.4. Begriff *Jagdausübung*

Das Landesjagdgesetz definiert in Art. 11 diesen Terminus folgendermaßen: „*Unter Jagdausübung (in der Folge Jagd genannt) versteht man jede Tätigkeit, die unter Anwendung der in Art. 14 genannten Waffen oder Fanggeräte auf das Erlegen oder Fangen von Wild aus-*

304 Näheres zu den Jagdrevieren kraft Gesetzes und Eigenjagden siehe unter 3.2.7.1. und 3.2.7.2.

305 Art. 27 Abs. 3 Landesjagdgesetz.

306 Der Landesjagdausschuss setzt sich aus elf Mitgliedern zusammen: den acht Bezirksjägermeistern, zwei Vertretern der italienischen Sprachgruppe und einem Vertreter der ladinischsprachigen Jäger: *Aukenthaler/Gerstgrasser/Heidegger* et. al., Wild-Wissen, 307.

307 Art. 9.1 Landesjagdordnung bestimmt: „*Das Ziel der Hegerichtlinien ist, dass einerseits die jagdlich genutzten Wildtierpopulationen* möglichst naturnah zusammengesetzt bleiben, und somit die Lebensansprüche der Wildtiere voll berücksichtigt werden sowie *dass andererseits die Bestände in schonener Weise und jagdlich nachhaltig genutzt werden können.*"

308 Art. 11 ff. Landesjagdordnung.

309 So bestimmt etwa Art. 6 Abs. 2 D LH Nr. 18/2000, dass „*der Inhaber einer Jahres- oder Gastkarte nicht mehr als sechs Schnee- und sechs Steinhühner pro Jagdsaison und jedenfalls nicht mehr als je zwei Stück dieser Hühnervögelarten am Tag erlegen darf.*"

gerichtet ist. Jede andere Art, Wild zu erlegen oder zu fangen, ist verboten, es sei denn, es geschieht durch Zufall oder höhere Gewalt." Diese Definition entspricht im Kern jener des Kgl D Nr. 1016/1939,[310] weshalb auch das Fangen von Wild als Jagdausübung bezeichnet wird.[311] Das Kgl D Nr. 1016/1939 sah nämlich den Vogelfang mit Netzen als zulässige Jagdausübung an. Auch das staatliche Jagdrahmengesetz Nr. 157/1992 spricht in der Definition der Jagdausübung noch vom Wildfang, obwohl dieser nicht mehr erlaubt ist.[312] Das Landesjagdgesetz hat im Art. 11 Abs. 3 auch die so genannte „*mutmaßliche*" Jagdausübung[313] vom Kgl D Nr. 1016/1939 übernommen: „*Als Jagdausübender gilt ebenfalls, wer mit Waffen oder Vorrichtungen, die zum Fangen oder Erlegen von Wild bestimmt sind oder dies erleichtern, den Wildbezirk durchstreift oder sich darin – in der Absicht, Wild zu erlegen oder zu fangen – aufhält.*" Auch der staatliche Gesetzgeber hat dieselbe Wahl getroffen und diese Bestimmung ins staatliche Jagdrahmengesetz Nr. 157/1992 übernommen. Folge der *mutmaßlichen* Jagdausübung ist, dass die jagdliche Verhaltensweise entscheidend ist, völlig unabhängig vom Erlegen eines Wildtiers.[314] Die Bewertung darüber, ob eine so genannte *mutmaßliche* Jagdausübung stattfindet, muss von Fall zu Fall unter Berücksichtigung folgender Tatbestandsmerkmale durchgeführt werden: a) die Ortschaft und das Vorkommen von Wildtieren, b) der Besitz von geeigneten Jagdmitteln im Verhältnis zum Wild, das sich *in loco* aufhält, c) das Verhalten der Person.[315] Nicht als Jagdausübung gelten dagegen die bewilligte Nachsuche nach krank geschossenem jagdbarem Wild sowie das Töten von jagdbarem Wild durch die mit dem Jagdschutz betrauten Personen oder durch Jäger bei offensichtlicher Notwendigkeit.[316]

---

310 Art. 1 Kgl D Nr. 1016/1939: *"Costituisce esercizio di caccia ogni atto diretto alla uccisione o alla cattura di selvaggina mediante l'impiego di armi, di animali o di arnesi a ció destinati. È considerato, altresí, esercizio di caccia il vagare o il soffermarsi con armi, arnesi o mezzi idonei, in attitudine di ricerca o di attesa della selvaggina per ucciderla o per catturarla. Agli effetti della presente legge è considerato esercizio di caccia anche l'uccisione o la cattura di selvaggina compiute in qualsiasi altro modo, a meno che esse non siano avvenute per forza maggiore o caso fortuito."*

311 Vgl. *Gorlani*, La caccia programmata, 69.

312 Art. 12 Abs. 2 staatliches Jagdrahmengesetz Nr. 157/1992.

313 Vgl. *Gorlani*, La caccia programmata, 69; *Tötero*, La nuova legge venatoria nazionale. Commento teorico-pratico (1985) 8.

314 *Gorlani*, La caccia programmata, 69.

315 *Mori*, La caccia, 39.

316 Art. 11 Abs. 9 Landesjagdgesetz; Die Definition von „*offensichtlicher Notwendigkeit*" nimmt Art. 4.5 Landesjagdordnung vor: „*Eine offensichtliche Notwendigkeit ist gegeben, wenn der Abschuss aus Gründen der öffentlichen Sicherheit notwendig wird oder wenn das Stück so schwer krank ist, dass es sein natürliches Fluchtverhalten völlig verloren hat.*"

3.2.5. Jagdzeiten und jagdbare Wildarten

Auch in diesem Bereich gilt, was hinsichtlich der Begriffsdefinition des Wildes gesagt wurde: Trotz Art. 5 GvD Nr. 267/1992 kann der Landesgesetzgeber Jagdzeiten und jagdbare Wildarten nicht *ad libitum* regeln.[317] Art. 4 Abs. 1 Landesjagdgesetz verfügt, dass grundsätzlich das Töten und Fangen jeder Art von Haarwild oder Federwild verboten ist, und zählt dann im Anschluss die in Südtirol jagdbaren Säugetiere und Vögel taxativ als Ausnahmen auf. Diese bilden einen *numerus clausus*, weshalb Wildarten, die in der taxativen Enumerierung nicht aufscheinen, ausschließlich mittels Sonderabschussermächtigung[318] entnommen werden dürfen. Art. 4 Abs. 1 Landesjagdgesetz gibt acht verschiedene Jagdzeiten vor: „ *(...)*

- *Vom 1. Mai bis 15. Dezember jagdbare Tiere: Rehwild, Rotwild;*
- *Vom dritten Sonntag im September bis 31. Jänner des folgenden Jahres jagdbare Tiere: Fuchs;*
- *Vom 1. August bis 15. Dezember jagdbare Tiere: Gamswild;*
- *Vom 3. Sonntag im September bis 15. Dezember jagdbare Tiere: Feldhase;*
- *Vom 1. Oktober bis 15. Dezember jagdbare Tiere: Fasan, Ringeltaube, Stockente, Blässhuhn, Waldschnepfe, Amsel, Wacholderdrossel, Aaskrähe,*[319] *Eichelhäher, Elster, Muffelwild, Damwild, Wildkaninchen, Wachtel, Knäckente,*[320] *Krickente, Singdrossel;*
- *Vom 15. Oktober bis 15. Dezember jagdbare Tiere: Birkhahn, Steinhuhn;*
- *Vom 1. Oktober bis 31. Dezember jagdbare Tiere: Schwarzwild;*
- *Vom 1. Oktober bis 30. November jagdbare Tiere: Schneehase, Alpenschneehuhn.*“

Summa summarum sind **in Südtirol 27 Wildtiere jagdbar**, wovon 17 zum Federwild und zehn zu den Säugetieren (Haarwild) zählen. Damit sind in Südtirol weitaus weniger Tiere jagdbar, als vom staatlichen Jagrahmengesetz Nr. 157/1992 her bejagt werden könnten.[321] Unter den 17 Vertretern des Federwilds sind 17 männliche und 16 weibliche Vögel jagdbar: Beim Birkwild ist, wie von Art. 1 lit. *f)* Landesjagdgesetz verfügt, nur der Hahn jagdbar. Für Sing- und Wacholderdrosseln wurde neben der allgemeinen Jagdzeit von 1. Oktober bis 15. Dezember eine verlängerte Jagdzeit eingeführt. In den Obst- und Weinbaugebieten, die das Amt für Jagd und Fischerei jährlich nach Anhören der Landesabteilung Landwirtschaft

317 Näheres dazu siehe unter 7.4., 7.5. und 6.

318 Vgl. dazu 3.2.6.

319 Die Aaskrähe steht stellvertretend für Rabenkrähe und Nebelkrähe, vgl. dazu *Aukenthaler/Gerstgrasser/Heidegger* et al, Wild-Wissen, 168.

320 *rectius*: Knäkente.

321 Vgl. dazu 4.2.2.9.

festlegt, können sie bis 31. Jänner an drei Tagen in der Woche, ausgenommen Dienstag und Freitag, bejagt werden.[322]

Während das staatliche Jagdrahmengesetz Nr. 157/1992 den Regionen vorschreibt, den regionalen Jagdkalender bis spätestens 15. Juni, nach Anhören des staatlichen Instituts für Wildbiologie (nunmehr Höhere Anstalt für Umweltschutz und Forschung), zu veröffentlichen,[323] hat die Autonome Provinz Bozen durch eine Gesetzesnovelle eine andere Regelung eingeführt. Seit Inkrafttreten des Landesjagdgesetzes im Jahr 1987 hatte sich nämlich gezeigt, dass der Jagdkalender die Achillesferse der Südtiroler Jagdgesetzgebung war.[324] Immer wieder wurde der Jagdkalender von verschiedenen Organisationen vor dem Verwaltungsgericht angefochten und die Jagdausübung in der Folge unterbrochen. Um diesem Problem *ab origine* einen Riegel vorzuschieben, wurden mit LG Nr. 23/1996, auf der Grundlage der Durchführungsbestimmung GvD Nr. 267/1992, die Jagdzeiten in das Landesjagdgesetz implementiert. Die Bedeutung dieser Gesetzesnovelle für die jagdliche Autonomie lässt sich vor allem an der Zahl der Anfechtungen des Jagdkalenders jener Regionen messen, die weiterhin auf dieses Instrument zurückgreifen müssen.[325]

3.2.5.1. Vergleich der Jagdzeiten hinsichtlich Reh-, Rot- und Gamswild

Art. 4 Abs. 1 lit. *a)* und *c)* Landesjagdgesetz sehen für die Jagd auf Reh-, Rot-, und Gamswild einen längeren Zeitraum als das staatliche Jagdrahmengesetz Nr. 157/1992 vor. Dieses erlaubt die Bejagung dieser drei Schalenwildarten lediglich in einem Zeitfenster vom 1. Oktober bis zum 30. November.[326] Laut Landesjagdgesetz dagegen ist die Jagd auf Reh- und Rotwild vom 1. Mai bis zum 15. Dezember, jene auf Gamswild vom 1. August bis 15. Dezember erlaubt. Aufgrund dieser unterschiedlichen Zeitfenster war es aus Sicht der Autonomen Provinz Bozen notwendig, die längeren Jagdzeiten auf Schalenwild abzusichern. Ein positiver Ansatz aus regionaler Sicht ist in Art. 18 Abs. 2 staatliches Jagdrahmengesetz Nr. 157/1992 erkennbar. Diese Rechtsnorm sieht vor, dass die Jagdzeiten, die im Abs. 1 geregelt werden, darunter auch jene auf Reh-, Rot- und Gamswild mit Bezug auf die gebietlich verschiedenen

322 Art. 4 Abs. 1 *bis* Landesjagdgesetz.

323 Art. 18 Abs. 4 staatliches Jagdrahmengesetz Nr. 157/1992.

324 Vgl. *Aukenthaler*, Jagdgesetz- Anlauf Nr. 3 in Rom erneut gescheitert, Jägerzeitung, Magazin des Südtiroler Jagdverbandes Nr. 2/1996, 8.

325 Näheres dazu unter 5.2.3.

326 Art. 18 Abs. 1 lit. *c)* staatliches Jagdrahmengesetz Nr. 157/1992; vgl. dazu näher unter 4.2.2.9.

Umweltbedingungen geändert werden können.[327] Die Regionen müssen vor der Bewilligung der Änderungen ein Gutachten der Höheren Anstalt für Umweltschutz und Forschung einholen, wobei die Jagd auf Schalenwild nur auf der Grundlage von selektiven Abschussplänen, die von den Regionen genehmigt worden sind, zulässig ist. Die Anforderung der selektiven Abschusspläne wird *de facto* von den Vorschriften, die sich diesbezüglich aus Landesjagdgesetz, Durchführungsverordnung D LH Nr. 18/2000 und Landesjagdordnung ergeben, nicht nur erfüllt, sondern durch präzise Detailregelungen bei weitem übertroffen. Aufgrund der Flexibilitätsklausel gemäß Art. 18 Abs. 2 staatliches Jagdrahmengesetz Nr. 157/1992 kann die so genannte Auslesejagd auf Schalenwild vom 1. August an unter Berücksichtigung der Zeitspanne laut Art. 18 Abs. 1 erlaubt werden.[328] Hinsichtlich der Zeitspanne laut Art. 18 Abs. 1 sind zwei verschiedene Interpretationen entstanden. Nach dem Dafürhalten der Vertreter der ersten Variante ist die Zeitspanne der Auslesejagd auf Schalenwild starr und beträgt immer zwei Monate, selbst dann, wenn der Jagdbeginn auf den 1. August vorgezogen wird.[329] Nach der zweiten Interpretationsvariante gilt hingegen, dass – zumindest hinsichtlich der Auslesejagd auf Schalenwild – nicht das arithmetische Kriterium gilt, da der staatliche Gesetzgeber den *dies a quo* (1. August) angibt, nicht jedoch den Endzeitpunkt, da er lediglich von der Zeitspanne gemäß Art. 18 Abs. 1 spricht.[330] Demzufolge ist für die Auslesejagd auf Reh, Rot- und Gamswild der Endzeitpunkt von Art. 18 Abs. 1 lit. *c)*, d.h. der 30. November anzuwenden, weshalb dieser Interpretation zufolge der Zeitraum für die Auslesejagd auf Schalenwild auf maximal drei Monate verlängert werden kann.[331]

Unabhängig davon, für welche Interpretationsvariante des Art. 18 Abs. 2 man sich entscheidet, gelingt es jedoch nicht, eine rechtliche Grundlage für die im Landesjagdgesetz vorgesehenen längeren Jagdzeiten für Reh-, Rot- und Gamswild zu finden. Eine Absicherung der verlängerten Jagdzeit auf das Schalenwild gelang erst durch eine spezifische Bestimmung im Gesetzesdekret (in der Folge: GD) Nr. 203 vom 30. September 2005,[332] dessen Umwandlung

327 Art. 18 Abs. 2 Satz 1 staatliches Jagdrahmengesetz Nr. 157/1992 bestimmt: *"I termini di cui al comma 1 possono essere modificati per determinate specie in relazione alle situazioni ambientali delle diverse realtá territoriali."*

328 Art. 18 Abs. 2 letzter Satz staatliches Jagdrahmengesetz Nr. 157/1992: *"La caccia di selezione agli ungulati puó essere autorizzata a far tempo dal 1° agosto nel rispetto dell'arco temporale di cui al comma 1."*

329 Vgl. hierzu *Istituto Superiore per la Protezione e la Ricerca Ambientale,* Linee guida per la gestione degli Ungulati 91/2013, 104 f unter *http://www.isprambiente.gov.it/files/pubblicazioni/manuali-lineeguida/MLG_91_2013.pdf* (abgerufen am 10.04.2014).

330 *Gorlani,* La caccia programmata, 111.

331 Vgl. *Gorlani,* La caccia programmata, 111.

332 GA Nr. 230 vom 03.10.2005.

die Kammern mit Gesetz Nr. 248 vom 02. Dezember 2005[333] vollzogen haben.[334] **Art. 11** ***quaterdecies*** **Abs. 5 des GD Nr. 203/2005** bestimmt: ***„Die Regionen und die Autonomen Provinzen Trient und Bozen können, nach Anhören der Höheren Anstalt für Umweltschutz und Forschung oder, falls eingerichtet, einer regionalen Anstalt,***[335] ***die Auslesejagd auf das jagdbare Schalenwild auf der Grundlage von angemessenen Abschussplänen, die zwischen Geschlecht und Altersklassen unterscheiden, auch außerhalb des Zeitrahmens und der Uhrzeit, die vom Jagdrahmengesetz Nr. 157/92 vorgegeben werden, regeln.“***[336]
Diese Bestimmung ist **für** die **Autonomen Provinzen Bozen** und **Trient** sowie für die Regionen, die Auslesejagd auf Schalenwild betreiben, von **fundamentaler Bedeutung**. Durch sie wurde aus Sicht der Autonomen Provinz Bozen, zumindest was die Auslesejagd auf jagdbares Schalenwild betrifft, die Abkoppelung vom staatlichen Gesetzgeber erreicht, die mit Art. 5 der Durchführungsbestimmung zum Sonderstatut GvD Nr. 267/1992 angestrebt wurde: Der Landesgesetzgeber kann die Jagdzeit auf Schalenwild auch über die vom staatlichen Jagdrahmengesetz vorgesehenen Zeiten ausdehnen.[337]
Besonders wichtig erscheint zu unterstreichen, dass die verlängerte Jagdzeit auf das jagdbare Schalenwild keineswegs mit einer erhöhten Wildentnahme gleichzusetzen ist. Der Grund dafür liegt in der Abschussplanung, in der *a priori* die Anzahl des zu entnehmenden Wildes festgelegt wird. Ob die Jagdzeit dann von 1. Oktober bis 30. November oder beispielsweise vom 1. Mai bis 15. Dezember dauert, wirkt sich ergo nicht auf die Anzahl des erlegten Wildes aus.
Neben der verlängerten Jagdzeit ermöglicht Art. 11 *quaterdecies* Abs. 5 GD Nr. 203/2005 auch die Einführung anderer Uhrzeiten für die Auslesejagd auf Schalenwild als jene, die im staatlichen Jagdrahmengesetz Nr. 157/1992 vorgesehen sind. Art. 18 Abs. 7 dieser Rechtsnorm sieht vor, dass die Auslesejagd auf Schalenwild von einer Stunde vor Sonnenaufgang bis eine Stunde nach Sonnenuntergang möglich ist. Das Landesjagdgesetz erlaubt

333 OBl Nr. 195 zum GA Nr. 281 vom 02.12.2005.

334 Das Ziel des GD Nr. 203/2005 hatte mit dem Jagdsektor wenig gemeinsam: Es ging vorwiegend um Maßnahmen zur Vorbeugung der Steuerhinterziehung.

335 Eine Anstalt auf *„regionaler Ebene“* stellt die Wildbeobachtungsstelle gemäß Art. 3 Landesjagdgesetz dar.

336 Der italienische Text lautet: *"Le regioni e le province autonome di Trento e di Bolzano, sentito il parere dell'Istituto nazionale per la fauna selvatica* (nunmehr: Istituto Superiore per la Protezione e la Ricerca Ambientale) *o, se istituti, degli istituti regionali, possono, sulla base di adeguati piani di abbattimento selettivi, distinti per sesso e classi di età, regolamentare il prelievo di selezione degli ungulati appartenenti alle specie cacciabili anche al di fuori dei periodi e degli orari di cui alla legge 11 febbrario 1992, n. 157."*

337 *Aukenthaler*, Jagdzeiten- Entwarnung aus dem Parlament, Jägerzeitung, Magazin des Südtiroler Jagdverbandes, Nr. 4/2005, 14.

die Jagdausübung zur selben Uhrzeit,[338] hätte jedoch aufgrund des neu entstandenen gesetzgeberischen Spielraums die Möglichkeit, für die Auslesejagd auf Schalenwild durchaus auch andere Uhrzeiten einzuführen.
Eine weitere Besserstellung durch Art. 11 *quaterdecies* Abs. 5 GD Nr. 203/2005 liegt darin, dass Art. 18 Abs. 5 staatliches Jagdrahmengesetz Nr. 157/1992 nicht mehr auf die Auslesejagd auf Schalenwild Anwendung findet, der insofern einschneidend ist, als er die Jagdausübung auf grundsätzlich drei Tage pro Woche beschränkt und gleichzeitig am Dienstag und Freitag eine gesetzliche Jagdruhe einführt. Daraus ergibt sich eine gewichtige Absicherung der verlängerten Auslesejagdzeit auf Reh-, Rot- und Gamswild laut Art. 4 Abs. 1 lit. *a)* und *c)* Landesjagdgesetz. Außerdem wurde auf der Grundlage von Art. 11 *quaterdecies* Abs. 5 GD Nr. 203/2005 mit LG Nr. 10/2007 im Landesjagdgesetz eine Bestimmung eingefügt, die explizit vorsieht, dass die Jagd auf Schalenwild an allen Wochentagen erlaubt ist, während für die restlichen Wildarten, wie vom staatlichen Jagdrahmengesetz Nr. 157/1992 vorgesehen, die Jagd nur an drei Tagen in der Woche erlaubt ist.[339]

3.2.5.2. Vergleich der Jagdzeiten hinsichtlich der restlichen Wildarten

Neben den Jagdzeiten auf Reh-, Rot- und Gamswild sollen an dieser Stelle auch die Jagdzeiten der anderen in Südtirol jagdbaren Wildarten mit jenen des staatlichen Jagdrahmengesetzes Nr. 157/1992 verglichen werden. Der Fuchs ist laut Art. 4 Abs. 1 lit. *b)* Landesjagdgesetz vom dritten Sonntag im September bis zum 31. Jänner jagdbar, was exakt der Vorgabe des staatlichen Gesetzgebers entspricht.[340] Die Verlängerung der Jagdzeit auf diese Wildart durch den Landesgesetzgeber wurde vom VerfGH als nicht zulässig befunden.[341] Das Schwarzwild ist gemäß Art. 4 Abs. 1 lit. *g)* Landesjagdgesetz vom 1. Oktober bis zum 31. Dezember jagdbar und somit im selben Zeitraum, den der staatliche Gesetzgeber festgelegt hat.[342] Allerdings besteht laut staatlichem Jagdrahmengesetz Nr. 157/1992 alternativ die Möglichkeit, das Schwarzwild vom 1. November bis zum 31. Jänner zu bejagen. Eine Verlängerung der Jagdzeit auf das Schwarzwild ist im Sinne von Art. 11 *quaterdecies* Abs. 5 GD Nr. 203/2005, nach Einholen eines Gutachtens seitens der Höheren Anstalt für Umweltschutz und Forschung oder einer Anstalt auf regionaler Ebene, sicherlich möglich.

338 Art. 4 Abs. 3 Landesjagdgesetz: *„In Südtirol ist die Jagd von einer Stunde vor Sonnenaufgang bis eine Stunde nach Sonnenuntergang gestattet."*

339 Art. 4 Abs. 3 *bis* Landesjagdgesetz.

340 Art. 18 Abs. 1 lit. *b)* staatliches Jagdrahmengesetz Nr. 157/1992.

341 VerfGH Urteil Nr. 278/2012; siehe hierzu näher unter 7.

342 Art. 18 Abs. 1 lit. *d)*.

Allerdings muss die Entnahme mittels angemessenem Abschussplan erfolgen, der zwischen Geschlecht und Altersklassen unterscheidet. Der Landesgesetzgeber hat mit LG Nr. 14/2011 eine verlängerte Jagdzeit auf Schwarzwild eingeführt, die jedoch vom VerfGH im Rahmen einer direkten Verfassungsbeschwerde aufgehoben worden ist.[343] An dieser Stelle sei diesbezüglich lediglich erwähnt, dass die gesetzliche Grundlage der verlängerten Auslesejagd auf Schalenwild, die im GD Nr. 203/2005 enthalten ist, aus nicht ganz verständlichen Gründen in jenem Verfahren vor dem VerfGH von der Autonomen Provinz Bozen nicht vorgebracht wurde.[344]

In perfekter Analogie mit dem staatlichen Jagdrahmengesetz Nr. 157/1992 steht die vom Landesjagdgesetz vorgegebene Jagdzeit auf Schneehase und Alpenschneehuhn, die vom 1. Oktober bis zum 30. November reicht.[345] Der Feldhase ist in Südtirol vom 3. Sonntag im September bis zum 15. Dezember jagdbar, wodurch der *dies a quo* mit dem staatlichen Jagdrahmengesetz Nr. 157/1992 übereinstimmt,[346] während der Endtermin des staatlichen Gesetzgebers auf den 31. Dezember fällt und somit das Landesjagdgesetz restriktiver ist. Auch was Fasan, Ringeltaube, Stockente, Blässhuhn, Waldschnepfe, Wacholderdrossel, Aaskrähe, Eichelhäher, Elster, Knäkente, Krickente und Singdrossel anbelangt, ist der Landesgesetzgeber restriktiver als das staatliche Jagdrahmengesetz Nr. 157/1992. Während das Landesjagdgesetz für diese Vertreter des Federwildes die Jagd vom 1. Oktober bis zum 15. Dezember zulässt, erlaubt das staatliche Jagdrahmengesetz Nr. 157/1992 die Jagdausübung vom dritten Sonntag im September bis zum 31. Jänner. Durch LG Nr. 7/2013 wurde die Bejagung von Sing- und Wacholderdrossel auch in Südtirol bis zum 31. Jänner erlaubt, jedoch lediglich in Obst- und Weinbaugebieten, die jährlich nach Anhören der Landesabteilung Landwirtschaft festgelegt werden.[347]

Ein ähnliches Bild ergibt sich bezüglich Amsel, Wachtel und Wildkaninchen: Laut Landesjagdgesetz sind beide vom 1. Oktober bis zum 15. Dezember jagdbar, während das staatliche Jagdrahmengesetz Nr. 157/1992 diese vom 3. Sonntag im September bis zum 31. Dezember für jagdbar erklärt.

Einen Sonderfall stellt die Jagdzeit auf Birkhahn und Steinhuhn dar: Beide sind in Südtirol vom 15. Oktober bis zum 15. Dezember jagdbar,[348] während der staatliche Gesetzgeber für

343 VerfGH Urteil Nr. 278/2012; näheres dazu siehe unter 7.

344 Siehe hierzu näher unter 7.3. und 7.5.

345 Vgl. staatliches Jagdrahmengesetz Nr. 157/1992 Art. 18 Abs. 1 lit. *c)*.

346 Art. 18 Abs. 1 lit. *a)* staatliches Jagdrahmengesetz Nr. 157/1992.

347 Art. 4 Abs. 1 *bis* Landesjagdgesetz.

348 Art. 4 Abs. 1 lit. *f)* Landesjagdgesetz.

diese Hühnervögel eine Jagdzeit vom 1. Oktober bis zum 30. November vorsieht. *De facto* sind also jeweils zwei Monate Jagdzeit vorgegeben, wobei das Landesjagdgesetz einfach den *dies a quo* 14 Tage später als das staatliche Jagdrahmengesetz Nr. 157/1992 angesetzt hat. Außerdem sei an dieser Stelle kurz auf die so genannte Verträglichkeitsprüfung verwiesen, die das Landesjagdgesetz in Art. 3 Abs. 1 eingeführt hat, die eine Vorstufe der Abschussplanung von Birkhahn, Schneehuhn und Steinhuhn bildet und somit eine zusätzliche Kontrollebene darstellt, die der staatliche Gesetzgeber nicht kennt.[349]
Neben Reh-, Rot- und Gamswild sind lediglich zwei weitere Wildarten laut Landesjagdgesetz länger jagdbar als laut staatlichem Jagdrahmengesetz Nr. 157/1992. Hierbei handelt es sich um das Damwild und das Muffelwild, die nicht zu den autochthonen Wildarten Südtirols gehören. Da diese Vertreter des Schalenwilds die natürliche Fauna verfälschen würden, sollten sie in Südtirol nicht Fuß fassen.[350] Während Art. 18 Abs. 1 lit. *c)* des staatlichen Jagdrahmengesetzes Nr. 157/1992 die Jagdzeit vom 1. Oktober bis zum 30. November vorsieht, hat der Landesgesetzgeber zwar denselben *dies a quo* gewählt, jedoch den *dies ad quem* rund zwei Wochen später, nämlich am 15. Dezember fixiert.

3.2.5.3. Fazit des Vergleichs

Summa summarum lässt sich aus dem durchgeführten Vergleich ableiten, dass der **Großteil der Jagdzeiten**, die das **Landesjagdgesetz** diktiert, **restriktiver** ist **als** die **Vorgaben** des **staatlichen Jagdrahmengesetzes Nr. 157/1992**. Die verlängerte Auslesejagd auf Schalenwild, wie sie vom Landesjagdgesetz vorgesehen ist und mit Art. 11 *quaterdecies* Abs. 5 GD Nr. 203/2005 konsolidiert wurde, stellt aufgrund der strengen Auflagen, die sich aus dem Zusammenspiel von Landesjagdgesetz, Durchführungsverordnung zum Landesjagdgesetz und Landesjagdordnung ergeben, keinesfalls eine Verringerung des Schutzstandards dar.

3.2.5.4. Urteil des Staatsrates Nr. 4172/2013

Aus Sicht der Autonomen Provinz Bozen ist die Frage der Bestandskraft der abweichenden Regelungen des Art. 11 *quaterdecies* Abs. 5 GD Nr. 203/2005 gegenüber dem staatlichen Jagdrahmengesetz Nr. 157/1992, das der VerfGH in mehreren Urteilen als grundlegende wirtschaftlich-soziale Reform bezeichnet hat,[351] unbedingt zu klären. Diesbezüglich muss

349 Vgl. dazu unter 3.2.3.
350 *Aukenthaler/Gerstgrasser/Heidegger* et. al., Wild-Wissen, 102.
351 Näheres dazu siehe unter 7.4. und 6.

auf das Urteil Nr. 4172/2013[352] der V. Sektion des Staatsrates eingegangen werden, das einen Präzedenzfall hinsichtlich des Verhältnisses dieser beiden Rechtsnormen darstellt. Zwei Organisationen[353] hatten gegen ein Urteil des VwG Emilia-Romagna Berufung vor dem Staatsrat eingelegt. Nach Ansicht der Rekurssteller war der Jagdkalender, der mit Beschluss des Provinzialausschusses der Provinz Modena genehmigt worden war, mit mehreren Fehlern behaftet. Neben der Gesetzesverletzung von mehreren Artikeln des staatlichen Jagdrahmengesetzes Nr. 157/1992 wurde u. a. auch die Verfassungswidrigkeit einiger Artikel des Regionalgesetzes wegen Verletzung von Art. 18 und 21 des staatlichen Jagdrahmengesetzes und von Art. 117 Abs. 2 lit. *s)* Verf beanstandet.

Diese Einwände wurden vom Staatsrat in keiner Weise geteilt: Er verwies darauf, dass das Regionalgesetz der Region Emilia-Romagna Nr. 1 vom 2. März 2009[354] in jenem Bereich, in dem es vorsieht, dass vom 15. April bis zum 1. Oktober alle Altersklassen und sowohl männliches als auch weibliches Schwarzwild, mit Ausnahme der Bachen erlegt werden dürfen, nicht im Widerspruch mit dem staatlichen Jagdrahmengesetz steht, sondern von ihm erlaubt sei.[355] Dies begründet der Staatsrat damit, dass Art. 11 *quaterdecies* Abs. 5 GD Nr. 203/2005 eine derogierende Norm staatlichen Ursprungs ist, die explizit die Möglichkeit einer abweichenden Regelung in Bezug auf die Auslesejagd auf Schalenwild vorsieht und deshalb zur Anwendung kommen muss.[356] Diese Argumentation untermauert der Staatsrat mit einem Verweis auf das Gesetz Nr. 96 vom 4. Juni 2010,[357] durch welches das staatliche Jagdrahmengesetz Nr. 157/1992 in einigen Punkten abgeändert wurde. Unter anderem wurde dabei Art. 18 Abs. 2 ein Absatz hinzugefügt, der explizit unterstreicht, dass die Bestimmungen für das Schalenwild aufrecht bleiben.[358]

Aus dem Urteil des Staatsrates Nr. 4172/2013 ergibt sich eine Absicherung von Art. 11 *quaterdecies* Abs. 5 GD Nr. 203/2005 und somit der verlängerten Auslesejagd auf Schalenwild.[359] Für die Regionen und die Autonomen Provinzen Trient und Bozen bringt

352 Staatsrat, V. Sektion, Urteil Nr. 4172 vom 08.08.2013, Foro Amm. CdS. 2013, 2096.

353 Es handelte sich um die *Lega anti-vivisezione – LAV Onlus Ente morale* und die *Lega per l'abolizione della caccia- LAC.*

354 ABl R Emilia-Romagna Nr. 32 vom 02.03.2009.

355 Staatsrat Urteil Nr. 4172/2013 RE Rdnr 2.2.

356 Vgl. Staatsrat Urteil Nr. 4172/2013 RE Rdnr 2.2.

357 OBl Nr. 138 zum GA Nr. 146 vom 25.06.2010.

358 Art. 18 Abs. 2 Satz 5 : *"Ferme restando le disposizioni relativi agli ungulati (…)."*

359 Die Bestandskraft von Art. 11 *quaterdecies* Abs. 5 GD Nr. 203/2005 gegenüber dem staatlichen Jagdrahmengesetz Nr. 157/1992 wurde kürzlich auch vom VwG Trient mit Verweisungsbeschluss Nr. 16 vom 16.01.2015 bestätigt.

Art. 11 *quaterdecies* Abs. 5 GD Nr. 203/2005 *summa summarum* neben der Absicherung der verlängerten Auslesejagd auf Schalenwild auch neuen gesetzgeberischen Spielraum im Jagdsektor, der allerdings vom Gutachten der Höheren Anstalt für Umweltschutz und Forschung bzw. deren Pendant auf regionaler Ebene abhängig ist.

3.2.6. Sonderabschussermächtigungen

3.2.6.1. Definition

Unter dem Terminus **Sonderabschussermächtigung** versteht man die **Genehmigung** seitens des **Landesrats für Forstwirtschaft, jagdbare oder nicht jagdbare Wildtiere unter bestimmten Voraussetzungen zu entnehmen**, d. h. zu erlegen.[360] Die rechtlichen Grundlagen der Sonderabschussermächtigungen sind im Landesjagdgesetz enthalten, das explizit zwischen der Entnahme jagdbarer und nicht jagdbarer Wildarten unterscheidet. In beiden Fällen wird die Sonderabschussermächtigung mittels Dekret des Landesrats für Forstwirtschaft genehmigt. Die Sonderabschussermächtigung von nicht jagdbaren Wildarten muss jedoch, im Unterschied zu jener von jagdbaren Wildarten, auf der Grundlage eines verpflichtend einzuholenden Gutachtens der Wildbeobachtungsstelle[361] erlassen werden.[362] Hinsichtlich der Entnahme nicht jagdbarer Wildarten enthält **Art. 4 Abs. 2 Landesjagdgesetz** mehrere grundlegende Bestimmungen. Er definiert *expressis verbis*, unter welchen Bedingungen mittels Sonderabschussermächtigung Abschusspläne für Wildarten, die laut Landesjagdgesetz nicht jagdbar sind, genehmigt werden können: ***„Bei Wildarten, die durch übermäßige Vermehrung das ökologische Gleichgewicht, die Landwirtschaft, die Forstwirtschaft, die Fischereiwirtschaft, den Wildbestand oder die öffentliche Sicherheit oder Gesundheit gefährden.“***

Neben dem Sachbereich Jagd hat der Landesgesetzgeber auch in anderen Bereichen, die direkt oder indirekt von den Sonderabschussermächtigungen tangiert werden, primäre Zuständigkeit. An dieser Stelle seien stellvertretend die Sachbereiche Landschaftsschutz,[363] Fischerei,[364] Almwirtschaft sowie Pflanzen- und Tierschutzparke,[365] Landwirtschaft, Forst-

360 Zur Unterscheidung zwischen jagdbaren und nicht jagdbaren Wildtieren siehe unter 3.2.5.

361 Näheres zur Wildbeobachtungsstelle unter 3.2.3.

362 In der Praxis wird jedoch auch bei Sonderabschussermächtigungen von jagdbaren Wildarten das Gutachten der Wildbeoachtungsstelle der Autonomen Provinz Bozen eingeholt.

363 Art. 8 Nr. 6 Autonomiestatut 1972.

364 Art. 8 Nr. 15 Autonomiestatut 1972.

365 Art. 8 Nr. 16 Autonomiestatut 1972.

wirtschaft, Vieh- und Fischbestand[366] erwähnt. Der Verweis auf diese Sachbereiche ist insofern von Bedeutung, als die Sonderabschussermächtigungen auch in Hinblick auf die Ausgestaltung und Absicherung dieser primären Kompetenztatbestände von Landeszuständigkeit notwendig und erforderlich sind. Art. 4 Abs. 2 Landesjagdgesetz legt abschließend fest, dass beim Erlass von Sonderabschussermächtigungen „*die in internationalen Abkommen oder in EG-Vorschriften* (nunmehr: unionsrechtlichen Vorschriften) *vorgesehenen Schutzbestimmungen, die in staatlichen Vorschriften über die Wildhege übernommen wurden, zu beachten sind.*"

Eine analoge Bestimmung zu Art. 4 Abs. 2 Landesjagdgesetz hat der staatliche Gesetzgeber ins staatliche Jagdrahmengesetz Nr. 157/1992 einfließen lassen. Art. 19 dieses Gesetzes widmet sich der so genannten Regulierung der Wildtiere und zählt die Gründe für diesen Eingriff auf. Es fällt sofort auf, dass der Staat mehr Eingriffsmöglichkeiten durch die Regionen aufzählt als das Landesjagdgesetz. Gründe für Wildregulierung sind etwa die bessere Bewirtschaftung des Tiervermögens, der Schutz des Bodens, sanitäre Gründe, biologische Auslese, Schutz des kunsthistorischen Vermögens.[367] Diese staatliche Norm unterscheidet sich jedoch insofern von der entsprechenden landesgesetzlichen Regelung, als sie die Wildregulierung grundsätzlich erst dann für zulässig befindet, wenn die Verwendung ökologischer, d.h. natürlicher Methoden unwirksam war.[368] Bewertet man die Anwendungsfälle der Sonderabschussermächtigungen in der Autonomen Provinz Bozen Südtirol, kann ohne Zweifel festgehalten werden, dass die natürlichen Methoden *ex* Art. 19 Abs. 2 des staatlichen Jagdrahmengesetzes Nr. 157/1992 *de facto* nicht erfolgsversprechend sind[369] und aufgrund der raschen Eingriffsnotwendigkeit, etwa im Krankheitsfalle, eine problematische Verzögerung des Prozedere bedeuten können. Die ungünstigen Auswirkungen dieser zweistufigen Vorschrift des staatlichen Jagdrahmengesetzes Nr. 157/1992 auf das Landesjagdgesetz werden an anderer Stelle anhand eines aktuellen Falles beleuchtet.[370]

Von besonderer Bedeutung ist die Vorschrift, die in Art. 19 Abs. 3 staatliches Jagdrahmengesetz Nr. 157/1992 enthalten ist. Während in den anderen Regionen Italiens die Regulierung der Wildtiere von den hauptberuflichen Jagdaufsehern sowie, falls Inhaber

366 Art. 8 Nr. 21 Autonomiestatut 1972.

367 Vgl. Art. 19 Abs. 2 staatliches Jagdrahmengesetz Nr. 157/1992.

368 Art. 19 Abs. 2 staatliches Jagdrahmengesetz Nr. 157/1992.

369 In der Vergangenheit versuchte man erfolglos die Grabungsschäden, die von Murmeltieren in Mähwiesen verursacht werden, durch Einfangen und anschließendes Verfrachten zu reduzieren. Vgl. hierzu u.a. Dekret des Landesrats für Forstwirtschaft Nr. 641/32.4 vom 30.08.2013.

370 Siehe dazu unter 7.1, 7.4. und 7.5.

eines Jagdgewehrscheins, von Eigentümern und Pächtern der Grundstücke, auf denen die Entnahme erfolgt, durchgeführt wird,[371] ist für die Autonomen Provinzen Trient und Bozen eine Sonderregelung vorgesehen. Demnach darf die Regulierung des Wildes, d. h. das Erlegen von Wild mittels Sonderabschussermächtigung, in Südtirol nicht nur von den eben genannten Personen ausgeübt werden, sondern auch von den Jägern.[372] Der Versuch seitens der Autonomen Region Friaul-Julisch-Venetien mittels Regionalgesetz auch Jäger zur Regulierung der Wildtiere zu ermächtigen, wurde vom VerfGH unter Verweis auf die lediglich für die Autonomen Provinzen Trient und Bozen gültige Ausnahme für verfassungswidrig erklärt.[373]

Das Erlegen von Wild aufgrund einer Sonderabschussermächtigung ist nach ***Gorlani*** keine Jagdausübung im eigentlichen Sinne, weil auch nicht jagdbare Wildarten erlegt werden dürfen und die Regulierung auch außerhalb der Jagdzeiten stattfinden kann.[374] Vielmehr sei Wildregulierung Jagdausübung im weiteren Sinne, weil dafür ein Jagdgewehrschein erforderlich ist.[375]

3.2.6.2. Entnahme nicht jagdbarer Wildarten

Während unter Berufung auf Art. 4 Abs. 2 Landesjagdgesetz in der Regel Sonderabschussermächtigungen für Steinmarder, Dachs und Murmeltier erlassen werden, sieht **Art. 4 Abs. 4 eine Sonderregelung** für das **Steinwild** vor: ***„Der für die Jagd zuständige Landesrat kann die Regulierung des Steinwildes bis zum Aufbau nachhaltig nutzbarer Bestände in jenen Revieren erlauben, wo der Bestand gesichert ist, sofern die Entnahme auf Alttiere sowie auf schwache und kranke Stücke beschränkt bleibt, die wegen ihrer körperlichen Konstitution populationsdynamisch keine Rolle mehr spielen oder eine Gefahr für den Bestand selbst darstellen.“*** Aus dieser Norm ergibt sich, dass der Nachweis eines gesicherten Steinwildbestands eine *conditio sine qua non* für den Erlass einer Sonderabschussermächtigung darstellt.

Was dagegen die **Entnahme** von grundsätzlich **nicht jagdbarem Federwild** anbelangt, muss **Art. 4 Abs. 5 ff. Landesjagdgesetz** untersucht werden. Mit dieser Norm hat der Landes-

371 Vgl. Art. 19 Abs. 2 Satz 3 staatliches Jagdrahmengesetz Nr. 157/1992.

372 Art. 19 Abs. 3 staatliches Jagdrahmengesetz Nr. 157/1992 bestimmt: *"Le province autonome di Trento e di Bolzano possono attuare i piani di cui al comma 2 anche avvalendosi di altre persone, purché munite di licenza per l'esercizio venatorio."*

373 VerfGH Urteil Nr. 392/2005, RE Rdnr 2.

374 *Gorlani*, La caccia programmata, 117.

375 Ebenda.

gesetzgeber Art. 9 der Richtlinie 2009/147/EG des Europäischen Parlaments und des Rates (in der Folge: Vogelrichtlinie) umgesetzt und in das Landesjagdgesetz implementiert. Der Wortlaut, der am Anfang von Art. 4 Abs. 5 Landesjagdgesetz steht, nämlich *„sofern es keine andere zufriedenstellende Lösung gibt"*, wurde wortwörtlich von Art. 9 Abs. 1 Vogelrichtlinie übernommen und verpflichtet, falls möglich, vor dem Erlass einer Sonderabschussermächtigung auf so genannte ökologische Maßnahmen zurückzugreifen. In der Praxis ergeben sich jedoch immer wieder Fälle, in denen ökologische Maßnahmen als Alternative zur Wildregulierung *a priori* keine Aussicht auf Erfolg haben, wie beispielsweise wenn es um den Schutz von landwirtschaftlichen Kulturen vor Kulturfolgern geht.[376]

Gemäß Art. 4 Abs. 5 Landesjagdgesetz werden die Sonderabschussermächtigungen, die Federwild betreffen, vom sachzuständigen Landesrat nach Anhören der Wildbeobachtungsstelle des Landes erlassen. Dass vor dem Erlass der Sonderabschussermächtigung eine anerkannte Einrichtung auf regionaler Ebene anstelle der Höheren Anstalt für Umweltschutz und Forschung angehört werden kann, legte Art. 19 *bis* staatliches Jagdrahmengesetz Nr. 157/1992 explizit fest, der mit Gesetz Nr. 221 vom 3. Oktober 2002[377] eingefügt wurde.[378] In der Zwischenzeit wurde Art. 19 *bis* staatliches Jagdrahmengesetz Nr. 157/1992 durch Art. 26 Abs. 2 des Gesetzes Nr. 97 vom 6. August 2013[379] dahingehend abgeändert, dass die Einrichtungen auf regionaler Ebene wieder ihrer Befugnisse enthoben wurden.[380]

Die Sonderabschussermächtigungen, die Federwild zum Gegenstand haben, müssen mehrere Auflagen erfüllen, die allesamt von der Vogelrichtlinie vorgegeben werden: a) die Art und den Grund der Abweichung; b) die betroffenen Arten; c) die zugelassenen Fang- und Tötungsmittel, -einrichtungen und -methoden, d) die Art der Risiken; e) die örtlichen und zeitlichen Umstände der Entnahme, wobei der Zeitraum der Entnahme keinesfalls länger als ein Jahr sein darf; f) die Anzahl der insgesamt für den Zeitraum frei gegebenen Stücke; g) die Kontrollen und die Art der Überwachung für die Entnahme; h) die Aufsichtsorgane und die mit dem Eingriff beauftragten Personen.[381] In der Autonomen Provinz Bozen stellt die Wildbeobachtungsstelle unter Zuhilfenahme von Kontrollen des Landesforstkorps und

376 Vgl. hierzu etwa *Mori,* La caccia, 67.

377 GA Nr. 239 vom 11.10.2002.

378 Art. 1 Abs. 3 Gesetz Nr. 221/2002 bestimmt: *"Le deroghe di cui al comma 1 sono applicati per periodi determinati, sentito l'Istituto nazionale per la fauna selvatica (INFS),* (nunmehr: Istituto Superiore per la Protezione e la Ricerca Ambientale, ISPRA) *o gli istituti riconosciuti a livello regionale (...)."*

379 GA Nr. 194 vom 20.08.2013.

380 Aufgrund der primären Gesetzgebungskompetenz im Bereich Jagd ist diese Abänderung für die Autonome Provinz Bozen nicht problematisch.

381 Art. 4 Abs. 5 Landesjagdgesetz.

der hauptberuflichen Jagdaufseher sicher, dass die Entnahmen mittels Sonderabschussermächtigungen in korrekter Art und Weise erfolgen.[382] Keinesfalls darf Federwild, das sich in starkem Rückgang befindet, entnommen werden.[383] Nahezu identisch wie Art. 4 Abs. 5 ff liest sich Art. 19 *bis* staatliches Jagdrahmengesetz Nr. 157/1992, der Art. 9 der Vogelrichtlinie auf staatlicher Ebene umsetzt.

3.2.6.3. Entnahme jagdbarer Wildarten

Auf die Erläuterung der Sonderabschussermächtigungen nicht jagdbarer Arten folgt nun die Illustration der Grundlagen der Entnahme jagdbarer Wildarten außerhalb der Jagdzeiten. Art. 29 Abs. 2 Landesjagdgesetz bestimmt, dass der für die Jagd zuständige Landesrat jederzeit das Fangen oder Erlegen von jagdbaren Wildarten zum Schutz der land- und forstwirtschaftlichen Kulturen, zum Schutz der Fischerei und der Viehwirtschaft oder der Bestandssicherung oder aus gesundheitspolizeilichen oder aus Sicherheitsgründen erlauben kann. Dabei sind in der Sonderabschussermächtigung die Mittel, die Zeiten und die Vorgangsweise anzugeben. Der Landesrat für Forstwirtschaft kann hierbei auch die Verwendung ansonsten gemäß Art. 15 Abs. 1 lit. *j)* Landesjagdgesetz verbotener Mittel erlauben, wie z. B. künstliche Lichtquellen, Vorrichtungen zur Beleuchtung der Ziele, Visiervorrichtungen für das Schießen bei Nacht mit Bildumwandler oder elektronischem Bildverstärker.[384]

3.2.6.4. Murmeltierentnahmen

Im Folgenden soll die Anwendung und Durchführung von Sonderabschussermächtigungen am Beispiel des Murmeltiers, des Steinmarders und des Steinwildes unter Berücksichtigung der Judikatur des VwG Bozen dargestellt werden.[385]

In Südtirol gibt es laut den von den Jagdaufsehern durchgeführten Erhebungen über 50.000 Murmeltiere.[386] Wenn die Besiedelungsdichte einen gewissen Punkt überschneidet, können verschiedene Schäden und Probleme auftreten. Die Wühlarbeit der Murmeltiere erschwert

382 Art. 4 Abs. 5 *ter* Landesjagdgesetz.

383 Art. 4 Abs. 6 Landesjagdgesetz.

384 Art. 29 Abs. 2 Landesjagdgesetz.

385 Vgl. hierzu näher *Terzer*, Sonderabschussermächtigungen im Landesjagdrecht, Seminararbeit, Universität Innsbruck, Wintersemester 2013, nicht veröffentlicht.

386 *Autonome Provinz Bozen* (Hg), Agrar- und Forstbericht der Südtiroler Landesverwaltung 2012, unter *http://www.provinz.bz.it/landwirtschaft/download/PABZ_Op_Agrar-UndForstbericht_2012_Ted.pdf* (abgerufen am 27.03.2014) 190.

das maschinelle Mähen des Grases, stellt aufgrund der Löcher eine Verletzungsquelle für Weidetiere dar[387] und führt zu einer Verunreinigung des Heues, zur Beschädigung der Messer der Mähbalken[388] und zur Bildung von lokalen Erosionsherden, die in Steillagen Erdrutsche verursachen können. Deshalb sind häufig Aufräumarbeiten erforderlich, um ein Degradieren der Mähwiesen in Weiden zu verhindern.[389] Außerdem können die Murmeltiere durch die Untergrabung der Fundamente die Stabilität der Almhütten bzw. der Trockenwände beeinträchtigen. Liegen diese Gründe vor, so kann der Revierleiter oder der Grundeigentümer eine Regulierung des Murmeltierbestandes beantragen. Der Landesrat für Forstwirtschaft hat den Abschussplan zur Entnahme von Murmeltieren in den letzten Jahren ausschließlich auf den Monat September beschränkt.[390]

Da gemäß Art. 4 Abs. 2 Landesjagdgesetz beim Erlass von Sonderabschussermächtigungen, die nicht jagdbare Wildarten betreffen, Schutzbestimmungen zu beachten sind, die in internationalen Abkommen und in unionsrechtlichen Bestimmungen vorgesehenen sind und in staatlichen Rechtsvorschriften über die Wildhege übernommen wurden, muss diese Norm in Hinblick auf eine etwaige Murmeltierentnahme überprüft werden.

Hierzu kann festgestellt werden, dass in Bezug auf das Erlegen oder Fangen von Murmeltieren weder auf internationaler Ebene noch auf unionsrechtlicher Ebene Rechtsnormen existieren, die eine Bestandsregulierung einschränken oder verbieten.[391] Was die Verwendung von ökologischen Methoden anbelangt, ist einerseits auf die Erfahrungen der letzten Jahre zu verweisen, die gezeigt haben, dass der durchgeführte Murmeltierfang mit anschließender Verfrachtung nicht zu einer endgültigen Problemlösung geführt hat, andererseits darauf, dass die zur Entnahme freigegebene Anzahl in der Praxis nicht mittels Einfangen erreicht werden kann.

Das Richterkollegium des VwG Bozen hat in mehreren Urteilen[392] unterstrichen, dass der Schaden, der eine Murmeltierentnahme gemäß Art. 4 Abs. 2 Landesjagdgesetz rechtfer-

---

387 *Carmignola/Erhard*, Sonderbewilligungen zur Jagd im Jahr 2000, Jägerzeitung, Magazin des Südtiroler Jagdverbandes, Nr. 2/2001, 9.

388 Vgl. *Erhard*, Jagd auf Murmeltier ist Tiroler Tradition, Dolomiten, 22.09.1994, 20.

389 Unter *http:www.provinz.bz.it/forst/wild-jagd/gesetze-wild-jagd.asp* (abgerufen am 20.02.2014).

390 Vgl. Dekret des Landesrats für Forstwirtschaft Nr. 752/32.4 vom 26.08.2011; Nr. 671/32.4 vom 31.08.2012; Nr. 641/32.4 vom 30.08.2013.

391 Vgl. hierzu Dekret des Landesrats für Forstwirtschaft Nr. 641/32.4 vom 30.08.2013; *Erhard*, Presa di posizione sull'esposto LAV per presunti danni per l'erario, danni asseritamente causati dal prelievo di specie faunistiche non cacciabili, unveröffentlichtes Manuskript (2012).

392 U.a. Urteile VwG Bozen Nr. 448/2006; 187/2007; 188/2007.

tigt, nicht hypothetisch, sondern konkret und aktuell sein muss.[393] Nachdem durch eine zweckmäßige Sachverhaltsermittlung der Schadensnachweis erbracht worden ist, müsse die öffentliche Verwaltung das Vorhandensein einer Schadensstufe nachweisen, die, wie das Gesetz es verlangt, beträchtlich sein muss.[394] In zwei rezenten Urteilen[395] hat das VwG Bozen erklärt, dass die vom Landesrat für Forstwirtschaft erlassene Sonderabschussermächtigung alle erforderlichen Kriterien erfüllt: es sei eine präzise Sachverhaltsermittlung, auch in Hinblick auf den Murmeltierbestand, durchgeführt und der vorhandene erhebliche Schaden an der Landwirtschaft ausführlich dargelegt worden. In beiden Fällen hatte die Wildbeobachtungsstelle im Gutachten eine Entnahme, die sich auf unter 5% der Gesamtpopulation beläuft, als nachhaltig und ökologisch vertretbar eingestuft. Diese Ansicht wurde vom Richterkollegium geteilt, weil in den Sonderabschussermächtigungen[396] eine Entnahme in der Höhe von lediglich 2,5 % der geschätzten Gesamtpopulation, die sich auf über 50.000 beläuft, genehmigt wurde. Die Entnahme betrifft 41 Jagdreviere kraft Gesetzes, in denen ein guter Murmeltierbestand nachgewiesen wurde, und darf nur auf den dort gelegenen Mähwiesen, wo erhebliche Schäden aufgetreten sind, sowie im Umkreis von 300 Metern vollzogen werden.[397] Durch diese Auflagen sind sowohl negative Auswirkungen auf den Murmeltierbestand als auch auf sein Verbreitungsgebiet auszuschließen. Dass sich die gezielte Entnahme von Murmeltieren keineswegs negativ auf den Bestand auswirkt, unterstreicht auch die Tatsache, dass sich der Murmeltierbestand in Südtirol von 1990 an nahezu verdoppelt hat: Damals wurde der Bestand auf rund 33.000 Stück geschätzt.[398]

3.2.6.5. Steinmarderentnahmen

Was die Regulierung des Steinmarders anbelangt, der wie das Murmeltier weder auf internationaler Ebene noch durch unionsrechtliche Bestimmungen geschützt ist, gelten, nach Ansicht des Richterkollegiums des VwG Bozen, hinsichtlich des erforderlichen Schadens,

393 Urteil VwG Bozen Nr. 448/2006: *"Ad avviso del Collegio la norma va interpretata nel senso che il pregiudizio che legittima la deroga al divieto di caccia non deve essere ipotetico, ma concreto e attuale."*

394 Urteil VwG Bozen Nr. 448/2006: "*Una volta accertata, attraverso un'adeguata istruttoria, l'esistenza di un effettivo pregiudizio, l'Amministrazione è tenuta a verificare la sussistenza di un grado di dannosità che possa considerarsi, come la legge richiede, 'notevole'.*"

395 Urteil VwG Bozen Nr. 277/2012 und Nr. 70/2013.

396 Dekret des Landesrats für Forstwirtschaft Nr. 752/32.4 vom 26.08.2011; Nr. 671/32.4 vom 31.08.2012.

397 Urteile VwG Bozen Nr. 277/2012; 70/2013.

398 *Aukenthaler*, Neues Jagdrahmengesetz jetzt im Senat, Jägerzeitung, Magazin des Südtiroler Jagdverbandes, Nr. 4/1991, 3.

jene Auflagen, die vorhin *in puncto* Murmeltierentnahme genannt wurden.[399] Nicht nachvollziehbar ist allerdings die Auflage,[400] dass Bestandserhebungen des Steinmarders auf Landesebene durchgeführt werden müssen, sodass die Auswirkungen der Entnahme auf den Bestand bewertet werden können.[401] Die Wildbeobachtungsstelle hat nämlich mehrmals festgestellt, dass der Bestand dieser vorwiegend nacht- und dämmerungsaktiven Wildart[402] *de facto* auf Revier- und Bezirksebene nicht einmal geschätzt werden kann, da es, im Unterschied zu den Murmeltieren, keine verwertbaren Dichteweiser gibt.[403]

3.2.6.6. Steinwildentnahmen

Von rund 1.200 Stück Steinwild, die in Südtirol vorhanden sind, gehören 4/5 zur Metapopulation zwischen dem Reschen- und Brennerpass, d.h. zu den Kolonien Weißkugel, Texelgruppe und Tribulaun.[404] Im Unterschied zu Murmeltier, Steinmarder und Dachs gibt es bei der Entnahme von Steinwild eine unionsrechtliche Bestimmung, die es zu beachten gilt. Im Sinne von Art. 14 und 16 der FFH- Richtlinie ist eine Entnahme von Steinwild durchaus möglich, muss jedoch mit der Aufrechterhaltung eines günstigen Erhaltungszustandes vereinbar sein. Im Einklang mit dieser Richtlinie bestimmt Art. 4 Abs. 4 Landesjagdgesetz, dass die Regulierung des Steinwildes lediglich in Revieren erlaubt werden darf, in denen es so genannte gesicherte Kolonien gibt, und muss sich auf Alttiere sowie auf schwache und kranke Stücke beschränken.

Hinsichtlich der Definition von Alttieren hat das VwG Bozen unter Berufung auf Fachliteratur festgestellt, ab welchem Alter Steinwild als erwachsen gilt: Steinböcke ab sieben bis acht Jahren, Steingeißen ab vier bis fünf Jahren.[405] In mehreren Urteilen[406] hat das Richterkollegium des VwG Bozen darauf hingewiesen, dass es nicht ausreichend ist, wenn das Dekret des Landesrats für Forstwirtschaft lediglich auf das technische Gutachten des Amtes

399 Urteil VwG Bozen Nr. 263/2010; 61/2012.

400 Urteil VwG Bozen Nr. 263/2010; 61/2012.

401 Urteil VwG Bozen Nr. 61/2012: *"Pertanto, sia dal parere che dal decreto assessorile risulta, come già esposto, che non sia stata effettuata la necessaria approfondita istruttoria allo scopo di calcolare – anche mediante oppurtune operazioni di censimento – sia l'effettivo numero di faune (almeno indicativamente) attualmente presente sul territorio provinciale, sia l'entitá e la certa derivazione dalla specie in argomento, dei danni che verrebbero lamentati e che la Provincia ha risarcito."*

402 Vgl. Erhard, Jagd auf Murmeltier ist Tiroler Tradition, 20.

403 Vgl. *Erhard*, Die wichtigsten Sonderregelungen im Jahr 2011, unter *http://www.provinz.bz.it/forst/download/TESTO_ERHARD_DISPOSIZIONI_SPECIALI_CACCIA_2011.pdf* (abgefragt am 12.04.2014).

404 *Autonome Provinz Bozen* (Hg), Agrar- und Forstbericht der Südtiroler Landesverwaltung 2012, 190.

405 Urteil Nr. 320/2006 VwG Bozen.

406 U.a. Urteile VwG Bozen Nr. 348/2008; 237/2011; 162/2013.

für Jagd und Fischerei verweist, in welchem festgestellt wird, dass das Steinwildvorkommen im Grenzgebiet zu den Ötztaler und Stubaier Alpen als zufriedenstellendend und gesichert betrachtet werden kann.[407] Vielmehr sei sowohl eine allgemeine Bestandserhebung und Einschätzung sowohl auf Landesebene als auch in den einzelnen Revieren erforderlich, sodass konkret überprüft werden könne, ob ein gesicherter Bestand vorliege.[408] Erst dann könne bewertet werden, ob eine zweckmäßige Entnahme im Einklang mit der Bestandserhaltung erfolgen kann.[409]

3.2.6.7. Resümee

Aus diesen Ausführungen ergibt sich, dass das VwG die Normen des Landesjagdgesetzes, die die Sonderabschussermächtigungen regeln, äußerst restriktiv auslegt. *De facto* werden teilweise auch neue Auflagen geschaffen, die der Landesgesetzgeber als solche gar nicht vorsieht.[410] Auflagen, die in der Praxis nicht umsetzbar sind, wie z. B. jene, bei den Steinmardern eine objektive Bestandsschätzung vorzunehmen,[411] sind kritisch zu hinterfragen. Sie führen nämlich nicht nur zu einer Einschränkung des Spielraums des Landesrats für Forstwirtschaft und somit des Anwendungsbereichs der Sonderabschussermächtigungen, sondern auch dazu, dass die Sonderabschussermächtigung *ex ante* mit einem Geburtsfehler behaftet ist, der von etwaigen Rekursstellern in einer der Erscheinungsformen der Befugnisüberschreitung der öffentlichen Verwaltung geltend gemacht werden kann, was in der Regel in der Aufhebung des Dekrets durch das Verwaltungsgericht mündet.

407 U.a. Urteil VwG Bozen Nr. 237/2011: "*Ebbene, dai decreti impugnati non si evince la consistenza soddisfacente dello stambecco, genericamente accennata solo attraverso un riferimento al parere tecnico dd. 21.06.2010 in cui »si sostiene che nella zona della catena di confine, formata dalle Alpi dell'Oetztal e di Stubai, lo stambecco si sia affermato con popolazioni stabili e consistenze soddisfacenti", con un'indicazione ad ampio spettro che non dà conto né della situazione delle singole riserve, rispetto alle quali vi sono dei dati numerici, ma nessun parametro per un giudizio sulla consistenza soddisfacente.*"

408 Urteil VwG Bozen Nr. 162/2013.

409 Urteil VwG Bozen Nr. 162/2013; 237/2011.

410 Gemeint sind z. B. der erforderliche Nachweis von konkreten und aktuellen Schäden sowie die Bestandsschätzung auf Revierebene.

411 Urteil VwG Bozen Nr. 263/2010; 61/2012.

3.2.7. Wildbezirke

Gemäß **Art. 5 Landesjagdgesetz** wird die gesamte **Landesfläche Südtirols in fünf Wildbewirtschaftungs- und Wildhegegebiete unterteilt: Jagdreviere kraft Gesetzes, Eigenjagdreviere, Wildschutzgebiete, Schongebiete, Zonen des europäischen Schutzgebietsnetzes.** Der Landesgesetzgeber fasst die gebietsmäßig abgegrenzten Wildbewirtschaftungs- und Wildhegegebiete unter dem Terminus „*Wildbezirke*" zusammen. Die Aufteilung der Landesfläche in die fünf besagten Wildbezirke ersetzt in Südtirol die staatlichen Vorschriften über die Planung der Wildbewirtschaftung, die Gebietseinteilung und die Jägerdichte.[412] In der Folge sollen die fünf Wildbezirke einzeln analysiert und vorgestellt werden.

3.2.7.1. Jagdreviere kraft Gesetzes

- **In Südtirol** gibt es **145 Jagdreviere kraft Gesetzes**, die **insgesamt 608.980 ha** und somit rund 82% der Landesfläche umfassen.[413] Davon sind allerdings nur etwa 9/10 als effektive Jagdfläche einzustufen, da den Jagdrevieren kraft Gesetzes auch die im jeweiligen Gemeindegebiet liegenden Siedlungszonen sowie andere Flächen, auf denen die Jagdausübung *ipso iure* untersagt ist, angegliedert sind.[414] In der Regel stimmen die Grenzen der Jagdreviere kraft Gesetzes mit den Gemeindegrenzen oder den Grenzen der Katastralgemeinden überein.[415] Im Anhang des Landesjagdgesetzes sind alle Jagdreviere kraft Gesetzes inklusive Größenangabe angeführt. Mit einer Fläche von 30.000 ha ist Sarntal das größte, Waidbruck mit einer Fläche von rund 230 ha das kleinste Jagdrevier kraft Gesetzes. Bildet man aus der Gesamtfläche der Jagdreviere kraft Gesetzes den Durchschnitt, ergibt sich eine Revierdurchschnittsgröße von 4.200 ha.
- Die Jagdreviere kraft Gesetzes haben ihren Ursprung im österreichischen Jagdgesetz, das mit Kaiserlichem Patent vom 7. März 1849[416] erlassen wurde. Dieses Jagdgesetz überließ das Jagdrecht zwar der Gemeinde, jedoch musste diese gemäß § 7 des Kaiserlichen Patents die ihr zugewiesene Jagd entweder ungeteilt verpachten oder aber innerhalb des Gemeindereviers die Jagd von eigens bestellten Jägern ausüben lassen

412 Art. 5 Abs. 2 Landesjagdgesetz.
413 *Autonome Provinz Bozen* (Hg), Agrar- und Forstbericht der Südtiroler Landesverwaltung 2012, 191.
414 *Autonome Provinz Bozen* (Hg), Agrar- und Forstbericht der Südtiroler Landesverwaltung 2012, 191.
415 *Aukenthaler/Waldburger*, Tiroler Bauernkalender 2014, 183.
416 RGBl Nr. 154.

und den Pachterlös unter den Grundeigentümern verteilen.[417] Diese Regelung fand in Südtirol bis zur Angliederung an Italien im Jahr 1919 Anwendung: Nahezu in allen Katastralgemeinden bestanden so genannte Gemeindejagdreviere, die von der Gemeinde verwaltet und verpachtet wurden.[418]

- Im Jahr 1923 wurde im damaligen Königreich Italien zwar ein neues Jagdgesetz eingeführt, doch Art. 42 des Gesetzes Nr. 1420 vom 24. Juni 1923[419] verfügte die Aussetzung dieser Norm in den neuen Provinzen, zu denen auch Südtirol gehörte.[420] Damit blieb die bisherige Regelung aufrecht: Die so genannten Gemeindejagdreviere bestanden weiter und wurden von den Gemeinden an den Meistbietenden verpachtet.[421] Mit Kgl D Nr. 1016/1939 wurde das Reviersystem auf den ganzen Alpenraum ausgedehnt. Gemäß Art. 67 Kgl D Nr. 1016/1939 haben die Gemeinden des Alpenraums die Befugnis, das ganze Gemeindegebiet in ein Jagdrevier umzuwandeln, unter der Bedingung, dass die Revierverwaltung der jeweiligen Sektion der „*Federazione Italiana della Caccia*“ für die eigenen Mitglieder überlassen wird.[422]
- Um das noch aus altösterreichischer Zeit stammende Reviersystem abzusichern und mit den wichtigsten Vorgaben des Kgl D Nr. 1016/1939 in Einklang zu bringen,[423] verabschiedete der Regionalrat der Region Trentino – Südtirol schließlich das Gesetz Nr. 30/1964 mit dem Titel „*Errichtung und Verwaltung der Jagdreviere im Gebiete der Region.*“ Mit diesem Gesetz wurden in der Provinz Bozen 130, in der Provinz Trient 206 Jagdreviere geschaffen. Im Sinne von Art. 1 RG Nr. 30/1964 tritt die Bezeichnung „*Jagdreviere von Rechts wegen*“ an die Stelle der vormaligen Gemeindepachtreviere.
- Nachdem mit dem Autonomiestatut 1972 die primäre Gesetzgebungskompetenz im Sachbereich Jagd von der Region auf die beiden Autonomen Provinzen übertragen worden war, übernahm der Landesgesetzgeber die Jagdreviere von Rechts wegen mit

417 Vgl. *Kiem*, Das Jagdrevier von Rechts wegen, Jägerzeitung, Mitteilungsblatt des Landesjagdverbandes, Nr. 4/1984, 1.

418 Ebenda.

419 GA KrI Nr. 160 vom 09.07.1923.

420 Art. 42 Abs. 1 Gesetz Nr. 1420/1923 bestimmt: *“L'applicazione della presente legge é sospesa nelle nuove provincie del Regno, per le quali sará ulteriormente provveduto.”*

421 *Kiem*, Das Jagdrevier von Rechts wegen, 1.

422 Art. 67 Abs. 1 Kgl D Nr. 1016/1939: *“Nella Zona delle Alpi è data ai comuni la facoltá di costituire in riserva di caccia tutto il territorio della circoscrizione del comune, escluse le zone riservate dai privati, a condizione che la riserva sia ceduta in gestione alla rispettiva sezione della Federazione Italiana della Caccia a vantaggio di tutti gli iscritti.”*

423 *Erhard*, Die Entwicklung des Jagdrechtes im südlichen Teil Tirols vom 19. bis Anfang des 21. Jahrhunderts, 5.

LG Nr. 34 vom 3. Dezember 1972.[424] Erst mit dem Erlass des Landesjagdgesetzes im Jahr 1987 erfolgte die Umbenennung der *„Jagdreviere von Rechts wegen“* in *„Jagdreviere kraft Gesetzes“*. Aus den ursprünglich 130 Jagdrevieren in Südtirol gemäß RG Nr. 30/1964 sind bis *dato* 145 Jagdreviere kraft Gesetzes geworden, was in erster Linie auf verschiedene Revierteilungen im Puster- und Wipptal zurückzuführen ist.[425]

- Bezüglich der Unterteilung und Zusammenlegung von Jagdrevieren kraft Gesetzes muss Art. 7 Landesjagdgesetz untersucht werden. Diese Norm bestimmt, dass der Landeshauptmann, aufgrund eines Beschlusses der Landesregierung und nach Anhören der Wildbeobachtungsstelle, mit Dekret Änderungen in Bezug auf Anzahl und Ausdehnung der Jagdreviere kraft Gesetzes vornehmen kann, um Grenz- und Flächenberichtigungen durchzuführen.
- *De facto* bedeutet dies, dass im Verwaltungswege einzelne Jagdreviere kraft Gesetzes unterteilt werden können, um zwei oder mehrere Jagdreviere kleineren Ausmaßes zu errichten oder aber zwei oder mehrere Jagdreviere kraft Gesetzes zusammengelegt werden können.[426]
- *Ex lege* sind der Unterteilung bzw. Zusammenlegung von Jagdrevieren kraft Gesetzes folgende Grenzen gesetzt: Einerseits können Jagdreviere kraft Gesetzes nur dann unterteilt werden, wenn ihre Grundfläche mindestens 5.000 ha beträgt, andererseits müssen die neuen Jagdreviere eine Grundfläche von mindestens 2.000 ha aufweisen.[427] Bei der Unterteilung von Jagdrevieren sind außerdem bei der neuen Grenzziehung nach Möglichkeit feststehende Katastral-, Gemeinde- oder Ortsteilgrenzen oder andere orographische Anhaltspunkte zu berücksichtigen, die unter dem Gesichtspunkt der Jagd vernünftig sind.[428] Erfolgt eine Unterteilung oder Zusammenlegung von Jagdrevieren kraft Gesetzes oder eine Grenz- oder Flächenberechtigung derselben, muss diese im Amtsblatt der Region kundgemacht werden.[429] Innerhalb von 30 Tagen ab der Veröffentlichung des entsprechenden Dekrets im Amtsblatt der Region kann der Eigentümer oder Pächter einer Liegenschaft im betreffenden Jagdrevier ein begründetes Ansuchen beim Landesrat für Forstwirtschaft einreichen, wenn

424 ABl R Nr. 56 vom 19.12.1972

425 *Erhard*, Die Entwicklung des Jagdrechtes im südlichen Teil Tirols vom 19. bis Anfang des 21. Jahrhunderts, 8.

426 Art. 7 Abs. 1 Landesjagdgesetz.

427 Art. 7 Abs. 2 Landesjagdgesetz.

428 Art. 7 Abs. 3 Landesjagdgesetz.

429 Art. 7 Abs. 4 Landesjagdgesetz.

er auf seinem Grundstück die Jagdausübung verbieten will. Dieses Ansuchen wird jedoch nicht angenommen, wenn dadurch die Durchführung der Planung der Wildbewirtschaftung behindert wird.[430]

- **Im Jagdrevier kraft Gesetzes ist die Jagdausübung nur Inhabern eines Jagderlaubnisscheins gestattet, dessen Ausstellung in der Regel an eine Mindestansässigkeitsdauer in der jeweiligen Gemeinde und nicht ans Grundeigentum gekoppelt ist.**[431] Dieser Grundsatz führt dazu, dass das Südtiroler Jagdmodell als soziales Revierjagdsystem bezeichnet wird.[432] *Summa summarum* kann die heutige Form der Jagdreviere kraft Gesetzes als Symbiose zwischen germanischer und romanischer Rechtsordnung[433] bezeichnet werden, die aus der historischen Entwicklung Südtirols resultiert.

3.2.7.2. Eigenjagdreviere

- Neben den 145 Jagdrevieren kraft Gesetzes wird die Jagd in Südtirol in **51 Eigenjagdrevieren** ausgeübt, deren Fläche insgesamt rund 14.300 ha umfasst, was in etwa 2% der Landesfläche entspricht.[434] Die Eigenjagdreviere sind im Anhang des Landesjagdgesetzes im so genannten Verzeichnis der Jagdreviere kraft Gesetzes in einer eigenen Spalte angeführt. Während in den Jagdrevieren kraft Gesetzes in erster Linie die ortsansässigen Jäger[435] waidwerken, ist die Jagdausübung in den Eigenjagdrevieren dem Eigentümer und seinen Gästen, die mit einem entsprechenden Jagderlaubnisschein ausgestattet sind, vorbehalten.[436] Im Unterschied zu den Jagdrevieren kraft Gesetzes können Eigenjagdreviere auch verpachtet werden.[437] Das Landesjagdgesetz legt *expressis verbis* fest, dass eine bei Inkrafttreten dieses Gesetzes bereits erteilte behördliche Erlaubnis (Konzession) für Eigenjagdreviere, unabhängig von der Grundfläche, vom Amt für Jagd und Fischerei jeweils für einen Zeitraum von sechs Jahren verlängert werden kann, sofern das Eigenjagdrevier ordnungsgemäß verwaltet worden ist.[438]

430 Art. 5 Abs. 4 Landesjagdgesetz.
431 Näheres dazu siehe unter 3.2.8.
432 Vgl. hierzu etwa *Auckenthaler*, Die Verwaltungsbehörden in Südtirol, 181; *Aukenthaler/Waldburger*, Tiroler Bauernkalender 2014, 183; *Durnwalder*, Das Südtiroler Jagdgesetz, 58; *Erhard*, Die Entwicklung des Jagdrechtes im südlichen Teil Tirols vom 19. bis Anfang des 21. Jahrhunderts, 9.
433 *Kiem*, Das Jagdrevier von Rechts wegen, 1.
434 *Autonome Provinz Bozen* (Hg), Agrar- und Forstbericht der Südtiroler Landesverwaltung 2012, 191.
435 Näheres hierzu siehe unter 3.2.8.1.
436 Vgl. Art. 7 Abs. 1 *bis* Landesjagdgesetz.
437 Art. 8 Abs. 6 Landesjagdgesetz.
438 Art. 8 Abs. 1 Landesjagdgesetz.

Diese Bestimmung impliziert also das Verbot zur Errichtung neuer Eigenjagdreviere, das ab dem Zeitpunkt des Inkrafttretens des Landesjagdgesetzes im Jahre 1987 gilt. *Voluntas legis* ist sicherlich die Absicherung des sozialen Jagdsystems, das auf die Jagdreviere kraft Gesetzes aufbaut.[439] Das Verbot der Errichtung neuer Eigenjagdreviere wurde vor Kurzem auch mit Urteil des Staatsrates[440] unter Berufung auf die geltenden Bestimmungen des Landesjagdgesetzes bestätigt.

- Was die Flächenänderung von Eigenjagdrevieren anbelangt, ist klar festgelegt, dass bei Verlängerung der Konzession, mit Einverständnis des Grundeigentümers, Änderungen im Ausmaß von bis zu 5 % der Gesamtfläche vorgenommen werden dürfen.[441] Das Landesjagdgesetz legt im Art. 8 einige Auflagen hinsichtlich Führung und Verwaltung der Eigenjagdreviere fest: So muss etwa das Eigenjagdrevier von den Eigentümern oder Pächtern nach den behördlichen Auflagen geführt werden, ein ständiger und wirksamer Jagdschutz muss gewährleistet sein und die Grenzen sind mit geeigneten Hinweisschildern zu kennzeichnen. Werden bei Führung oder Verwaltung der Eigenjagdreviere einschlägige Rechtsvorschriften nicht eingehalten oder die Konzessionsgebühren nicht innerhalb von 90 Tagen ab Aufforderung bezahlt, kann eine Erneuerung der Eigenjagderlaubnis verweigert bzw. die Erlaubnis mit Dekret des Amtes für Jagd und Fischerei widerrufen werden.[442] In diesem Falle wird die Grundfläche des Eigenjagdreviers dem oder den angrenzenden Jagdrevieren kraft Gesetzes angegliedert.[443]

3.2.7.3. Wildschutzgebiete

- Den dritten Wildbezirk stellen die Wildschutzgebiete dar, in denen jegliche Jagdausübung grundsätzlich verboten ist. Wildschutzgebiete sind einerseits die aufgrund vom Landesgesetz Nr. 16 vom 25. Juli 1970[444] (in der Folge: Landschaftsschutzgesetz) geschützten Biotope, andererseits die Liegenschaften des Landesbetriebes für Forst- und

439 *Erhard*, Die Entwicklung des Jagdrechtes im südlichen Teil Tirols vom 19. bis Anfang des 21. Jahrhunderts, 9.

440 Urteil Nr. 843/2012, VI. Sektion, unter *http://www.giustizia-amministrativa.it/DocumentiGA/Consiglio%20di%Stato/Sezione%206/2007/200704321/Provvedimenti/201200843_11.XML* (abgerufen am 12.08.2014).

441 Art. 8 Abs. 2 Satz 1 Landesjagdgesetz.

442 Art. 8 Abs. 3 f Landesjagdgesetz.

443 Im Anhang des Landesjagdgesetzes sind im so genannten Verzeichnis der Jagdreviere kraft Gesetzes neben den Jagdrevieren kraft Gesetzes auch die im entsprechenden Revier gelegenen Eigenjagdreviere, bzw., falls sich deren Fläche auf mehrere Gemeinden erstreckt, der jeweilige Revieranteil angeführt.

444 OBl zum ABl R Nr. 33 vom 11.08.1970.

Domänenverwaltung.[445] Die 226 vom Landschaftsschutzgesetz geschützten Biotope, die eine Fläche von knapp 3.000 ha umfassen, sind in der jeweiligen Revierfläche der Jagdgebiete kraft Gesetzes enthalten.[446] Dadurch entsteht in denjenigen Jagdrevieren kraft Gesetzes, in deren Fläche ein geschütztes Biotop enthalten ist, eine Enklave, in der die Jagdausübung untersagt ist. Die Liegenschaften des Landesbetriebes für Forst- und Domänenverwaltung umfassen dagegen rund 65.000 ha und sind nicht in den Flächen der Jagdreviere kraft Gesetzes enthalten.[447] Eine Ausnahme hinsichtlich des Jagdverbotes hat sich der Landesgesetzgeber jedoch vorbehalten: In den geschützten Biotopen, die eine Ausdehnung von über zehn Hektar haben oder direkt an das Schongebiet des Stilfser- Joch- Nationalparks angrenzen, sind die Regulierung des jagdbaren Schalenwildes im Rahmen eines Abschussplans sowie die Fuchsentnahme erlaubt.[448] *De facto* wird von dieser Bestimmung Gebrauch gemacht, um Schäden an land- und forstwirtschaftlichen Kulturen einzuschränken und um Krankheiten vorzubeugen.[449]

3.2.7.4. Schongebiete

- Schongebiete sind gemäß Art. 10 Landesjagdgesetz Gebiete, die für bestimmte Wildarten günstige Äsungsbedingungen bieten oder als Wintereinstand besonders geeignet sind. Innerhalb dieser Gebiete, für deren Ausweisung die Landesregierung zuständig ist, ist die Jagdausübung verboten. In der Autonomen Provinz Bozen ist der gesamte Stilfser- Joch- Nationalpark, der eine Fläche von 52.500 ha umfasst, Schongebiet kraft Gesetzes.[450]

3.2.7.5. Zonen des europäischen Schutzgebietsnetzes

Die Zonen des europäischen Schutzgebietsnetzes, die den fünften und somit letzten Wildbezirk bilden, wurden mit Art. 5 LG Nr. 10/2007 ins Landesjagdgesetz eingefügt. Zu diesem Wildbezirk, der auch unter dem Terminus „*Natura-2000-Gebiete*“[451] bekannt ist, zählen die Schutzgebiete (SG), die im Sinne von Art. 4 Abs. 1 der Vogelrichtlinie und die besonderen

445 Art. 9 Abs. 2 f Landesjagdgesetz.
446 *Autonome Provinz Bozen* (Hg), Agrar- und Forstbericht der Südtiroler Landesverwaltung 2012, 191.
447 Ebenda.
448 Art. 9 Abs. 1 Landesjagdgesetz.
449 *Aukenthaler/Gerstgrasser/Heidegger* et. al., Wild-Wissen, 297 f.
450 Art. 10 Abs. 3 Landesjagdgesetz.
451 Vgl. Carmignola/Erhard, Natura 2000, 22.

Schutzgebiete (BSG), die im Sinne von Art. 6 der Richtlinie 92/43/EWG des Rates der Europäischen Gemeinschaften ausgewiesen wurden.[452] Die Natura-2000-Gebiete nehmen eine Fläche von 149.900 ha ein, was in etwa 20% der Landesfläche entspricht.[453] Im Unterschied zu den Jagdrevieren kraft Gesetzes, Eigenjagdrevieren, Wildschutzgebieten und Schongebieten stellen die Natura-2000-Gebiete keinen selbstständigen Wildbezirk dar.[454] Vielmehr handelt es sich um eine besondere Form des Wildbezirkes, der durch ausgewiesene Flächen innerhalb der Jagdreviere kraft Gesetzes, der Eigenjagdreviere, den Wildschutzgebieten und den Schongebieten charakterisiert ist. Die einzelnen Gebiete wurden nach dem Prinzip der Verknüpfung von wertvollem Lebensraum ausgewählt, d. h., dass größere Schutzbiotope, die von den Naturparken und dem Stilfser-Joch-Nationalpark dargestellt werden, durch kleinere so genannte Korridorbiotope miteinander vernetzt wurden.[455]

- In den Zonen des europäischen Schutzgebietsnetzes, die Teil eines Jagdreviers kraft Gesetzes oder einer Eigenjagd sind, ist grundsätzlich die Jagdausübung, mit Ausnahme der Jagd auf Zugvögel, gestattet.[456] Einer Einschränkung in den Natura-2000-Gebieten unterliegt allerdings die Munitionswahl: Die Verwendung von Schrotpatronen, die aus Plastikhülsen bestehen, ist ebenso verboten wie die Verwendung von Bleischroten in Feuchtgebieten.[457] Anstelle der Plastikhülsen müssen Papphülsen und anstelle von Bleischroten vernickelte Bleischrote oder, was sich *per analogiam* erschließen lässt, Stahlschrote verwendet werden.
- Neben diesen Einschränkungen *ex lege* kann der Landesrat für Forstwirtschaft auf Vorschlag der Wildbeobachtungsstelle weitere restriktive Maßnahmen treffen: Er kann das Jagdverbot auch auf andere gemäß Landesjagdgesetz jagdbare Wildarten ausdehnen sowie weitere Einschränkungen oder Verbote bezüglich der Jagdmittel und -zeiten verfügen.[458] Sind die ausgewiesenen Natura-2000-Gebiete jedoch Teil eines Wildschutzgebietes oder Schongebietes, so kommen nicht die eben genannten Auflagen zum Zuge, sondern die für diese Schutzgebiete vorgesehenen Bestimmungen zur Anwendung.[459]

452 Art. 9 *bis* Abs. 1 Landesjagdgesetz.
453 *Autonome Provinz Bozen* (Hg), Agrar- und Forstbericht der Südtiroler Landesverwaltung 2012, 192.
454 Vgl. Art. 9 *bis* Abs. 2 Landesjagdgesetz.
455 Carmignola/Erhard, Natura 2000, 22.
456 Art. 9 *bis* Abs. 3 Landesjagdgesetz.
457 Art. 9 *bis* Abs. 3 Landesjagdgesetz.
458 Art. 9 *bis* Abs. 3 Landesjagdgesetz.
459 Art. 9 *bis* Abs. 4 Landesjagdgesetz.

3.2.8. Jagderlaubnisschein

Um in einem Jagdrevier kraft Gesetzes die Jagd auszuüben, ist neben dem Besitz eines Jagdgewehrscheines und dem Abschluss einer Jagdhaftplicht- und Unfallversicherung[460] ein an die Person gebundener, nicht übertragbarer Jagderlaubnisschein unerlässlich.[461] Im Sinne von Art. 25 Abs. 5 Landesjagdgesetz bewirkt der auch nur zeitweilige Verlust des Jagdgewehrscheines oder das Fehlen der Jagdhaftplicht- und Unfallversicherung den Verlust der Jahres- oder Gastkarte. Der **Landesgesetzgeber unterscheidet drei Typen von Jagderlaubnisscheinen**, die allesamt nicht übertragbar sind:[462] **Jahreskarten, Gastkarten sowie Tages- und Wochenkarten.** Für die Jagd auf Wildtiere, die gemäß Art. 27 Landesjagdgesetz einer Abschussplanung unterliegen, ist neben dem Jagderlaubnisschein auch eine Sonderbewilligung erforderlich, auf der für das Schalenwild Geschlecht und Altersklasse angegeben werden müssen.[463]

In Eigenjagdrevieren ist dagegen für die Jagdausübung, mit Ausnahme des Revierleiters, ein Jagderlaubnisschein erforderlich, der vom Revierleiter auf vom Amt für Jagd und Fischerei zur Verfügung gestellten Vordrucken ausgestellt werden muss.[464]

Wenn ein Jagdrevier kraft Gesetzes unterteilt[465] wird, gilt der Jagderlaubnisschein nur für jenes neu entstandene Jagdrevier, das in dem Teil des Gemeindegebiets liegt, in dem der Jagdausübungsberechtigte ansässig ist.[466] Jahres- oder Gastkarteninhaber, die im un-

---

460 Art. 11 Abs. 6 Landesjagdgesetz.

461 Art. 25 Abs. 1 Landesjagdgesetz.

462 Art. 25 Abs. 4 Landesjagdgesetz.

463 Art. 5 Abs. 1 *bis* Landesjagdgesetz; die Detailregelung hinsichtlich der Sonderbewilligungen ist in Art. 1.12 Landesjagdordnung enthalten: *„Für die Inhaber von Jahres- und Gastkarten sind die Sonderbewilligungen im Jagderlaubnisschein integriert und werden durch Ankreuzen ausgestellt. Der Landesjagdausschuss überträgt den Revierleitern die Ermächtigung zum Ankreuzen der Sonderbewilligungen; die Revierleiter müssen sich dabei an das Prinzip der Gleichbehandlung und an die von der Vollversammlung der Jahreskarteninhaber beschlossene Abschusszuteilung halten. Außerdem sind die Revierleiter verpflichtet, die Sonderbewilligungen auf jeden Fall entweder mit Ja oder Nein anzukreuzen, die Anzahl der freigegebenen Stücke, falls begrenzt, anzuführen und spätere Korrekturen mit eigenhändiger Unterschrift zu bestätigen. Die Revierleiter sind verpflichtet, die Liste der ausgestellten Sonderbewilligungen dem Südtiroler Jagdverband zu übermitteln. Die ausgestellten Tages- und Wochenkarten gelten auch als Sonderbewilligungen für die darauf jeweils anzugebende Wildart und Klasse. Die ausgestellten Tages- und Wochenkarten für die Jagd auf Schalenwild und die Hühnervögel müssen nach Ende des betreffenden Jagdjahres dem Verbandsbüro mitgeteilt werden. Jede Sonderbewilligung verfällt mit der Erfüllung des Abschussplans für die jeweilige Wildart bzw. Wildklasse sowie mit der Erlegung des entsprechenden Stückes bzw. der entsprechenden Stücke, falls mehrere zugeteilt sind.“*

464 Art. 25 Abs. 3 Landesjagdgesetz.

465 Näheres dazu siehe unter 3.2.7.1.

466 Art. 7 Abs. 5 Landesjagdgesetz.

terteilten Jagdrevier kraft Gesetzes nicht ansässig sind, müssen dagegen dem Südtiroler Jagdverband schriftlich mitteilen, in welchem der neu entstandenen Jagdreviere sie künftig die Jagd ausüben wollen.[467] Erfolgt diese Mitteilung nicht innerhalb von 45 Tagen ab Kundmachung der Revierteilung im Amtsblatt der Region, teilt der Südtiroler Jagdverband den betroffenen Jagdausübungsberechtigten, unter Berücksichtigung der Wilddichte, der Anzahl der Jagdausübungsberechtigten und der vorhandenen Grundfläche, einem der neu entstandenen Jagdreviere zu.[468] Erfolgt hingegen eine Fusion zwischen zwei oder mehreren Jagdrevieren kraft Gesetzes, gelten die Jagderlaubnisscheine der Jagdausübungsberechtigten für das gesamte neu entstandene Jagdrevier.[469]
Was die Jagdausübung seitens in Südtirol ansässiger Inhaber eines Jagderlaubnisscheins in anderen Regionen Italiens anbelangt, muss Art. 13 Landesjagdgesetz betrachet werden. Diese Norm bestimmt, dass das Amt für Jagd und Fischerei für die Jagd in Gebieten, in denen die Wahl der Jagdform vorgesehen ist, kostenlos einen von den staatlichen Bestimmungen vorgesehenen Jagdausweis ausstellt, auf dem die gewählte Jagdform anzugeben ist. Diese Bestimmung ist insofern problematisch, als sie gegen den Grundsatz der ausschließlichen Wahl der Jagdform gemäß Art. 12 Abs. 5 staatliches Jagdrahmengesetz Nr. 157/1992 verstößt.[470] Folglich riskieren Jagdausübungsberechtigte, die Inhaber eines Jagderlaubnisscheines in Südtirol sind, neben einer Verwaltungsstrafe auch die Aussetzung des Jagdgewehrscheines, wenn sie außerhalb des Alpengebietes jagen.[471] **Für Südtirols Jagdausübungsberechtigte gibt es auf italienischem Staatsgebiet lediglich eine Möglichkeit, die Jagd außerhalb des Gebiets der Alpen rechtskonform auszuüben: jene in privat geführten Jagdbetrieben.**[472]

3.2.8.1. Jahres- und Gastkarte

Das Landesjagdgesetz legt folgenden Grundsatz fest: ***„Anrecht auf die Jahres- oder Gastkarte hat, wer gemäß Art. 11 Abs. 6***[473] ***die Voraussetzungen besitzt und im Gebiet des***

467 Art. 7 Abs. 6 Landesjagdgesetz.

468 Art. 7 Abs. 6 Landesjagdgesetz.

469 Art. 7 Abs. 7 Landesjagdgesetz.

470 Siehe hierzu näher unter 4.2.2.5.

471 Zu den diesbezüglich entstandenen Problematiken vgl. *Aukenthaler/Erhard*, Unsicherheiten bei Jagdausübung in anderen Provinzen Italiens, Jägerzeitung, Magazin des Südtiroler Jagdverbandes, Nr. 4/2010, 15.

472 Art. 16 staatliches Jagdrahmengesetz Nr. 157/1992 unterscheidet zwei Typen von privat geführten Jagdbetrieben: *aziende faunistico-venatorie* und *aziende agri-turistico-venatorie*.

473 Art. 11 Abs. 6 Landesjagdgesetz: *„Die Jagd darf nur ausüben, wer das 18. Lebensjahr vollendet hat, den entsprechenden Jagdgewehrschein besitzt und eine Jagdhaftpflicht sowie eine Unfallversicherung in Bezug auf die Jagdausübung gemäß den staatlichen Bestimmungen abgeschlossen hat."*

entsprechenden Jagdreviers kraft Gesetzes ansässig oder Eigentümer einer in diesem Jagdrevier liegenden Mindestkultureinheit bzw. einer Wald- oder Almfläche von mindestens 50 ha ist.“[474] Die Detailgestaltung dieser Norm behält sich der Landesgesetzgeber mittels Durchführungsverordnung vor, in der unter anderem die Mindestdauer der für die Erlangung einer Jahres- bzw. Gastkarte erforderlichen Ansässigkeit sowie Ausstellung und Widerruf der Jagderlaubnisscheine geregelt werden sollen.[475] Dieser Bestimmung wird mit der Durchführungsverordnung zum Landesjagdgesetz D LH Nr. 18/2000 Genüge getan, die die grundlegenden Normen primärer Gesetzesebene ausführt.

Gemäß Art. 7 D LH Nr. 18/2000 berechtigt die Jahreskarte zur Jagdausübung im entsprechenden Jagdrevier kraft Gesetzes zur Mitwirkung bei der Verwaltung und Führung desselben und verpflichtet zur Einhaltung der Landesjagdordnung. Anrecht auf die Jahreskarte hat der Inhaber eines Jagdgewehrscheines, der im Gebiet des Jagdreviers, für welches die Jahreskarte beantragt wird, seit mindestens zehn Jahren seinen meldeamtlichen Wohnsitz hat oder dort früher, auch mit Unterbrechungen, mindestens 15 Jahre lang seinen meldeamtlichen Wohnsitz hatte und mindestens neun Monate im Jahr seinen Wohnsitz in einer Gemeinde Südtirols hat oder in den Melderegistern der im Ausland lebenden italienischen Staatsbürger (AIRE)[476] eingetragen ist.[477] Diese Bestimmung verdeutlicht den sozialen Gedanken im Südtiroler Revierjagdsystem: Grundeigentum stellt keine Voraussetzung für die Jagdausübung dar, sondern einfach eine Mindestansässigkeitsdauer in einer Gemeinde innerhalb der Autonomen Provinz Bozen. Die Beschränkung der Jagdausübung auf ein bestimmtes Gebiet, d. h. auf die Ansässigkeitsgemeinde, dürfte vom schweizerischen Patentjagdsystem abstammen, das die Jagd nur im Kanton, in welchem der Jagdgewehrscheininhaber ansässig ist, erlaubt.[478] Neben der Mindestansässigkeit gibt es *ex lege* lediglich eine weitere Möglichkeit, eine Jahres- oder Gastkarte zu erhalten: Eigentum von Liegenschaften. Der Inhaber eines Jagdgewehrscheines, der Alleineigentümer einer tatsächlich bewirtschafteten Mindestkultureinheit oder Eigentümer einer Wald- oder Almfläche von mindestens 50 ha ist, hat Anrecht auf einen Jagderlaubnisschein in diesem Revier, sofern sich die eben genannten Liegenschaften zur Gänze im Gebiet des betreffenden Jagdreviers kraft Gesetzes befinden und weder Teil eines Eigenjagdreviers sind noch mit dinglichen

474 Art. 25 Abs. 2 Landesjagdgesetz.
475 Art. 25 Abs. 2 Landesjagdgesetz.
476 Anagrafe Italiani Residenti all'Estero.
477 Art. 7 Abs. 2 D LH Nr. 18/2000.
478 *Erhard*, Das Südtiroler Jagdsystem- Ergebnis der geschichtlichen Entwicklung in der Provinz Bozen, Bündnerwald Nr. 2/1994, 73; vgl. auch *Durnwalder*, Das Südtiroler Jagdgesetz, 58.

Nutzungsrechten belastet sind.[479] Hat der Eigentümer der besagten Liegenschaften bereits eine Jahreskarte aufgrund der Ansässigkeit, erhält er eine so genannte Gastkarte.[480] Diese ermächtigt, wie die Jahreskarte, zur Jagdausübung im entsprechenden Jagdrevier kraft Gesetzes, verpflichtet ebenfalls zur Einhaltung der Landesjagdordnung, beinhaltet jedoch, im Unterschied zur Jahreskarte, kein Anrecht zur Mitwirkung bei der Verwaltung und Führung des Jagdreviers.[481] Neben den Eigentümern von Liegenschaften mit den oben angeführten Kriterien und Voraussetzungen steht die Gastkarte auch Jagdgewehrscheininhabern zu, die seit mindestens fünf Jahren im Gebiet des Jagdreviers kraft Gesetzes, für welches die Gastkarte beantragt wird, ihren meldeamtlichen Wohnsitz haben oder dort, auch mit Unterbrechungen, mindestens zehn Jahre lang ihren meldeamtlichen Wohnsitz hatten.[482] Auch hier gilt wiederum was *in puncto* Jahreskarte gesagt wurde: Der Antragsteller muss seinen meldeamtlichen Wohnsitz mindestens neun Monate im Jahr in einer Gemeinde Südtirols haben oder in den Melderegistern der im Ausland lebenden italienischen Staatsbürger (AIRE) eingetragen sein.

Der Terminus Mindestkultureinheit wird vom Landesjagdgesetz nicht näher definiert und auch die Durchführungsverordnung zum Landesjagdgesetz enthielt ursprünglich keine spezifischen Angaben, sodass es in der Anwendung öfters Interpretationsschwierigkeiten gab. Auf Anfrage des Südtiroler Jagdverbandes[483] wurde der Durchführungsverordnung folgende Ergänzung angefügt: „*Für die Anwendung der Artikel 7 und 8 gelten als Mindestkultureinheit jene geschlossenen Höfe, welche mindestens zwei Hektar effektiv bewirtschaftete Obst- oder Rebanlagen oder mindestens vier Hektar effektiv bewirtschaftete Äcker oder Wiesen umfassen. Ergeben sich Zweifel über die Art oder Ausdehnung der Bewirtschaftung, so steht die Entscheidung hierüber der Landesregierung zu.*“[484] Aufgrund der Möglichkeit, durch das Eigentum von Liegenschaften Anspruch auf einen Jagderlaubnisschein zu erheben, gab es nach Inkrafttreten des Landesjagdgesetzes in manchen Kreisen die Befürchtung, dass starker Zuwachs von nicht ansässigen Jägern zu erwarten sei.[485] *De facto* erwies sich diese

479 Art. 7 Abs. 3 D LH Nr. 18/2000.

480 Vgl. Art. 7 Abs. 4 D LH Nr. 18/2000.

481 Art. 8 D LH Nr. 18/2000.

482 Art. 8 Abs. 2 D LH Nr. 18/2000.

483 *Aukenthaler*, Zusammenfassung der wichtigsten Tätigkeiten und Ereignisse des Jahres 1991, Jägerzeitung, Magazin des Südtiroler Jagdverbandes, Nr. 3/1992, 6.

484 Art. 9 Abs. 8 D LH Nr. 18/2000; vgl. hierzu auch *Durnwalder*, Das Südtiroler Jagdgesetz, 59; vgl. auch die primäre Gesetzgebungszuständigkeit der Autonomen Provinz Bozen *in puncto* Ordnung der Mindestkultureinheiten gemäß Art. 8 Nr. 8 Autonomiestatut 1972.

485 Vgl. *Durnwalder*, Das Südtiroler Jagdgesetz, 59.

Angst aus gleich mehreren Gründen als unbegründet: a) Den Anspruch *ex lege* auf einen Jagderlaubnisschein kann der Eigentümer nur dann geltend machen, wenn er selbst Inhaber eines Jagdgewehrscheines ist; b) meistens sind die Eigentümer der im Revier gelegenen Mindestkultureinheiten bzw. Wald- oder Almflächen in der entsprechenden Gemeinde ansässig und haben deshalb, sofern sie Inhaber eines Jagdgewehrscheines sind, auch aufgrund der Ansässigkeit Anrecht auf einen Jagderlaubnisschein; c) lediglich natürliche Personen, nicht aber juristische Personen können ihren Anspruch auf einen Jagderlaubnisschein geltend machen; d) das Anrecht auf einen Jagderlaubnisschein ist zeitlich an das Eigentum an der Liegenschaft gekoppelt, weshalb das Anrecht *ex lege* mit dem Verlust des Eigentums an der Liegenschaft verfällt.[486]
Die Jahres- und die Gastkarte werden von der Geschäftsstelle des Südtiroler Jagdverbandes nach Vorlage eines Gesuches des Antragstellers, das vom Revierleiter des entsprechenden Jagdreviers kraft Gesetzes gegengezeichnet ist, für jeweils ein Jahr ausgestellt.[487] Im ersten Jahr nach der Ausstellung des ersten Jagderlaubnisscheines für ein Jagdrevier kraft Gesetzes darf der Inhaber die Jagd auf Wild, das einer Abschussplanung unterliegt, lediglich in Begleitung eines anderen Jagdausübungsberechtigten, der seit mindestens drei Jahren einen gültigen Jagderlaubnisschein für das betreffende Revier besitzt, oder in Begleitung des für das Revier zuständigen hauptberuflichen Jagdaufsehers ausüben.[488] Verlegt der Inhaber einer Jahres- oder Gastkarte seinen meldeamtlichen Wohnsitz für mehr als drei Jahre außerhalb Südtirols, kann der Südtiroler Jagdverband, auf Antrag von mindestens zwei Dritteln der Jahreskarteninhaber des jeweiligen Jagdreviers kraft Gesetzes, den entsprechenden Jagderlaubnisschein widerrufen.[489] Dies gilt jedoch lediglich für jene Fälle, in denen das Anrecht auf eine Jahres- oder Gastkarte aus einer Mindestansässigkeit, nicht jedoch aus Grundeigentum resultiert.[490]

3.2.8.2. Tages- und Wochenkarte

Der dritte Jagderlaubnisschein, der zur Jagdausübung in einem Jagdrevier kraft Gesetzes berechtigt, ist die Tages- und Wochenkarte.[491] Im Unterschied zur Jahres- und Gastkarte kann auf diesen Jagderlaubnisschein kein Anspruch *ex lege* geltend gemacht werden. Die

486 *Durnwalder*, Das Südtiroler Jagdgesetz, 59 f.
487 Art. 1 Abs. 1.1 Landesjagdordnung.
488 Art. 11 Abs. 8 Landesjagdgesetz.
489 Art. 9 Abs. 6 D LH Nr. 18/2000.
490 Vgl. Art. 9 Abs. 6 D LH Nr. 18/2000.
491 Art. 25 Abs. 1 lit. *c)* Landesjagdgesetz.

Tages- bzw. Wochenkarte kann von den Verwaltungsorganen der Jagdreviere kraft Gesetzes für die einzelnen Wildarten ausgestellt werden, wobei deren Anzahl alljährlich von der Vollversammlung der Jahreskarteninhaber des entsprechenden Jagdreviers mit einfacher Mehrheit festgelegt wird.[492]

3.2.9. Jagdwaffen

Art. 14 Landesjagdgesetz legt die zulässigen Jagdwaffen folgendermaßen fest: *„In den Wildbezirken können folgende Schusswaffen und Munitionsarten für Jagdzwecke benützt und mitgeführt werden:*

- *alle Doppel- und Bockdoppelflinten (Schrotgewehre) mit einer Laufweite nicht größer als Kaliber 12;*
- *alle Büchsen (Kugelgewehre) einschließlich der Repetierbüchse ab Kaliber 5,6 mm; die dazugehörigen Patronen müssen eine Hülsenlänge von mindestens 40 mm haben;*
- *kombinierte Gewehre, und zwar zwei- und dreiläufige Gewehre mit einem oder zwei Schrotläufen mit einer Laufweite nicht größer als Kaliber 12 sowie einem oder zwei Kugelläufen ab Kaliber 5,6 mm und einer Hülsenlänge von mindestens 40 mm.“*

Inhaltlich entspricht diese Norm den Vorgaben von Art. 13 staatliches Jagdrahmengesetzes Nr. 157/1992.[493] Jedoch ist das Landesjagdgesetz hinsichtlich der Wahl der Jagdmittel restriktiver als der staatliche Gesetzgeber. Im Sinne von Art. 14 Landesjagdgesetz sind nämlich, abweichend vom staatlichen Jagdrahmengesetz Nr. 157/1992, die Jagd mit Pfeil und Bogen und die Beizjagd[494] in der Autonomen Provinz Bozen nicht zulässig.[495] Weitere Einschränkungen enthält Art. 15 Landesjagdgesetz, der z. B. Randfeuerpatronen, im Unterschied zum staatlichen Gesetzgeber, *per se* verbietet und nach dem Vorbild des

492 Art. 10 Abs. 1 D LH Nr. 18/2000; Nähere Angaben hinsichtlich der Ausstellung von Tages- und Wochenkarten enthält Art. 10 Abs. 2 D LH Nr. 18/2000: *„Wenigstens die Hälfte der Tages- und Wochenkarten sind für jene Jagdausübungsberechtigten zu reservieren, die ihren Wohnsitz in einer Gemeinde Südtirols haben; dabei haben solche Vorrang, die in Gemeinden ansässig sind, die eine verhältnismäßig hohe Anzahl von Jägern aufweisen oder in denen wenig jagdbares Wild vorhanden ist. Die Tages- oder die Wochenkarten für den Abschuss der Hühnervögel, welche der Abschussplanung im Sinne von Artikel 27 des Landesjagdgesetzes unterworfen sind, können ausschließlich an Jäger ausgestellt werden, die in Südtirol ansässig sind.“*

493 Art. 13 staatliches Jagdrahmengesetz Nr. 157/1992 entspricht *de facto* Art. 9 des vorherigen staatlichen Jagdrahmengesetzes Nr. 968/1977.

494 Unter Beizjagd ist die Falknerei zu verstehen, die eine alte, ursprünglich vor allem im Orient beheimatete Jagdart ist, bei der vor allem die Greifvögel Habicht, Wanderfalke und Steinadler verwendet werden: *Geisel/Hilpisch/Lebacher,* Vor und nach der Jägerprüfung[53] (2003).

495 Art. 13 Abs. 2 staatliches Jagdrahmengesetz Nr. 157/1992; Art. 15 Abs. 1 lit. *p)* Landesjagdgesetz.

deutschsprachigen Auslands[496] ein Mindestkaliber von 6,5 mm für die Jagd auf Rotwild vorschreibt.[497] Neben diesen Auflagen, die der Landesgesetzgeber *ipso iure* eingeführt hat, gibt es weitere Einschränkungen seitens des staatlichen Gesetzgebers, die ins Landesjagdgesetz übernommen werden mussten. So bestimmt etwa Art. 15 Abs. 1 lit. *p)* Landesjagdgesetz, dass Selbstladeflinten nur verwendet werden dürfen, sofern die Schusszahl durch eine entsprechende Vorrichtung auf zwei Schuss reduziert ist.[498] Diese Einschränkung gilt nicht nur für die Autonomen Provinzen Bozen und Trient, sondern auch für all jene Regionen, die als faunistisches Gebiet der Alpen eingestuft werden.[499]
Im Sinne von Art. 14 Abs. 2 dürfen in Ausnahmefällen die Verwendung von Prügel- oder Kastenfallen für die Jagd auf Raubwild unter Beachtung der vom Landesrat für Forstwirtschaft festgelegten Zeiten und Auflagen erlaubt werden.
Während der Jagd ist der Jagdgewehrscheininhaber ferner ermächtigt, neben den erlaubten Schusswaffen, Jagdhunde und Jagdmesser sowie Stichwaffen mitzuführen.[500]

3.2.10. Verbote

Mit Jagdwaffen und Jagdausübung sind naturgemäß rechtliche Einschränkungen eng verbunden. An dieser Stelle sei lediglich erwähnt, dass der Landesgesetzgeber das *Gros* der Verbote direkt von den staatlichen Jagdrahmengesetzen aus den Jahren 1977 bzw. 1992 übernommen und, wie vorhin ausgeführt, einige Verschärfungen vorgenommen hat.[501]
Im Hinblick auf die Übertretungen muss aus Sicht des Landesgesetzgebers zwischen strafrechtlichen Sanktionen und Verwaltungssanktionen unterschieden werden.
Was den **strafrechtlichen Aspekt** anbelangt, hat die **Autonome Provinz Bozen keinerlei gesetzgeberischen Spielraum**, was nunmehr in Art. 117 Abs. 2 lit. *l)* Verf ausdrücklich festgehalten wird. Gemäß **Art. 23 Autonomiestatut 1972** muss der **Landesgesetzgeber zum Schutz der in den eigenen Gesetzen enthaltenen Bestimmungen jene strafrechtli-**

496 Vgl. etwa § 19 des deutschen Bundesjagdgesetzes vom 29.09.1976 (BGBl. I S. 2849).
497 Art. 15 Abs. 1 lit. *g)* und *s)* Landesjagdgesetz.
498 Die diesbezügliche Wortwahl des Landesgesetzgebers orientiert sich klar am staatlichen Jagrahmengesetz Nr. 968/1977. Das derzeit geltende staatliche Jagrahmengesetz Nr. 157/1992 bezieht sich dagegen in Art. 13 Abs. 4 direkt auf das Magazin: *„Nella zona faunistica delle Alpi é vietato l'uso del fucile con canna ad anima liscia a ripetizione semiautomatica salvo che il relativo caricatore sia adattato in modo da non contenere piú di un colpo."* Vgl. hierzu auch *Mori*, La caccia, 220 f.
499 Art. 13 Abs. 4 staatliches Jagdrahmengesetz Nr. 157/1992.
500 Art. 14 Abs. 3 Landesjagdgesetz; vgl. Art. 13 Abs. 6 staatliches Jagrahmengesetz Nr. 157/1992.
501 Näheres zu den Verboten siehe unter 4.2.2.8.

chen Sanktionen verwenden, die die Staatsgesetze für die gleichen Tatbestände vorsehen.[502] Dieser Grundsatz ist auch im staatlichen Jagdrahmengesetz Nr. 157/1992 enthalten, das bestimmt, dass der Landesgesetzgeber die Straftatbestände, die vom Rahmengesetz festgelegt werden, auf die entsprechenden durch Landesgesetz geregelten Tatbestände anwendet.[503] Vereinfacht ausgedrückt, ergibt sich aus diesen Bestimmungen das Verbot für den Landesgesetzgeber, autonome Straftatbestände zu erlassen. Dies hat der VerfGH zuletzt im Urteil Nr. 387/2008[504] bekräftigt, mit welchem Art. 22 LG Nr. 10/2007 für verfassungswidrig erklärt wurde. Der Landesgesetzgeber hatte mit dieser Norm eigene Straftatbestände im Jagdsektor geschaffen und sie mit den Strafen laut Art. 30 staatliches Jagdrahmengesetz Nr. 157/1992 sanktioniert, was im offenkundigen Widerspruch mit der ausschließlichen Gesetzgebungskompetenz des Staates in der Strafgesetzgebung laut Art. 117 Abs. 2 lit. *l)* Verf stand.[505]

Anders gelagert ist dagegen die rechtliche Ausgangslage bei Verwaltungsstrafen, wo der Landesgesetzgeber, aufgrund des Grundsatzes des Parallelismus,[506] auch im Sachbereich Jagd Verwaltungszuständigkeit besitzt. Dies bedeutet, dass die **Autonome Provinz Bozen die im Landesjagdgesetz eingeführten Verbote und Übertretungen mit der Verhängung von Verwaltungsstrafen ahnden kann.**[507]

3.2.11. Südtiroler Jagdverband

Mit der Einführung der „*Jagdreviere von Rechts wegen*" durch das RG Nr. 30/1964 wurde es notwendig, eine Organisation mit der Verwaltung dieser Reviere zu beauftragen. Damals boten sich drei verschiedene Möglichkeiten an:

- die Verwaltung der Reviere einer neu zu gründenden Organisation übergeben;
- die Regionalregierung übernimmt die Reviere in Eigenverwaltung;
- die Verwaltung der Reviere wird der Provinzialsektion des italienischen Jagdverbandes übertragen.[508]

502 Art. 23 Autonomiestatut 1972.
503 Art. 30 Abs. 4 staatliches Jagdrahmengesetz Nr. 157/1992.
504 VerfGH Urteil Nr. 398/2008, Giur. cost. 2008, 4551.
505 VerfGH Urteil Nr. 387/2008, RE Rdnr 12.1.
506 Vgl. unter 1.1.
507 Vgl. *Gorlani*, La caccia, 191.
508 *Kiem*, Das Jagdrevier von Rechts wegen, 2.

Der Regionalgesetzgeber entschied sich schließlich mit Art. 2 RG Nr. 30/1964 für letztere Lösung und gab der Provinzialsektion des italienischen Jagdverbandes *ex lege* den Auftrag, die Jagdreviere von Rechts wegen zu verwalten.[509] Dies, weil man einerseits davon ausging, dass weder die Regionalregierung in der Lage sei, diese Aufgabe zu übernehmen noch eine gut funktionierende Organisation rechtzeitig aufgebaut werden könne, andererseits weil der Provinzialsektion des italienischen Jagdverbandes alle organisatorischen, fachlichen und technischen Voraussetzungen, um den Verwaltungsauftrag zu erfüllen, bescheinigt wurden.[510]
Mit dem Landesjagdgesetz aus dem Jahre 1987 wurden die Weichen für die Abkoppelung der Verwaltung der Jagdreviere vom italienischen Jagdverband gelegt.[511] Art. 23 Abs. 1 Landesjagdgesetz bestimmt nämlich, dass die Verwaltung der Jagdreviere kraft Gesetzes mit Dekret des Landeshauptmanns aufgrund eines Beschlusses der Landesregierung der in Südtirol am stärksten vertretenen Jägervereinigung anvertraut werden kann. Auf der Grundlage dieser Bestimmung wurde der **Südtiroler Jagdverband**[512] am 27.07.1988 gegründet[513] und **von der Landesregierung mit Beschluss vom 24.10.1988 als mitgliederstärkste Jägervereinigung Südtirols anerkannt**, worauf per D LH Nr. 24 vom 20. Dezember 1988[514] die **Übertragung der Verwaltung der Jagdreviere kraft Gesetzes folgte.**[515] Gemäß Art. 23 Abs. 3 Landesjagdgesetz kann dem Südtiroler Jagdverband der Auftrag zur Verwaltung der Jagdreviere kraft Gesetzes mit Dekret des Landeshauptmannes aufgrund eines entsprechenden Beschlusses der Landesregierung wegen Nachlässigkeit bei der Führung oder aufgrund einer Übertretung der im Sachbereich der Jagd geltenden Bestimmungen entzogen werden. **Für die Ausübung der Befugnisse und Aufgaben, die dem Südtiroler Jagdverband übertragen wurden, kann die Landesregierung Zuschüsse in der Höhe von bis zu 70% der Ausgaben gewähren.**[516]

509 Art. 2 RG Nr. 30/1964: „*Mit der Verwaltung der Reviere nach Art. 1 werden für das Gebiet der entsprechenden Provinzen die Landes-Jagdabteilungen von Trient und Bozen des italienischen Jagdverbandes zu Gunsten der eingeschriebenen und nicht eingeschriebenen Jäger betraut. Diese Jagdabteilungen nehmen bei der Verwaltung der Jagdreviere die Mitarbeit allfälliger anderer Jägervereinigungen der entsprechenden Provinzen in Anspruch, die wenigstens fünf von hundert ihrer Jäger vertreten und die im Verhältnis zur Anzahl der Mitglieder zu den Verwaltungsspesen beitragen.*"

510 *Kiem*, Das Jagdrevier von Rechts wegen, 2.

511 Vgl. *Durnwalder*, Das Südtiroler Jagdgesetz, 60.

512 Die italienische Bezeichnung lautet *Associazione Cacciatori Alto Adige*

513 Unter *http://www.jagdverband.it/de/verband/über-uns/satzung/5-0.html* (abgerufen am 02.06.2014).

514 Nicht veröffentlicht.

515 *Auckenthaler*, Die Verwaltungsbehörden in Südtirol, 182.

516 Art. 23 Abs. 4 Landesjagdgesetz.

Aus der Satzung[517] des Südtiroler Jagdverbandes geht hervor, dass der Südtiroler Jagdverband, der eine juristische Person des Privatrechts ist, nach drei Ebenen hin tätig ist: auf Landes-, Bezirks-, und Revierebene.[518] Gesetzlicher Vertreter des Südtiroler Jagdverbandes ist der Landesjägermeister, der vom Landesjagdausschuss in geheimer Wahl gewählt wird.[519] Für den Betrieb der Geschäftsstelle, die Führung des Personals und die Ausübung der an ihn vom Landesjägermeister oder Landesjagdausschuss delegierten Tätigkeiten und Befugnisse ist dagegen der Direktor des Südtiroler Jagdverbandes zuständig.[520]

Das in der Satzung definierte Ziel des Südtiroler Jagverbandes liest sich wie eine Vertiefung der doppelten Zielsetzung des Landesjagdgesetzes: *„Der Südtiroler Jagdverband verfolgt das Ziel der Erhaltung eines artenreichen, gesunden Wildstandes, der den Erfordernissen der Land- und Forstwirtschaft angepasst ist, und er betrachtet die Hegetätigkeit des Jägers als einen Teil des Naturschutzes, weil er darin den Schutz und die Erhaltung der frei lebenden Tierwelt sieht. Er wird mit allen verfügbaren Kräften der Beeinträchtigung der natürlichen Lebensgrundlagen des Wildes entgegenwirken. Der Südtiroler Jagdverband sieht sein Ziel auch darin, die jagdbaren Tiere schonend und nachhaltig im Sinne einer vernünftigen Nutzung eines nachwachsenden Naturgutes zu bewirtschaften und zu erhalten.“*[521]

Neben der Verwaltung der Jagdreviere kraft Gesetzes sind in der Satzung weitere Aufgaben des Südtiroler Jagdverbandes verankert. Exemplarisch seien an dieser Stelle einige Aufgaben angeführt: die Südtiroler Jäger zusammenzuschließen und ihre Interessen gegenüber Dritten zu vertreten, Kurse für Jungjägerkandidaten zu veranstalten, die Mitglieder zu waidgerechten Jägern zu erziehen und sie in jagdlichen Fragen zu beraten, geeignete und wirksame Maßnahmen auf dem Gebiet des Natur- und Umweltschutzes zu ergreifen, die Öffentlichkeit über Jagd, Hege und Wildschutz zu informieren und aufzuklären, die Jagdaufsicht zu organisieren und die Aufsichtsorgane aus- und weiterzubilden.

517 Die Satzung des Südtiroler Jagdverbandes wurde von der Generalversammlung der Revierleiter am 14. Mai 1988 beschlossen, von der Generalversammlung der Revierleiter am 13. Juni 1992 ergänzt und abgeändert und zuletzt von der Generalversammlung der Revierleiter am 29. April 2000 abgeändert und ergänzt.

518 Art. 5 der Satzung des Südtiroler Jagverbandes unterteilt die Organe wie folgt: *„Auf Landesebene: a) Generalversammlung des Südtiroler Jagdverbandes; b) Landesjagdausschuss; c) Exekutivausschuss; d) Landesjägermeister; e) Rechnungsrevisoren; f) Disziplinarrat; g) Schiedsgericht; h) Direktor; auf Bezirksebene: a) Generalversammlung des Bezirkes; b) Bezirksjagdausschuss; c) Bezirksjägermeister; d) Rechnungsprüfer; auf Revierebene: a) Generalversammlung des Reviers; b) Revierausschuss; c) Revierleiter; d) Rechnungsprüfer.“*

519 Art. 11.2 Satzung des Südtiroler Jagdverbandes.

520 Art. 15-*bis*.1 Satzung des Südtiroler Jagdverbandes.

521 Art. 2.1 Satzung des Südtiroler Jagdverbandes.

Von besonderer Bedeutung ist jene Ermächtigung des Südtiroler Jagdverbandes, die sich aus Art. 24 Abs. 1 Landesjagdgesetz ergibt: Im Sinne dieser Norm kann der Südtiroler Jagdverband, unter Beachtung des Landesjagdgesetzes, für sämtliche Jagdreviere kraft Gesetzes Richtlinien über die Jagd sowie darüber, wem das Wildbret von rechtmäßig erlegtem Schalenwild gehört, erlassen. Diese Richtlinien unterliegen der Gesetzmäßigkeitskontrolle sowie – beschränkt auf die Abschussrichtlinien, die Einschreibegebühr und den von Nicht-Mitgliedern der Vereinigung zu entrichtenden Jahresbeitrag – zusätzlich der Sachkontrolle durch die Landesregierung.[522] Die in dieser Weise vom Südtiroler Jagdverband erlassenen Richtlinien bilden die so genannte Landesjagdordnung, die im Mitteilungsblatt des Südtiroler Jagdverbandes veröffentlicht werden muss.[523] Art. 24 Abs. 5 Landesjagdgesetz bestimmt, dass die Inhaber eines Jagderlaubnisscheines für ein Jagdrevier kraft Gesetzes die Landesjagdordnung, die in der *ex lege* vorgeschriebenen Form veröffentlicht worden ist, d. h. mittels Kundmachung im Mitteilungsblatt des Südtiroler Jagdverbandes, beachten müssen. Im Falle einer Übertretung einer oder mehrerer Bestimmungen der Landesjagdordnung verfügt der vom Landesjagdausschuss eingesetzte Disziplinarrat eine Aussetzung des Jagderlaubnisscheines.[524]

Mit LG Nr. 10 vom 23. Oktober 2014[525] wurde die Disziplinargewalt bei der Übertretung von Bestimmungen gemäß Art. 40 bis Landesjagdgesetz dem Direktor des Amtes für Jagd und Fischerei übertragen.

Da in dieser Arbeit bereits mehrere Aspekte der Landesjagdordnung erörtert wurden,[526] sollen an dieser Stelle nur einige der bedeutendsten Punkte exemplarisch aufgezählt werden: das Ausstellen von Jagderlaubnisscheinen, die Abschussplanung, die Regelung der Nachsuche, die Kontrolle der Abschusserfüllung, die Hegeschauen und die Hegerichtlinien. Zusammenfassend lässt sich sagen, dass die Ausgestaltung des Landesjagdrechtes in bedeutendem Ausmaß vom Südtiroler Jagdverband, seinen Organen sowie der von ihm erlassenen Landesjagdordnung determiniert wird.

522 Art. 24 Abs. 1 Landesjagdgesetz.

523 Art. 24 Abs. 4 Landesjagdgesetz.

524 Art. 21 Satzung des Südtiroler Jagdverbandes.

525 ABl R Nr. 43 vom 28.10.2014

526 Vgl. hierzu u. a. 3.2.3. und 3.2.8.

4. Staatliche Rechtsnormen im Sachbereich *Jagd*

4.1. Zivilrechtliche Regelungen

An dieser Stelle sollen einige Bestimmungen des italienischen Zivilgesetzbuchs (in der Folge: ZGB), das mit Kgl D Nr. 262 vom 16. März 1942[527] erlassen wurde, auch im Hinblick ihrer Auswirkungen auf den Jagdsektor beleuchtet werden.

In puncto Absperrung eines Grundstücks bestimmt Art. **841 ZGB:** ***„Der Eigentümer kann jederzeit das Grundstück absperren."***[528] Hierbei handelt es sich nicht nur um eine Befugnis, sondern um ein Recht, das nicht nur dem Eigentümer, sondern auch dem Fruchtnießer, dem Erbpächter und dem Überbauberechtigten zusteht, falls dadurch die Zweckbestimmung des Grundstücks und die Rechte des Eigentümers in keiner Weise verletzt werden.[529] Das Recht, das Grundstück abzusperren, ist *de facto* nichts anderes als eine Anwendung des so genannten *ius excludendi alios*.[530] Diesem allgemeinen Grundsatz derogiert jedoch **Art. 842 ZGB** zugunsten der Jagdausübung: ***„Der Eigentümer eines Grundstücks darf das Betreten desselben zur Ausübung der Jagd nicht verhindern, es sei denn, dass das Grundstück in der vom Jagdgesetz gebotenen Weise abgeschlossen ist oder sich darauf gerade Kulturen befinden, die Schaden nehmen können. Er kann sich aber immer demjenigen widersetzen, der nicht im Besitz einer von der Behörde erteilten Erlaubnis ist."***[531] Diese Norm zeugt davon, dass in der italienischen Rechtsordnung die Jagdausübung vom Grundeigentum getrennt ist, was einerseits bedeutet, dass das Eigentum nicht das Recht auf Jagdausübung impliziert, andererseits, dass der Eigentümer in der Regel nicht die gesetzlich konforme Jagdausübung auf seinem Grundstück untersagen kann.[532]

Art. 842 ZGB betont explizit, dass das Grundstück in der vom Jagdgesetz vorgeschriebenen Weise abgesperrt sein muss, um Jagdausübungsberechtigten den Zutritt zu verweigern. Das

527 GA Nr. 79 vom 04.04.1942.

528 Der italienische Text lautet: *"Il proprietario puó chiudere in qualunque tempo il fondo."*

529 *Belloni Peressutti*, Art. 841, in *Cian* (Hg) Commentario breve al Codice civile[10] (2011), 851.

530 *Gambaro*, Art. 841, in *Cendon* (Hg), Commentario al Codice civile (2009), 416.

531 Der italienische Text lautet: *"Il proprietario di un fondo non puó impedire che vi si entri per l'esercizio della caccia, a meno che il fondo sia chiuso nei modi stabiliti dalla legge sulla caccia o vi siano colture in atto suscettibili di danno. Egli puó sempre opporsi a chi non è munito della licenza rilasciata dall'autoritá."*

532 *Gambaro*, Art. 841, 421.

staatliche Jagdrahmengesetz Nr. 157/1992 schreibt diesbezüglich im Art. 15 Abs. 8 folgende Regelung vor: *„Die Ausübung der Jagd ist für jedermann auf den Grundstücken verboten, die von einer Mauer, einem Gitterzaun oder einer anderen wirksamen Einfriedung mit einer Mindesthöhe von 1,20 Metern oder durch ganzjährig bestehende Wasserläufe oder stehende Gewässer mit einer Mindesttiefe von 1,50 und einer Mindestbreite von 3 Metern abgegrenzt sind. Die zum Zeitpunkt des Inkrafttretens dieses Gesetzes bestehenden eingegrenzten Grundstücke und jene, die zu einem späteren Zeitpunkt eingegrenzt werden sollen, müssen bei den zuständigen regionalen Ämtern gemeldet werden (...).“*[533] Diese Bestimmung wurde von Art. 17 des staatlichen Jagdrahmengesetzes Nr. 968/1977 bzw. von Art. 29 des Kgl D Nr. 1016/1939 wortwörtlich übernommen, lediglich die Mindesthöhe der Einfriedung wurde von 1,80 auf 1,20 Meter reduziert. Neben dem Absperren des Grundstücks unter Einhaltung der eben ausgeführten Vorschriften sieht Art. 841 ZGB auch das Verbot der Jagdausübung auf Grundstücken vor, auf denen sich Kulturen befinden, die Schaden nehmen können. Das staatliche Jagdrahmengesetz Nr. 157/1992 bestimmt diesbezüglich, dass die Pirschjagd auf bebauten Grundstücken verboten ist. Bis zur Ernte ist die Pirschjagd auf Grundstücken, die mit folgenden Kulturen bebaut sind, verboten: Samengräserkulturen, Obstkulturen, Weinreben, Oliven, Sojakulturen, Reiskulturen und Maiskulturen.[534]

Die Bestimmungen des staatlichen Jagdrahmengesetzes Nr. 157/1992 bleiben jedoch nur so lange aufrecht, bis sie von Regionalgesetzen verdrängt werden.[535] In der Autonomen Pro-

533 Der italienische Text lautet: *"L'esercizio venatorio è vietato a chiunque nei fondi chiusi da muro o da rete metallica o da altra effettiva chiusura, di altezza non inferiore a metri 1,20, o da corsi o specchi d'acqua perenni il cui letto abbia la profonditá di almeno metri 1,50 e la larghezza di almeno 3 metri. I fondi chiusi esistenti alla data di entrata in vigore della presente legge e quelli che si intenderá successivamente istituire devono essere notificati ai competenti uffici regionali (...)."*

534 Art. 15 Abs. 7 staatliches Jagdrahmengesetz Nr. 157/1992 bestimmt: *"L'esercizio venatorio é, comunque, vietato in forma vagante sui terreni in attualitá di coltivazione. Si considerano in attualitá di coltivazione: i terreni con coltivazioni erbacee da seme; i frutteti specializzati; i vigneti e gli uliveti specializzati fino alla data del raccolto; i terreni coltivati a soia e a riso, nonché a mais per la produzione di seme fino alla data del raccolto (...)."*

535 *Belloni Peressutti*, Art. 842, 851.

vinz Bozen ließ man die Bestimmungen des staatlichen Jagdrahmengesetzes Nr. 157/1992 weitgehend unverändert in das Landesjagdgesetz einfließen.[536]
Neben den beiden ausgeführten Normen enthält das ZGB im Art. 923 eine weitere Bestimmung, die den Jagdsektor tangiert: *„Bewegliche Sachen, die nicht im Eigentum einer Person stehen, werden durch Aneignung erworben. Solche sind aufgegebene Sachen und Tiere, die den Gegenstand der Jagd oder der Fischerei bilden.“*[537] Diese Norm ist vor dem Hintergrund des Kgl D Nr. 1016/1939 zu betrachten, das zum Zeitpunkt des Inkrafttretens des ZGB die Jagdausübung regelte und die Wildtiere als *res nullius* einstufte.[538] Da aber mit Inkrafttreten des staatlichen Jagdrahmengesetzes Nr. 968/1977 die Wildtiere eine andere rechtliche Qualifizierung[539] erhielten, hat Art. 923 ZGB hinsichtlich seiner Anwendbarkeit auf Wildtiere zumindest teilweise eine stillschweigende Aufhebung erfahren. Die Auswirkungen der neuen rechtlichen Stellung der Wildtiere werden an anderer Stelle vertieft.[540]

4.2. Staatliches Jagdrahmengesetz Nr. 157/1992

4.2.1. Zur Entstehung des staatlichen Jagdrahmengesetzes

Um die Entstehung des staatlichen Jagdrahmengesetzes besser nachvollziehen zu können, lohnt sich ein Blick auf die historische Entwicklung des italienischen Jagdrechts. Bis zum Inkrafttreten des Gesetzes Nr. 14/1923 mit dem Titel *„Maßnahmen zum Schutz des Wildes*

536 Art. 15 Abs. 1 lit. *q)* Landesjagdgesetz: *„Es ist verboten (…) auf Grundstücken zu jagen, die von einer Mauer, einem Gitterzaun oder einer anderen wirksamen Einfriedung mit einer Mindesthöhe von 1,20 m oder von ganzjährig vorhandenen Gewässern von wenigstens 1,50 m Tiefe und 3 m Breite umgeben sind. Dieses Verbot gilt nicht für land- und forstwirtschaftlich genutzte Grundflächen, die eingezäunt worden sind, um Wildschäden zu vermeiden. Die bestehenden oder noch abzugrenzenden geschlossenen Grundstücke müssen dem für die Jagd zuständigen Landesamt gemeldet werden. Die Eigentümer oder Pächter geschlossener Grundstücke müssen auf ihre Kosten die nötigen Grenztafeln anbringen.“*; Art. 15 Abs. 1 lit. *r)* Landesjagdgesetz: *„Es ist verboten auf landwirtschaftlich genutzten Flächen vor und während der Ernte zu jagen, wenn dadurch Schäden entstehen könnten.“*

537 Der italienische Text lautet: *“Le cose mobili che non sono proprietá di alcuno si acquistano con l’occupazione. Tali sono le cosi mobili e gli animali che formano oggetto di caccia o di pesca.”*

538 Art. 2 Kgl D Nr. 1016/1939.

539 Gemäß Art. 1 staatliches Jagdrahmengesetz Nr. 968/1977 gehört das Wild zum unverfügbaren Vermögen des Staates.

540 Näheres hierzu siehe unter IV.B.2.a.

und zur Jagdausübung"[541] gab es in den Provinzen des Königreichs Italien sieben verschiedene Jagdgesetze und eine erhebliche Anzahl von Sondergesetzen.[542] Die Grundzüge des Gesetzes Nr. 14/1923 wurden in den Einheitstext der Jagdgesetze Kgl D Nr. 1016/1939 übernommen. Diese Rechtsnorm sah den Grundsatz der freien Jagdausübung für alle Bürger vor, indem sie das Recht auf Jagdausübung als absolutes subjektives Recht postulierte.[543] Das Wild wurde, der Tradition des Römischen Rechts folgend, als *res nullius* eingestuft,[544] sodass sich die Jagdausübenden Wild durch einen so genannten originären Eigentumserwerb (*occupatio*) im Sinne von Art. 923 ZGB frei aneignen konnten.[545]

Mit dem **staatlichen Jagdrahmengesetz Nr. 968/1977** versuchte man den **Schutz der Wildtiere und der landwirtschaftlichen Kulturen zu verstärken.**[546] Dies führte dazu, dass das **Wild fortan nicht mehr als *res nullius*, sondern** als **unverfügbares Vermögensgut des Staates** betrachtet wurde.[547] Dieser revolutionäre Ansatz war die bei weitem wichtigste Bestimmung des staatlichen Jagdrahmengesetzes Nr. 968/1977, das diesen Grundsatz im Art. 1 festlegte: „*Die italienische Wildtierfauna ist unverfügbares Vermögen des Staates (...).*"[548] Die rechtliche Qualifikation des Wildes als unverfügbares Vermögen des Staates, d. h. als *res alicuius*, stellte zwar eine weitreichende Zäsur im Jagdrecht dar, unterstrich jedoch, dass die Jagdausübung im Einklang mit der Erhaltung der Wildbestände steht.[549]

Weiters wurde der Grundsatz eingeführt, dass die Jagdausübung erlaubt ist, sofern sie mit dem Erhalt der Wildtierfauna im Einklang steht und den landwirtschaftlichen Kulturen

541 Der italienische Titel des Gesetzes Nr. 1420/1923 lautet: "*Provvedimento per la protezione della selvaggina e l'esercizio della caccia*".

542 *Mori*, La caccia, 107; Arienzo/Eula, Caccia, 642.

543 *Gallo Curcio/Lacava*, La caccia, in *Cassese* (Hg) Diritto amministrativo speciale, Volume IV, La disciplina dell'economia[2] (2003), 3255.

544 *Arienzo/Eula*, Caccia in *Azara/Eula* (Hg), Novissimo digesto italiano[3], (1957) 644.

545 *Lacava*, Caccia e Pesca, in *Cassese* (Hg), Dizionario di diritto pubblico (2006) 761.

546 *Lucifero*, La caccia e la tutela della fauna selvatica, in *Costato/Germanò/Rook Basile* (Hg), Trattato di diritto agrario (2011) 443.

547 *Lucifero*, La caccia e la tutela della fauna selvatica, 443.

548 Der italienische Text lautet: "*La fauna selvatica italiana costituisce patrimonio indisponibile dello Stato (...).*"

549 *Gorlani*, Caccia, Digesto delle discipline pubblicistiche (1999)[4] 421.

keinen Schaden zufügt.[550] Diese Maxime[551] wurde auch in das derzeit geltende staatliche Jagdrahmengesetz Nr. 157/1992 übernommen, das den eingeschlagenen Weg fortführt und die internationalen und gemeinschaftlichen (nunmehr: unionsrechtlichen) Bestimmungen im Jagdsektor in die italienische Rechtsordnung aufnimmt.[552] Vergleicht man die Titel der beiden staatlichen Jagdrahmengesetze, sind *ictu oculi* zwei grundlegende Unterschiede ersichtlich. Beim staatlichen Jagdrahmengesetz Nr. 968/1977 ist, im Unterschied zu jenem aus dem Jahre 1992, bereits aus dem Titel[553] *ex se* erkennbar, dass es sich um ein Rahmengesetz handelt. Weiters ist im Titel des staatlichen Jagdrahmengesetzes Nr. 968/1977 *expressis verbis* der Terminus Jagd enthalten, während das derzeit geltende staatliche Jagdrahmengesetz anstelle dieses Begriffs von (jagdlicher) Entnahme spricht.[554] Daraus kann abgeleitet werden, dass der Sachbereich Jagd vom staatlichen Gesetzgeber in den Hintergrund gedrängt wird.

Ein Teil der Lehre ist der Meinung, dass mit den beiden staatlichen Jagdrahmengesetzen das absolute subjektive Recht zur Jagdausübung einem rechtmäßigen Interesse gewichen ist.[555]

Unbestritten ist auf jeden Fall, dass der Grundsatz der freien Jagdausübung einer kontrollierten Jagdausübung gewichen ist, nach der lediglich die vom Gesetz vorgesehenen Wildarten innerhalb eines bestimmten Zeitrahmens erlegt werden dürfen.[556]

Bis *dato* wurde das staatliche Jagdrahmengesetz mehrmals abgeändert, vor allem um gemeinschaftliche (nunmehr unionsrechtlichen) Bestimmungen umzusetzen. Die wichtigsten Novellierungen aus unionsrechtliche Sicht wurden mit folgenden Rechtsnormen umgesetzt: Gesetz Nr. 221 vom 3. Oktober 2002,[557] das die Abweichungen gemäß Art. 9 Vogelricht-

---

550 Art. 8 Abs. 1 staatliches Jagdrahmengesetz Nr. 968/1977 lautet: *"L'esercizio della caccia é consentito purché non contrasti con l'esigenza di conservazione della selvaggina e non arrechi danno effettivo alle produzioni agricole."*

551 Der Grundsatz als solcher ähnelt der doppelten Zielsetzung des Landesjagdgesetzes: Während jedoch der staatliche Gesetzgeber die Kulturen lediglich vor Jagdschäden schützt, sieht das Landesjagdgesetz zusätzlich den Schutz der land- und forstwirtschaftlichen Kulturen vor Wildschäden vor.

552 Vgl. Art. 1 Abs. 1 ff. staatliches Jagdrahmengesetz Nr. 157/1992.

553 Der Titel des staatlichen Jagdrahmengesetzes Nr. 968/1977 lautet: *"Principi generali e disposizioni per la protezione e la tutela della fauna e la disciplina della caccia"*; Der Titel des staatlichen Jagdrahmengesetzes Nr. 157/1992 dagegen: *"Norme per la protezione della fauna selvatica omeoterma e per il prelievo venatorio"*.

554 *Mori*, La caccia, 112.

555 Vgl. etwa *Gallo Curcio/Lacava*, La caccia, 3256; *Lucifero*, La caccia e la tutela della fauna selvatica, 444; zur gegenteiligen Meinung siehe etwa *Gorlani*, Caccia, 421.

556 Vgl. *Gallo Curcio/Lacava*, La caccia, 3256.

557 GA Nr. 239 vom 11.10.2002.

linie in das staatliche Jagdrahmengesetz einführte,[558] und mit den Gesetzen Nr. 96 vom 4. Juni 2010[559] und Nr. 97 vom 6. August 2013,[560] die diesbezüglich weitere Ergänzungen vornahmen.

4.2.2. Zentrale Bestimmungen des staatlichen Jagdrahmengesetzes

4.2.2.1. Eigentumsfrage

Die Eigentumsfrage *per se* ist in zweifacher Hinsicht zu erörtern: einerseits im Hinblick darauf, wem des Wild als solches gehört, andererseits, wem das rechtmäßig erlegte Wild gehört.

Mit Inkrafttreten des staatlichen Jagdrahmengesetzes Nr. 968/1977 wurde der Übergang von der rechtlichen Einstufung der Wildtierfauna als *res nullius* zum unverfügbaren Vermögen des Staates vollzogen. Diese Einstufung im Sinne von Art. 826 ZGB wurde vom staatlichen Jagdrahmengesetz Nr. 157/1992 bestätigt und gleichzeitig zusätzlich verankert, dass die Wildtierfauna im Interesse der gesamtstaatlichen und internationalen Gemeinschaft geschützt wird.[561] Der Einstufung der Wildtierfauna als unverfügbares Vermögen des Staates wird von der modernen Lehre als funktionalisiertes Eigentum bezeichnet, da nicht der Vermögenswert, sondern die Erhaltung im Vordergrund steht.[562]

Was den Eigentumserwerb von Wildtieren betrifft, muss **Art. 12 Abs. 6 staatliches Jagdrahmengesetz Nr. 157/1992** untersucht werden. Er bestimmt, dass **Wild, das im Zuge der Jagdausübung unter Einhaltung der Bestimmungen des staatlichen Jagdrahmengesetzes erlegt wurde, dem Erleger gehört**. Obwohl Wildtiere, im Unterschied zu den Fischen, nicht mehr herrenlose Sachen im Sinne von Art. 923 ZGB sind und diese Norm folglich diesbezüglich eine stillschweigende Aufhebung erfahren hat, wird sie hinsichtlich der Regelung des Eigentumserwerbs von Wildtieren weiterhin angewandt. Seit dem staatlichen Jagdrahmengesetz Nr. 968/1977 hat der originäre Eigentumserwerb jedoch anstelle einer *res nullius* eine *res alicuius* zum Gegenstand.[563]

Damit sich die *occupatio* vollzieht, sind folgende Aspekte zu beachten: Einerseits die Inbesitznahme der Sache und andererseits der *animus occupandi*, der als Willen, die angeeig-

558 Art. 19 *bis* staatliches Jagdrahmengesetz Nr. 157/1992; vgl. auch unter 3.2.6.2.

559 OBl Nr. 138 zum GA Nr. 146 vom 25.06.2010.

560 GA Nr. 194 vom 20.08.2013.

561 Art. 1 Abs. 1 staatliches Jagdrahmengesetz Nr. 157/1992.

562 *Gorlani*, La caccia programmata, 19.

563 *Belloni Peressutti*, Art. 842, 851.

nete Sache für sich zu behalten, also als *animus rem sibi habendi* erkennbar sein muss.[564] Diese beiden allgemeinen Vorschriften für die Aneignung erfahren jedoch eine teilweise Derogation durch Gewohnheitsrecht, das aus jahrhundertealter Jagdpraxis resultiert.[565] Der jagdlichen Praxis ist nämlich die Frage immanent, wem das aufgejagte oder angeschossene Wild gehört. Der Einheitstext der Jagdgesetze Kgl D Nr. 1016/1939 sah in diesen Fällen vor, dass das aufgejagte Wild dem Jäger gehört, solange er es verfolgt bzw., dass offensichtlich verletztes Wild dem Urheber der Verletzung gehört.[566] In diesem Sinne betont *Mori*, dass der Terminus „*gehören*" das Recht impliziert, das Wild ab dem Moment, in dem es ausfindig gemacht wurde, zu bejagen und keinesfalls auf die materielle Inbesitznahme des erlegten Wildes reduziert werden darf.[567]

4.2.2.2. Begriff *Wildtierfauna*

Gemäß **Art. 2 des staatlichen Jagdrahmengesetzes Nr. 157/1992 gehören die frei lebenden Säugetiere und Vögel, die ständig oder zeitweise auf dem Staatsgebiet leben, zur Wildtierfauna.**[568] Nicht zur Wildtierfauna[569] gehören dagegen die Maulwürfe, Ratten, Langschwanz- und Wühlmäuse.[570] Durch GD Nr. 91 vom 24. Juni 2014,[571] dessen Umwandlung die Kammern mit Gesetz Nr. 116 vom 11. August 2014[572] vollzogen, wurde außerdem die Nutria als nicht zur Wildtierfauna gehörig eingestuft. **Nach Ansicht des VerfGH ist die Definition der Wildtierfauna auch für die Gesetzgebung der Regionen mit Sonderstatut bzw. für die Autonomen Provinzen Bozen und Trient bindend.**[573]

Der Begriff Wildtierfauna wurde mit dem staatlichen Jagdrahmengesetz Nr. 968/1977 zum ersten Mal in die italienische Rechtsordnung eingeführt und mit dem geltenden Jagdrah-

564 *Maggiolo*, Art. 923 in *Cian* (Hg) Commentario breve al Codice civile[10] 2011, 920.

565 Vgl. etwa *Mori*, La caccia, 9 f; *Belloni Peressutti*, Art. 842, 851.

566 Art. 2 Abs. 2 Kgl D Nr. 1016/1939: *"In terreno libero la selvaggina appartiene a chi la uccide o la cattura. Peraltro essa appartiene al cacciatore che l'ha scovata finché non ne abbandoni l'inseguimento, e quella palesemente ferita al feritore."*

567 *Mori*, La caccia, 10.

568 Art. 2 Abs. 1 staatliches Jagdrahmengesetz Nr. 157/1992: *"Fanno parte della fauna selvatica oggetto della tutela della presente legge le specie di mammiferi e di uccelli dei quali esistono popolazioni viventi stabilmente o temporaneamente in stato di naturale libertá nel territorio nazionale."*

569 Näheres hinsichtlich der Begriffsdefinition von Wild siehe unter 3.2.2.

570 Art. 2 Abs. 2 staatliches Jagdrahmengesetz Nr. 157/1992: *"Le norme della presente legge non si applicano alle talpe, ai ratti, ai topi propriamente detti, alle nutrie, alle arvicole."*

571 GA Nr. 144 vom 24.06.2014.

572 OBl Nr. 72 zum GA Nr. 192 vom 20.08.2014.

573 VerfGH Urteil Nr. 278/2012, RE Rdnr 4.2; Vgl. hierzu etwa 7.4. und 7.5.

mengesetz weiter ausgeführt.[574] Der Terminus Wildtierfauna weist, im Unterschied zum Begriff „*Wild*", nicht einmal einen impliziten Bezug zur Jagd auf.[575] Tiere, die zur Wildfauna[576] gehören, werden erst durch den Erlass des Jagdkalenders für den Zeitraum, in dem sie jagdbar sind, zu Wild.[577] Da in der Autonomen Provinz Bozen der Jagdkalender durch die gesetzliche Verankerung der Jagdzeiten ersetzt wurde,[578] gehören diejenigen Wildtiere, die im taxativen Katalog der jagdbaren Wildarten enumeriert sind, für den Zeitraum, in dem ihre Bejagung gestattet ist, zum Wild. Die herrschende Lehre stuft die Wildtierfauna als Gesamtsache (*universitas facti*) im Sinne von Art. 816[579] ZGB ein.[580] Auf diese Prämisse aufbauend versteht man die Unterscheidung zwischen Wildtierfauna und Wild: Der erste Begriff stellt die Gesamtsache (*universitas*) dar, während der zweite für die einzelnen Exemplare davon steht.[581]

Die Wildtierfauna wird vom staatlichen Jagdrahmengesetz Nr. 157/1992 in drei Kategorien eingeteilt. Die erste Kategorie bilden die besonders geschützten Arten, die vom staatlichen Gesetzgeber taxativ festgelegt werden. Dabei wird zwischen besonders geschützten Säugetieren,[582] besonders geschützten Vögeln[583] und anderen Arten unterschieden, die in

574 *Gallo Curcio/Lacava*, La caccia, 3257.

575 *Gallo Curcio/Lacava*, La caccia, 3258.

576 Der italienische Terminus lautet *fauna selvatica*.

577 Der italienische Terminus lautet *selvaggina*; *Ruotolo*, Caccia in *Corso/Lopilato* (Hg), Il diritto amministrativo dopo le riforme costituzionali, Parte speciale, Volume I (2006) 424.

578 Siehe dazu unter 3.2.5.

579 Art. 816 ZGB bestimmt: „*Eine Mehrheit von beweglichen Sachen, die derselben Person gehören und eine einheitliche Widmung haben, wird als Gesamtsache angesehen. Die die Rechtssache bildenden Einzelsachen können Gegenstand von gesonderten Rechtshandlungen und Rechtsverhältnissen sein.*"

580 Vgl. etwa *Gallo Curcio/Lacava*, La caccia, 3258; *Ruotolo*, Caccia, 423.

581 *Ruotolo*, Caccia, 423; *Gallo Curcio/Lacava*, La caccia, 3258.

582 Unter Art. 2 Abs. 1 lit. *a)* sind folgende Säugetiere aufgelistet: Wolf *(Canis lupus)*, Goldschakal *(Canis aureus)*, Braunbär *(Ursus arctos)*, Baummarder *(Martes martes)*, Iltis *(Mustela putorius)*, Fischotter *(Lutra lutra)*, Wildkatze *(Felis sylvestris)*, Luchs *(Lynx lynx)*, Mittelmeer-Mönchsrobbe *(Monachus monachus)*, alle Walarten *(Cetacea)*, Sardischer Rothirsch *(Cervus elaphus corsicanus)*, Abruzzengämse *(Rupicapra pyrenaica)*.

583 Unter Art. 2 Abs. 1 lit. *b)* sind folgende Vögel aufgelistet: Zwergscharbe *(Phalacrocorax pygmeus)*, Krähenscharbe *(Phalacrocorax aristotelis)*, alle Pelikanarten *(Pelicanidae)*, Rohrdommel *(Botaurus stellaris)*, alle Storcharten *(Ciconiidae)*, Löffler *(Platalea leucorodia)*, Sichler *(Plegadis falcinellus)*, Flamingo *(Phoenicopterus Ruber)*, Höckerschwan *(Cygnus olor)*, Singschwan *(Cygnus cygnus)*, Brandgans *(Tadorna tadorna)*, Kolbenente *(Netta rufina)*, Ruderente *(Oxyura leucocephala)*, alle Arten von Taggreifvögeln *(Accipitriformes* und *Falconiformes)*, Purpurhuhn *(Porphyrio porphyrio)*, Großtrappe *(Otis tarda)*, Zwergtrappe *(Tetrax tetrax)*, Kranich *(Grus grus)*, Mornellenregenpfeifer *(Eudromias morinellus)*, Säbelschnäbler *(Recurvirostra avosetta)*, Stelzenläufer *(Himantopus himantopus)*, Triel *(Burhinus oedicmenus)*, Brachschwalbe *(Glareola pratincola)*, Korallenmöwe *(Larus audouinii)*, Schwarzkopfmöwe *(Larus melanocephalus)*, Dünnschnabelmöwe *(Larus genei)*, Lachseeschwalbe *(Gelochelidon nilotica)*, Raubseeschwalbe *(Sterna caspia)*, alle Arten von Nachtgreifvögeln *(Strigiformes)*, Blauracke *(Coracias garrulus)*, Alpenkrähe *(Pyrrhocorax pyrrhocorax)*.

EU-Richtlinien oder in internationalen Abkommen oder in einem Dekret des Präsidenten des Ministerrats als vom Aussterben bedrohte Arten angeführt sind.[584] Zum Schutz der besonders geschützten Arten sieht Art. 30 Abs. 1 lit. *b)*[585] ein striktes Strafmaß vor.

Die zweite Kategorie der Wildtierfauna bilden die jagdbaren Wildarten,[586] die vom Staat taxativ vorgegeben werden und von den Regionen lediglich restriktiver geregelt werden dürfen.[587] Die dritte und letzte Kategorie ist dagegen residualer Natur und umfasst nicht jagdbare Arten, die jedoch keinen besonderen Schutzstatus genießen.[588]

4.2.2.3. Verwaltungsbefugnisse im Jagdsektor

Art. 9 Abs. 2 des staatlichen Jagdrahmengesetzes Nr. 157/1992 legt fest, dass die Regionen mit Sonderstatut und die Autonomen Provinzen Trient und Bozen[589] die Verwaltungsbefugnisse auf dem Gebiet der Jagd aufgrund der primären Zuständigkeit innerhalb der Grenzen der jeweiligen Statute ausüben.[590]

Die Verwaltungskompetenzen im Sachbereich Jagd wurden von Art. 99 des DPR Nr. 616/1977 in Anwendung der Art. 117 und 118 Verf den Regionen übertragen.[591] Mit dem Gesetz Nr. 142 vom 8. Juni 1990[592] wurden die Verwaltungszuständigkeiten auf dem Jagdsektor anschließend direkt den Provinzen übertragen. Mit Inkrafttreten des staatlichen Jagdrahmengesetzes Nr. 157/1992 blieb diese Kompetenzverteilung aufrecht. Gleichzeitig wurden jedoch den Regionen Verwaltungsbefugnisse hinsichtlich der faunistisch-jagdlichen Planung[593] sowie Ausrichtungs-, Kontroll- und Ersatzaufgaben übertragen.[594] Eine

584 Art. 2 Abs. 1 staatliches Jagdrahmengesetz Nr. 157/1992.

585 Art. 30 Abs. 1 lit. *b)* staatliches Jagdrahmengesetz Nr. 157/1992 legt folgendes Strafmaß fest: *"L'arresto da due a otto mesi o l'ammenda da euro 774 a euro 2.065 per chi abbatte, cattura o detiene mammiferi o uccelli compresi nell'elenco di cui all'articolo 2."*

586 Näheres hierzu siehe unter 4.2.2.9.

587 *Gallo Curcio/Lacava*, La caccia, 3258.

588 Ebenda.

589 Zur Verwaltungsbefugnis der Autonomen Provinz Bozen im Sachbereich Jagd siehe unter 1.2.2.

590 Art. 9 Abs. 2 staatliches Jagdrahmengesetz Nr. 157/1992 bestimmt: *"Le regioni a statuto speciale e le province autonome esercitano le funzioni amministrative in materia di caccia in base alle competenze esclusive nei limiti stabiliti dai rispettivi statuti."*

591 *Gallo Curcio/Lacava*, La caccia, 3265.

592 OBl Nr. 42 zum GA Nr. 135 vom 12.06.1990.

593 Siehe dazu unter 4.2.2.7.

594 Art. 9 Abs. 1 staatliches Jagdrahmengesetz Nr. 157/1992 bestimmt: *"Le regioni esercitano le funzioni amministrative di programmazione e di coordinamento ai fini della pianificazione faunistico-venatoria di cui all'articolo 10 e svolgono i compiti di orientamento, di controllo e sostitutivi previsti dalla presente legge e dagli statuti regionali."*

neuerliche Änderung in der Verteilung der Verwaltungskompetenzen erfolgte mit dem GvD Nr. 143 vom 4. Juni 1997,[595] das das Gesetz Nr. 59 vom 15. März 1997[596] ausführte. Art. 2 GvD Nr. 143/1997 bestimmt, dass alle Zuständigkeiten im Sachbereich Jagd von den Regionen direkt ausgeübt werden oder den Provinzen und anderen nachgeordneten Gebietskörperschaften übertragen werden können. Von der Übertragung an die Regionen ausgenommen sind die allgemeine Regelung und die staatliche Koordinierung in *puncto* Festlegung der jagdbaren Wildarten im Sinne von Art. 18 Abs. 3 staatliches Jagdrahmengesetz Nr. 157/1992, die dem Ministerium für Landwirtschaftspolitik[597] zugeordnet wird.[598] Bei der Übertragung der Verwaltungszuständigkeiten an die Provinzen bzw. an andere nachgeordnete Gebietskörperschaften haben sich die Regionen an die Grundsätze von Art. 4 des Gesetzes Nr. 59/1997 zu halten. Diese Norm legt unter anderem fest, dass die Regionen die Verwaltungsaufgaben unter Berücksichtigung der Prinzipien der Subsidiarität, der Differenzierung und der Angemessenheit an die nachgeordneten Gebietskörperschaften übertragen. Erfordern die Verwaltungsfunktionen jedoch eine einheitliche Ausübung auf regionaler Ebene, verbleibt die Zuständigkeit bei der Region.[599]
Mit GvD Nr. 112 vom 31. März 1998[600] erfolgte eine dezidierte Auflistung der Verwaltungsfunktionen im Bereich Umweltschutz, die von Art. 1 Abs. 4 lit. *c)* des Gesetzes Nr. 59/1997 als Befugnisse nationaler Relevanz bezeichnet und deshalb dem Staat zugeordnet wurden. Art. 69 GvD Nr. 112/1998 listet u. a. folgende Verwaltungsfunktionen nationaler Relevanz auf: die Erhaltung und Aufwertung der Naturschutzgebiete, die von internationaler oder nationaler Bedeutung sind, die Wahrung der Biodiversität und der Flora und Fauna, die von internationalen Abkommen und unionsrechtlichen Bestimmungen gezielt geschützt wird,[601] die Änderungen am Verzeichnis der jagdbaren Wildarten im Sinne von Art. 18 Abs. 3 des staatlichen Jagdrahmengesetzes Nr. 157/1992,[602] die Festlegung der Flora- und Fauna, die vom Aussterben bedroht ist[603] sowie die Ermächtigung zur Ein- und Ausfuhr von lebender autochthoner Wildtierfauna.[604] Alle anderen Verwaltungszuständigkeiten,

595 GA Nr. 206 vom 05.09.2007.
596 OBl Nr. 56 vom GA Nr. 63 vom 17.03.1997.
597 *Ministero per le politiche agricole.*
598 Art. 2 GvD Nr. 143/1997.
599 Art. 4 Abs. 1 Gesetz Nr. 59/1997.
600 OBl Nr. 77 zum GA Nr. 92 vom 21.04.1998.
601 Art. 69 Abs. 1 lit. *b)* GvD Nr. 112/1998.
602 Art. 69 Abs. 1 lit. *i)* GvD Nr. 112/1998.
603 Art. 69 Abs. 1 lit. *l)* GvD Nr. 112/1998.
604 Art. 69 Abs. 1 lit. *m)* GvD Nr. 112/1998.

die nicht in diese explizit angeführten staatlichen Zuständigkeitsbereiche fallen, stehen dagegen, als Residualzuständigkeiten, den Regionen und nachgeordneten Gebietskörperschaften zu.[605]
Die Bestimmungen des Gesetzes Nr. 59/1997 und des GvD Nr. 112/1998 beziehen sich nicht direkt auf die Sonderautonomien, da deren Verwaltungsbefugnis im Sachbereich Jagd mit Durchführungsbestimmungen geregelt ist.[606] Folgerichtig bestimmt Art. 10 GvD Nr. 112/1998, dass die Übertragung der Befugnisse der Regionen mit Normalstatut auf die Sonderautonomien mit dem im Sonderstatut vorgesehenen Verfahren zu erfolgen hat.
Die Verteilung der Verwaltungskompetenz im Jagdsektor gemäß GvD Nr. 143/1997 und GvD Nr. 112/1998 muss auch im Lichte der Reform mit VerfGes Nr. 3/2001 betrachtet werden. Art. 118 Verf bestimmt nämlich, dass die Ausübung der Verwaltungsbefugnisse den Gemeinden zuerkannt ist, sofern sie nicht, um eine einheitliche Ausübung zu gewährleisten, nach den Prinzipien der Subsidiarität, der Differenzierung und der Angemessenheit den Provinzen, Großstädten mit besonderem Status, Regionen oder dem Staat übertragen werden.[607] Auf materieller Ebene steht die Regelung der Verwaltungszuständigkeiten im Einklang mit dieser Verfassungsbestimmung, da Art. 4 Gesetz Nr. 59/1997 bestimmt, dass unter Beachtung der Prinzipien der Subsidiarität, der Differenzierung und der Angemessenheit dem Staat jene Funktionen übertragen werden, hinsichtlich derer eine einheitliche Ausübung erforderlich ist.[608] Auf formeller Ebene müsste jedoch die Verteilung der Verwaltungskompetenzen im Sinne von Art. 118 Verf von „*unten*" nach „*oben*" erfolgen, d.h. zuerst den Gemeinden zugeteilt sein, dann den Provinzen und Regionen zustehen und erst zuletzt dem Staat.[609] Die Verwaltungszuständigkeit sollte jedenfalls nicht, wie durch Art. 69 f. GvD Nr. 112/1998 eingeführt, zuerst dem Staat zugeordnet sein und erst als Residualkategorie den nachgeordneten Gebietskörperschaften zustehen.[610]

605 Art. 70 Abs. 1 GvD Nr. 112/1998 bestimmt: "*Tutte le funzioni amministrative non espressamente indicate nelle disposizioni degli articoli 68 e 69 sono conferite alle regioni e agli enti locali.*"

606 *Pitruzzella*, Art. 10, Regioni a statuto speciale, Le Regioni 1998, 518.

607 Der italienische Text des Art. 118 Verf lautet: "*Le funzioni amministrative sono attribuite ai Comuni salvo che, per assicurarne l'esercizio unitario, siano conferite a Province, Cittá metropolitane, Regioni o Stato, sulla base dei principi di sussidiarietá, differenziazione ed adeguatezza.*"

608 *Gallo Curcio/Lacava*, La caccia, 3274.

609 Ebenda.

610 Ebenda.

4.2.2.4. Faunistisches Gebiet der Alpen

Das **faunistische Gebiet der Alpen** ist **gemäß Art. 11 staatliches Jagdrahmengesetz Nr. 157/1992** ein **eigenständiges faunistisches Gebiet**, das **durch die stattliche Präsenz der typischen Alpenflora und -fauna gekennzeichnet ist.**[611] Bereits im Einheitstext der Jagdgesetze Kgl D Nr. 1016/1939 war die Alpenregion als eigenes faunistisches Gebiet eingestuft worden.[612] Obwohl die Abgrenzung des Alpengebiets anhand des Nachweises zweier objektiver Kriterien erfolgt, nämlich der typischen Flora und Fauna, verbleibt ein gewisser Ermessensspielraum.[613] Legt man Art. 11 Abs. 1 staatliches Jagdrahmengesetz Nr. 157/1992 wörtlich aus, ist jedoch klar verständlich, dass die sporadische Präsenz einiger typischen alpinen Tier- und Pflanzenarten keinesfalls für eine Einstufung einer Zone als faunistisches Gebiet der Alpen ausreicht.[614] Vielmehr braucht es ein *Habitat*, das günstige Voraussetzungen für das Vorkommen und den Verbleib alpiner Fauna bietet.[615] Hinsichtlich der alpinen Fauna ist der Nachweis eines zufriedenstellenden Bestandes einiger der folgenden Wildarten unabdingbar: Steinwild, Gamswild, Birkwild, Auerwild, Haselwild, Schneehühner, Steinhühner sowie Feld- und Alpenschneehasen.[616] Innerhalb des Alpengebiets können die Regionen bzw. die autonomen Provinzen, in Übereinstimmung mit den Grundsätzen des Jagdrahmengesetzes und den internationalen Abkommen, eigene Bestimmungen zum Schutz der typischen Fauna und zur Jagdausübung erlassen.[617] Der staatliche Gesetzgeber sieht diesbezüglich *expressis verbis* vor, dass die örtlichen Gewohnheiten und Traditionen beim Erlass dieser Sondernormen berücksichtigt werden können. Außerdem ist in den Gebieten, in denen ausschließlich die typische Alpenfauna lebt, nach positivem Gutachten seitens der Höheren Anstalt für Umweltschutz und Forschung, das

611 Art. 11 Abs. 1 staatliches Jagdrahmengesetz Nr. 157/1992 bestimmt: *"Agli effetti della presente legge il territorio delle Alpi, individuabile nella consistente presenza della tipica flora e fauna alpina, è considerato zona faunistica a sé stante."*

612 Art. 5 Kgl D Nr. 1016/1939: *"Agli effetti della presente legge la regione delle Alpi è considerata zona faunistica a sé stante."*

613 *Gorlani*, La caccia, 65.

614 *Correnti*, Commento teorico pratico alla legge sulla caccia, 35.

615 Ebenda.

616 Vgl. *Tótero*, La nuova legge venatoria nazionale, 42.

617 Art. 11 Abs. 2 staatliches Jagdrahmengesetz Nr. 157/1992 lautet wie folgt: *"Le regioni interessate, entro i limiti territoriali di cui al comma 1, emanano, nel rispetto die principi generali della presente legge e degli accordi internazionali, norme particolari al fine di proteggere la caratteristica fauna e disciplinare l'attivitá venatoria tenute presenti le consuetudini e le tradizioni locali."*

Aussetzen autochthoner Wildarten gestattet.[618] Für die Grenzziehung des faunistischen Gebiets der Alpen sind die Regionen, in deren Territorium sich alpine Gebiete befinden, im Einvernehmen mit den Regionen mit Sonderstatut und mit den Autonomen Provinzen Trient und Bozen zuständig.[619] Die Grenzen der Alpengebiete sind auf jeden Fall durch die Anbringung eigener gebührenfreier Tafeln zu kennzeichnen.[620] Faunistische Gebiete der Alpen liegen in folgenden Provinzen: Imperia, Cuneo, Turin, in Teilen von Novara, Aosta, Como, Sondrio, Varese, in Teilen von Bergamo und Brescia, Bozen, Trient, Belluno, in Teilen von Verona und Vicenza, Görz, in Teilen von Udine, Pordenone und Triest.[621] Neben der Möglichkeit, eigene Bestimmungen zum Schutz der typischen Fauna und zur Jagdausübung zu erlassen, gibt es Sondervorschriften, die die Jagdausübung im faunistischen Gebiet der Alpen betreffen. Gemäß staatlichem Jagdrahmengesetz Nr. 157/1992 ist im Alpengebiet nur die Pirschjagd erlaubt.[622] Der staatliche Gesetzgeber betrachtet im faunistischen Gebiet der Alpen auch die Auslesejagd auf Schalenwild, die in der Regel von Ansitzeinrichtungen aus stattfindet, als Pirschjagd.[623] Des Weiteren dürfen im faunistischen Gebiet der Alpen die Magazine der Selbstladeflinten nur einen Schuss enthalten.[624] Außerdem enthält Art. 21 Abs. 1 lit. *m)* staatliches Jagdrahmengesetz Nr. 157/1992 die ausdrückliche Ermächtigung, das Verbot der Jagdausübung auf ganz oder zum Teil schneebedeckten Böden im faunistischen Gebiet der Alpen zu derogieren. Im faunistischen Gebiet der Alpen sind außerdem in jeder Region 10 bis 20 % des Kulturlands, Wald- und Weidegebiets als Wildschutzgebiet zu bestimmen.[625] Außerhalb des Alpengebiets steigt die Fläche der als Wildschutzgebiet auszuweisenden Gebiete auf 20 bis 30 % des gesamten Kulturlands, Wald- und Weidegebiets an. Zur Fläche dieser Wildschutzgebiete werden jedenfalls auch alle anderen Gebiete addiert, in denen aufgrund anderer Gesetze oder

618 Art. 11 Abs. 3 staatliches Jagdrahmengesetz Nr. 157/1992: *"Al fine di ripristinare l'integritá del biotopo animale, nei territori ove sia esclusivamente presente la tipica fauna alpina è consentita la immissione di specie autoctone previo parere favorevole dell'Istituto nazionale per la fauna selvatica* (nunmehr: *Istituto Superiore per la Protezione e la Ricerca Ambientale).*"

619 Art. 11 Abs. 4 staatliches Jagdrahmengesetz Nr. 157/1992.

620 Art. 11 Abs. 4 staatliches Jagdrahmengesetz Nr. 157/1992.

621 *Tótero*, La nuova legge venatoria nazionale, 42.

622 Art. 12 Abs. 5 lit. *a)* staatliches Jagdrahmengesetz Nr. 157/1992.

623 *Mori*, La caccia, 433; vgl. hierzu auch unter 4.2.2.5.

624 Art. 13 Abs. 4 staatliches Jagdrahmengesetz Nr. 157/1992; vgl. auch unter 3.2.9. und 3.2.10.

625 Art. 10 Abs. 3 staatliches Jagdrahmengesetz Nr. 157/1992.

Verfügungen die Jagdausübung verboten ist.[626] Ein letzter bedeutender Unterschied liegt in der jagdlichen Gebietseinteilung: Das Gebiet außerhalb der Alpen wird in großflächige Jagdgebiete eingeteilt, während im faunistischen Gebiet der Alpen das Gebiet nach den örtlichen Gewohnheiten und Traditionen in Wildbezirke eingeteilt wird.[627]

4.2.2.5. Wahl der Jagdform

Art. 12 Abs. 5 staatliches Jagdrahmengesetz Nr. 157/1992 verfügt, dass die **Jagd ausschließlich in einer der drei folgenden Arten ausgeübt werden darf: a) Pirschjagd im Alpengebiet, b) von einer ständigen Ansitzeinrichtung aus, c) Pirschjagd im verbleibenden Staatsgebiet.**[628] Einzig die Beizjagd und die Jagd mit Pfeil und Bogen kann in allen drei zur Wahl stehenden Jagdarten ausgeübt werden. In der Lehre wird hinsichtlich der Wahl der Jagdform von einer Spezialisierung gesprochen, da der Jagdausübende sich für eine Jagdform entscheiden muss, die er dann ausschließlich ausüben darf.[629] Dies bedeutet, dass eine Jagdform die andere ausschließt, d. h., dass wer z. B. für die Pirschjagd im Alpengebiet optiert, die Jagd nicht in den beiden anderen verbleibenden Formen ausüben darf. *Ratio legis* dieser Regelung war, die Jäger an ein bestimmtes Territorium zu binden, um den Jagdtourismus innerhalb des Staatsgebietes einzudämmen.[630] Nach Inkrafttreten des VerfGes Nr. 3/2001 vertrat ein Teil der Lehre die Auffassung, dass die Wahl der Jagdform von den Regionen durchaus in Abweichung von Art. 12 Abs. 5 staatliches Jagdrahmen-

---

626 Art. 10 Abs. 3 staatliches Jagdrahmengesetz Nr. 157/1992 verfügt: *"Il territorio agro-silvo-pastorale di ogni regione é destinato per una quota dal 20 al 30 per cento a protezione della fauna selvatica, fatta eccezione per il territorio delle Alpi di ciascuna regione, che costituisce una zona faunistica a sé stante ed è destinato a protezione nella percentuale dal 10 al 20 per cento. In dette percentuali sono compresi i territori ove sia comunque vietata l'attivitá venatoria anche per effetto di altri leggi o disposizioni."*

627 Vgl. hierzu näher 4.2.2.7. und 3.2.7.

628 Art. 12 Abs. 5 staatliches Jagdrahmengesetz Nr. 157/1992: *"Fatto salvo l'esercizio con l'arco o con il falco, l'esercizio venatorio stesso puó essere praticato in via esclusiva in una delle seguenti forme: a) vagante in zona Alpi; b) da appostamento fisso; c) nell'insieme delle altre forme di attivitá venatoria consentite dalla presente legge e praticate nel rimanente territorio destinato all'attivitá venatoria programmata."*

629 *Gorlani*, La caccia programmata, 70; diese Ansicht teilt auch das Kassationsgericht, vgl. *Mori*, La caccia, 146 f.

630 *Gorlani*, La caccia programmata, 71.

gesetz Nr. 157/1992 geregelt werden kann.[631] Der VerfGH erteilte jedoch dieser Meinung jüngst im Urteil Nr. 278/2012[632] eine Absage.[633]
Da der staatliche Gesetzgeber keine explizite Definition dieser drei sich gegenseitig ausschließenden Jagdformen liefert, muss sie aus dem Zusammenspiel mehrerer Normen eruiert werden. Eine heute noch gültige Definition von einer so genannten ständigen Ansitzeinrichtung kann aus Art. 16[634] des Einheitstextes der Jagdgesetze Kgl D Nr. 1016/1939 abgeleitet werden. Demnach kennzeichnen drei Charakteristika eine ständige Ansitzeinrichtung: a) das Vorhandensein einer soliden und stabilen gemauerten oder hölzernen Konstruktion,[635] b) die Veränderung des Platzes auch durch Tarnvorrichtungen, c) die Ansitzvorrichtung muss mindestens für eine Jagdsaison bestimmt sein.[636] Fehlt auch nur eines dieser drei Merkmale, ist die Ansitzvorrichtung nicht ständig und folglich die getätigte Jagdausübung als Pirschjagd einzustufen.[637]
Hinsichtlich der Pirschjagd bestimmt Art. 14 Abs. 13[638] staatliches Jagdrahmengesetz Nr. 157/1992, dass die Jagd von zeitweiligen Ansitzeinrichtungen aus als Pirsch gilt, falls am Standort keinerlei Veränderungen vorgenommen werden. Diese Formulierung erscheint insofern problematisch, als der staatliche Gesetzgeber nicht klärt, was unter Standortveränderungen zu verstehen ist.[639] Nach Art. 5 Abs. 5 staatliches Jagdrahmengesetz Nr. 157/1992 sind jedenfalls die Ansitzeinrichtungen für die Jagd auf Schalenwild sowie für die Jagd auf Ringeltauben keine ständigen Ansitzeinrichtungen. Daraus ergibt sich, dass die Schalenwildjagd sowie die Jagd auf Ringeltauben *de iure* als Pirschjagd eingestuft werden, *de facto* jedoch als Ansitzjagd ausgeübt werden dürfen.

631 Vgl. u. a. *Maffioletti*, La disciplina legislativa del prelievo venatorio dopo la riforma dell'articolo 117 della Costituzione, Dir. giur. agr. 2002, 297; *Gorlani*, La materia della caccia davanti alla Corte Costituzionale dopo la riforma del titolo V Cost., 3.

632 VerfGH Urteil Nr. 278/2012, Giur. cost. 2012, 4411.

633 Vgl. hierzu unter 7.4 und 7.5.

634 Art. 16 Abs. 1 Kgl D Nr. 1016/1939: *"Sono appostamenti fissi di caccia quelli costruiti in muratura od altra solida materia con preparazione di sito, destinati all'esercizio venatorio almeno per una intera stagione di caccia; quali i capanni, nonché le tine, le imbarcazioni, le zattere ancorate e simili, collocate nelle paludi o negli stagni o sui margini di specchi d'acqua naturali o artificiali."*

635 Hinsichtlich des Baustoffs sind Holzfaserplatten, Plastik, Metall und alle andere geeigneten Materialien dem Mauerwerk oder Holz gleichzusetzen, vgl. dazu *Gorlani*, La caccia, 89.

636 *Correnti*, Commento teorico pratico alla legge sulla caccia, 75; vgl. auch *Gorlani*, La caccia, 88 f.

637 *Gorlani*, La caccia, 89.

638 Art. 14 Abs. 13 staatliches Jagdrahmengesetz Nr. 157/1992: *"L'appostamento temporaneo é inteso come caccia vagante ed è consentito a condizione che non si produca modifica di sito."*

639 *Mori*, La caccia, 14.

Was die Jagd im Alpengebiet anbelangt, kann festgehalten werden, dass im Sinne von Art. 12 Abs. 5 lit. *a)* staatliches Jagdrahmengesetz Nr. 157/1992 lediglich die Pirschjagd gestattet ist. Dies wirkt sich jedoch insofern nicht negativ auf die Jagdausübung aus, als die Schalenwildjagd *ex lege* von Art. 5 Abs. 5 staatliches Jagdrahmengesetz Nr. 157/1992 als Pirschjagd eingestuft wird.
Wird die gewählte Jagdform nicht eingehalten, ist neben einer Verwaltungsstrafe gemäß Art. 31 Abs. 1 lit. *a)* staatliches Jagdrahmengesetz Nr. 157/1992 als Nebenstrafe die Aussetzung des Jagdgewehrscheines für ein Jahr vorgesehen.[640] Bei Rückfälligkeit erhöht sich die Aussetzung des Jagdgewehrscheines auf drei Jahre.[641]

4.2.2.6. Mittel zur Jagdausübung

Gemäß **Art. 13 staatliches Jagdrahmengesetz Nr. 157/1992** sind **zur Jagdausübung folgende Mittel zulässig: Gewehre, Pfeil und Bogen sowie die Beizjagd.**
Für die Gewehre sind folgende Kriterien zu betrachten: **Flinten** dürfen **nicht größer als Kaliber 12** sein und, sofern es sich um Selbstladeflinten handelt, ein Magazin mit einem Fassungsvermögen von maximal zwei Patronen[642] haben; **Büchsen** dagegen, einschließlich Selbstladebüchsen, müssen ein **Kaliber von mindestens 5,6 mm sowie eine Hülsenlänge von mindestens 40 mm aufweisen.**[643] Die Regelung des Mindestkalibers bei Büchsen war in dieser Form auch schon im staatlichen Jagdrahmengesetz Nr. 968/1977[644] enthalten. In der Praxis stellte sich bald die Frage, ob die Hülsenlänge von mindestens 40 mm auch dann erforderlich sei, wenn das Kaliber größer als 5,6 mm ist. Da es diesbezüglich

640 Art. 32 Abs. 4 staatliches Jagdrahmengesetz Nr. 157/1992: *"Oltre alle sanzioni amministrative previste dall'articolo 31, si applica a il provvedimento di sospensione per un anno della licenza di porto di fucile per uso di caccia nei casi indicati dallo stesso articolo 31, comma 1, lettera a)."*

641 Art. 32 Abs. 4 Satz 2 staatliches Jagdrahmengesetz Nr. 157/1992: *"Se la violazione di cui alla citata lettera a) è nuovamente commessa, la sospensione è disposta per un periodo di tre anni."*

642 Im faunistischen Gebiet der Alpen darf das Magazin jedoch gemäß Art. 13 Abs. 4 staatliches Jagdrahmengesetz Nr. 157/1992 Fassungsvermögen für lediglich eine Patrone haben. *De facto* ist der Jäger selbst dafür zuständig, das Fassungsvermögen des Magazins den legislativen Vorgaben entsprechend, d.h. für zwei bzw. eine Patrone zu reduzieren. Die Änderung an der Waffe muss jedenfalls so erfolgen, dass sie nicht in kürzester Zeit, etwa beim Anblick eines Jagdaufsehers, wieder rückgängig gemacht werden kann. Vgl. *Mori*, La caccia, 220.

643 Art. 13 Abs. 1 staatliches Jagdrahmengesetz Nr. 157/1992: *"L'attività venatoria è consentita con l'uso del fucile con canna ad anima liscia fino a due colpi, a ripetizione e semiautomatico, con caricatore contenente non più di due cartucce, di calibro non superiore al 12, nonché con fucile con canna ad anima rigata a caricamento singolo manuale o a ripetizione semiautomatica di calibro non inferiore a millimetri 5,6 con bossolo a vuoto di altezza non inferiore a millimetri 40."*

644 Art. 9 staatliches Jagdrahmengesetz Nr. 968/1977.

widersprüchliche Interpretationen gab, schuf der staatliche Gesetzgeber mit einer authentischen Interpretation des Art. 13 Abs. 1 staatliches Jagdrahmengesetz Nr. 157/1992 mehr Rechtssicherheit. In Art. 6 Abs. 6 GvD Nr. 204 vom 26. Oktober 2010[645] wurde *expressis verbis* festgelegt, dass auch Kaliber zur Jagdausübung zugelassen sind, die größer als 5,6 mm sind und eine Hülsenlänge von unter 40 mm aufweisen.[646] Durch diese Interpretation entsteht auch neuer gesetzgeberischer Spielraum für die Autonome Provinz Bozen, die im Art. 14 Landesjagdgesetz die Maßangaben von 5,6 und 40 mm aneinanderkoppelt. Bezüglich Maßangaben erscheint es geboten, den Umkehrschluss der authentischen staatlichen Interpretation anzusprechen: Demnach müssten, rein theoretisch, auch Kaliber unter 5,6 mm, die eine Hülsenlänge von über 40 mm haben, zur Jagdausübung zugelassen sein.[647] In der Praxis wurde diese Interpretation jedoch nicht geteilt, weshalb derartige Kaliber für die Jagausübung als nicht zulässig erachtet werden.[648] *Summa summarum* gibt es im staatlichen Jagdrahmengesetz Nr. 157/1992 also ein Höchstkaliber für Flinten und ein Mindestkaliber für Büchsen. *Ratio legis* der Einführung eines Mindestkalibers für Büchsen war die Absicht, Randfeuerpatronen zu verbieten, die aufgrund des geringen Schallpegels für die Wilderei prädestiniert sind.[649]

Neben Büchsen und Flinten sind laut Art. 13 Abs. 2 staatliches Jagdrahmengesetz Nr. 157/1992 auch so genannte kombinierte Gewehre[650] für die Jagdausübung zugelassen, sofern der bzw. die Schrotläufe nicht größer als Kaliber 12 sind und der bzw. die Kugelläufe ein Kaliber von mindestens 5,6 mm aufweisen.[651] Hier fällt *ictu oculi* auf, dass beim Büchsenlauf zwar ein Mindestkaliber, aber keine Mindesthülsenlänge vorgeschrieben ist. Betrachtet man rechtsvergleichend Art. 9 staatliches Jagdrahmengesetz Nr. 968/1977, ist unschwer zu erkennen,

645 GA Nr. 288 vom 10.12.2010.

646 Art. 6 Abs. 6 GvD Nr. 204/2010: *"Per armi da caccia di cui al comma 1 dell'articolo 13 della legge 11 febbraio 1992, n. 157, s'intendono, tra i fucili ad anima rigata, le carabine con canna ad anima rigata a caricamento manuale o a ripetizione semiautomatica, qualora siano in essi camerabili cartucce in calibro 5,6 millimetri con bossolo a vuoto di altezza uguale o superiore a millimetri 40, nonché i fucili e le carabine ad anima rigata dalle medesime caratteristiche tecnico- funzionali che utilizzano cartucce di calibro superiore a millimetri 5,6, anche se il bossolo a vuoto è di altezza inferiore a millimetri 40."*

647 Vgl. *Tótero*, La nuova legge venatoria nazionale, 48.

648 *Mori*, La caccia, 221.

649 Ebenda.

650 Nach Art. 13 Abs. 2 staatliches Jagdrahmengesetz Nr. 157/1992 sind unter kombinierten Gewehren zwei- oder dreiläufige Gewehre zu verstehen, die einen oder zwei Flintenläufe und einen oder zwei Kugelläufe haben.

651 Art. 13 Abs. 2 staatliches Jagdrahmengesetz Nr. 157/1992 lautet: *"È consentito, altresí, l'uso del fucile a due o tre canne (combinato), di cui una o due ad anima liscia di calibro non superiore al 12 ed una o due ad anima rigata di calibro non inferiore a millimetri 5,6."*

dass bei der vormaligen Regelung für kombinierte Gewehre hinsichtlich des Büchsenlaufs sowohl Mindestkaliber als auch Mindesthülsenlänge explizit vorgeschrieben waren. Da die Mindesthülsenlänge im staatlichen Jagdrahmengesetz Nr. 157/1992 in *puncto* kombinierte Gewehre verschwunden ist, könnte dies auf eine Legalisierung der Kaliber ab 5,6 mm mit einer Hülsenlänge von unter 40 mm hindeuten.[652]
Neben den Gewehren sind laut Art. 13 staatliches Jagdrahmengesetz Nr. 157/1992 auch Pfeil und Bogen sowie die Beizjagd zulässig. Pfeil und Bogen sowie Beizjagd nehmen jedoch lediglich eine Nischenstellung ein und sind in zahlreichen Regionen, darunter auch in den Autonomen Provinzen Trient und Bozen verboten.[653]
Art. 13 staatliches Jagdrahmengesetz Nr. 157/1992 verbietet abschließend alle Jagdmittel, die von dieser Norm nicht explizit zugelassen werden.[654]

4.2.2.7. Programmierte Jagdausübung

Mit der Einstufung der Wildtierfauna als unverfügbares Vermögen des Staates ging das Ende des Grundsatzes der freien Jagdausübung einher.[655] Gleichzeitig entstand die Notwendigkeit, die Jagdausübung nach neuen Grundprinzipien zu regeln, was mit der Einführung der Jagdausübung nach dem Grundsatz der so genannten programmierten Jagd[656] erfolgte.
Ausdruck dieses Prinzips ist Art. 14 Abs. 1 staatliches Jagdrahmengesetz Nr. 157/1992, der die Regionen verpflichtet, das gesamte Kulturland, Wald- und Weidegebiet in Jagdgebiete subprovinzialen Charakters zu unterteilen. Die Gebiete der Alpenregion dagegen sind nach den örtlichen Gewohnheiten und Traditionen in Wildbezirke zu unterteilen.[657] Den Rahmen der programmierten Jagd bilden außerdem die Verbote und Schranken, die der staatliche Gesetzgeber in *puncto* Jagdausübung auferlegt sowie die so genannten jagdlich-faunistischen Pläne.[658] Gemäß Art. 10 staatliches Jagdrahmengesetz Nr. 157/1992 unterliegen das gesamte Kulturland, Wald- und Weidegebiet einer gezielten jagdlichen Planung. Die Regionen müssen das Kulturland, Wald- und Weidegebiet folgendermaßen einteilen: Zwischen 20

652 Diesbezüglich bejahend: *Mori*, La caccia, 223.
653 Näheres siehe unter 3.2.9.
654 Zu den Verboten siehe unter 4.2.2.8.
655 *Gallo Curcio/Lacava*, La caccia, 3262.
656 Der italienische Terminus lautet *caccia programmata*.
657 Vgl. hierzu näher unter 4.2.2.4.
658 *Lucifero*, La caccia e la tutela della fauna selvatica, 464.

und 30 % des Gebiets sind als Wildschutzgebiete[659] auszuweisen, maximal 15 % des Gebiets darf privat geführten Jagdbetrieben zugewiesen werden, während auf dem verbleibenden Gebiet die Jagd nach den Prinzipien der jagdlich – faunistischen Planung ausgeübt werden kann.[660] Zur variablen Quote der auszuweisenden Wildschutzgebiete zählen jedenfalls auch all jene Gebiete, in denen die Jagd *ex lege* verboten ist.[661] Art. 14 Abs. 17 staatliches Jagdrahmengesetz Nr. 157/1992 bestimmt, dass die Grundzüge der jagdlich –faunistischen Planung sowie die Pflicht der Gebietsunterteilung auch auf die Regionen mit Sonderstatut und die Autonomen Provinzen Trient und Bozen anzuwenden sind.[662]

4.2.2.8. Verbote

Art. 21 staatliches Jagdrahmengesetz Nr. 157/1992 führt eine detaillierte Liste von Verboten an, die die Jagdausübung betreffen. Ein beträchtlicher Teil der Verbote wurde vom staatlichen Jagdrahmengesetz Nr. 968/1977 übernommen. Da sich auch das Unionsrecht auf den Bereich der Verbote auswirkt, musste der staatliche Gesetzgeber einige spezifische Verbote in das staatliche Jagdrahmengesetz einfügen.[663]

Um einen besseren Überblick über die Verbote im Jagdsektor zu erhalten, lohnt sich eine Einteilung der Verbote in folgende Kategorien: a) Mittel, b) Ort, c) Zeit und d) Art der Jagdausübung.[664] Aufgrund des Umfanges der Verbotsliste seien von jeder Kategorie stellvertretend einige zentrale Verbote angeführt.

---

659 Im faunistischen Gebiet der Alpen sind gemäß Art. 10 Abs. 3 staatliches Jagdrahmengesetz Nr. 157/1992 zwischen 10 und 20 % des Kulturlandes, Wald- und Weidegebiets als Wildschutzgebiet auszuweisen.

660 *Gorlani*, La caccia, 82.

661 Art. 10 Abs. 2 Satz 2 staatliches Jagdrahmengesetz Nr. 157/1992.

662 Art. 14 Abs. 17 staatliches Jagdrahmengesetz Nr. 157/1992 lautet: *"Le regioni a statuto speciale e le province autonome di Trento e di Bolzano, in base alle loro competenze esclusive, nei limiti stabiliti dai rispettivi statuti ed ai sensi dell'articolo 9 della legge 9 marzo 1989, n. 68, e nel rispetto dei principi della presente legge, provvedono alla pianificazione faunistico-venatoria, alla suddivisione territoriale, alla determinazione della densitá venatoria, nonché alla regolamentazione per l'esercizio di caccia nel territorio di competenza."*

663 Es handelt sich um Art. 8 Abs. 1 der Vogelrichtlinie, der die Mitgliedsstaaten verpflichtet, folgende Jagdmittel- und Methoden zur Vogeljagd zu verbieten, die im Anhang IV lit. *a)* der genannten Richtlinie taxativ enumeriert werden: *„Schlingen (mit Ausnahme Finnlands und Schwedens für den Fang von* Lagopus lagopus lagopus *und* Lagopus mutus *nördlich des 58. Breitengrads Nord), Leimruten, Haken, als Lockvögel benutzte geblendete oder verstümmelte lebende Vögel, Tonbandgeräte, elektrische Schläge erteilende Geräte; künstliche Lichtquellen, Spiegel, Vorrichtungen zur Beleuchtung der Ziele, Visiervorrichtungen für das Schießen bei Nacht mit Bildumwandler oder elektronischen Bildverstärker; Sprengstoffe; Netze, Fangfallen, vergiftete oder betäubende Köder; halbautomatische oder automatische Waffen, deren Magazin mehr als zwei Patronen aufnehmen kann."*

664 Die Einteilung erfolgte in Anlehung an *Tótero*, La nuova legge venatoria nazionale, 75 ff.

- Was die Jagdmittel *per se* anbelangt, bestimmt Art. 13 Abs. 5 staatliches Jagdrahmengesetz Nr. 157/1992, dass all jene Waffen und Mittel zur Jagdausübung verboten sind, die nicht explizit von dieser Bestimmung vorgesehen werden.[665] Dazu zählen z. B. Armbrüste, Fallen, Netze, Fangeisen, Schlingen.[666] Eng verbunden mit den Jagdmitteln sind einerseits das Zubehör der Jagdmittel, andererseits die verwendete Munition. Verbotenes Zubehör sind etwa Schalldämpfer, unzulässige Munition dagegen stellt z. B. die Verwendung von Schrotpatronen zur Jagd auf Schalenwild dar.[667]
- Art. 21 staatliches Jagdrahmengesetz Nr. 157/1992 führt mehrere Orte an, an denen die Jagdausübung verboten ist. Dazu zählen in erster Linie Gärten, öffentliche und private Parkanlagen, historische und archäologische Parkanlagen und Sportplätze.[668] Verboten ist die Jagd des Weiteren in den Nationalparks, im Bereich staatlicher Verteidigungsanlagen, im Umkreis von hundert Metern von Wohnbauten und Fabriken sowie im Umkreis von fünfzig Metern von Eisenbahnlinien und befahrbaren Straßen, mit Ausnahme von Feldwegen und Güterwegen.[669] Diesen Verboten liegt, mit Ausnahme des Jagdverbots in Nationalparks, der Schutz der persönlichen Unversehrtheit zugrunde.[670]
- Im Hinblick auf den temporären Verbotsaspekt gibt es mehrere Vorschriften. Dazu zählt das Verbot, Wildarten außerhalb des von Art. 18 staatliches Jagdrahmengesetz Nr. 157/1992 festgelegten Zeitraums zu erlegen. Weiters ist bei der Jagdausübung die Uhrzeit zu berücksichtigen: Laut staatlichem Gesetzgeber ist die Jagdausübung von einer Stunde vor Sonnenaufgang bis zum Sonnenuntergang erlaubt, während die Jagd auf Schalenwild bis eine Stunde nach Sonnenuntergang erfolgen kann.[671] Außerdem legt das staatliche Jagdrahmengesetz fest, dass die Jagdausübung höchstens an drei Tagen pro Woche erlaubt ist, wobei am Dienstag und Freitag Jagdruhe herrscht. In der Anwendung dieser Norm ist jedoch in Bezug auf die Auslesejagd auf Schalenwild unbedingt Art. 11 *quaterdecies* Abs. 5 des GD Nr. 203/2005 zu berücksichtigen.[672]

665 Zu den zulässigen Jagdmitteln siehe unter 4.2.2.6.
666 Art. 21 Abs. 1 lit. *u)* staatliches Jagdrahmengesetz Nr. 157/1992.
667 Art. 21 Abs. 1 lit. *u)* staatliches Jagdrahmengesetz Nr. 157/1992.
668 Art. 21 Abs. 1 lit. *a)* staatliches Jagdrahmengesetz Nr. 157/1992.
669 Art. 21 Abs. 1 lit. *b), d)* und *e)* staatliches Jagdrahmengesetz Nr. 157/1992.
670 *Gorlani*, La caccia, 128.
671 Art. 18 Abs. 7 staatliches Jagdrahmengesetz Nr. 157/1992.
672 Vgl. unter 3.2.5.

- Was die Art der Jagdausübung anbelangt, enthält das staatliche Jagdrahmengesetz Nr. 157/1992 mehrere Bestimmungen. So ist etwa im Sinne von Art. 21 Abs. 1 lit. *i)* die Jagd aus Motorfahrzeugen, Wasser- oder Luftfahrzeugen verboten. Die *ratio* dieses Verbotes liegt zum einen in der fehlenden waidgerechten Jagdausübung, zum anderen im unnötigen Gefahrenpotential, das eine solche Jagdausübung in sich birgt.[673] Ein weiteres Verbot hinsichtlich des *modus* der Jagdausübung ist in Art. 21 Abs. 1 lit. *ff)* staatliches Jagdrahmengesetz Nr. 157/1992 enthalten. Diese Norm verfügt das Verbot der Brackenjagd auf Gamswild. Der Rechtsvergleich zeigt, dass der Landesgesetzgeber diesbezüglich bei weitem restriktiver ist: In der Autonomen Provinz Bozen Südtirol ist nämlich die Brackenjagd nicht nur auf Gamswild, sondern grundsätzlich auf das gesamte Schalenwild verboten.[674]

Übertretungen der Verbote werden durch ein zweigleisiges System geahndet: Einerseits durch Straftatbestände,[675] die bei schweren Übertretungen greifen, andererseits durch Verwaltungsstrafen[676] in Form von Geldstrafen, die bei weniger schweren Übertretungen zur Anwendung kommen. Diese beiden Straftypen können zusätzlich mit einer Nebenstrafe[677] ergänzt werden, die sich etwa als Aussetzung oder Entzug des Jagdgewehrscheines auswirken kann.

4.2.2.9. Jagdbare Wildarten und Jagdzeiten

Art. 18 staatliches Jagdrahmengesetz Nr. 157/1992 teilt die jagdbaren Wildarten in vier Kategorien ein, die jeweils eigenen Jagdzeiten unterliegen:

- Vom dritten Sonntag im September bis zum 31. Dezember können folgende Wildtiere bejagt werden: Wachtel (*Coturnix coturnix*); Turteltaube (*Streptopelia turtur*); Amsel (*turdus merula*); Feldlerche (*Alauda arvensis*); Rebhuhn (*Perdix perdix*); Rothuhn (*Alectoris rufa*); Felsenhuhn (*Alectoris barbara*); Feldhase (*Lepus europeus*); Sardischer Hase (*Lepus capensis*); Wildkaninchen (*Oryctolagus cuniculus*); Florida-Waldkaninchen (*Silvilagus floridamus);*[678]

673 *Gorlani*, La caccia, 129.

674 Art. 15 Abs. 1 lit. *l)* Landesjagdgesetz lautet: *„Es ist verboten, Brackenjagd auf Schalenwild zu betreiben; von diesem Verbot ausgenommen sind Bewegungsjagden auf Cerviden und Schwarzwild, unter Einsatz von geeigneten Stöberhunden oder niederläufigen Bracken, die vom Verwalter des entsprechenden Wildbezirkes organisiert oder gemäß Art. 29 Absatz 2 erlaubt werden."*

675 Art. 30 staatliches Jagdrahmengesetz Nr. 157/1992.

676 Art. 31 staatliches Jagdrahmengesetz Nr. 157/1992.

677 Art. 32 staatliches Jagdrahmengesetz Nr. 157/1992.

678 *Rectius: floridanus.*

- Vom dritten Sonntag im September bis zum 31. Jänner können folgende Wildarten bejagt werden: Wacholderdrossel (*Turdus pilaris*); Singdrossel (*Turdus philomelus*); Rotdrossel (*Turdus iliacus*); Fasan (*Phasianus colchicus*); Stockente (*Anas platyrhynchos*); Blässhuhn (*Fulica atra*); Teichhuhn (*Gallinula chloropus*); Krickente (*Anas crecca*); Schnatterente (*Anas strepera*); Wasserralle (*Rallus acquaticus*); Pfeifente (*Anas penelope*); Spießente (*Anas acuta*); Knäkente (*Anas querquedula*); Löffelente (*Anas clypeata*); Tafelente (*Aythya ferina*); Reiherente (*Aythya fuligula*); Bekassine (*Gallinago gallinago*); Ringeltaube (*Columba palumbus*); Zwergschnepfe (*Lymnocryptes minimus*); Kampfläufer (*Philomachus pugnax*); Waldschnepfe (*Scolopax rusticola*); Saatkrähe (*Corvus frugilegus*); Rabenkrähe (*Corvus corone*); Kiebitz (*Vanellus vanellus*); Nebelkrähe (*Corvus corone cornix*); Eichelhäher (*Garrulus glandarius*); Elster (*Pica pica*); Fuchs (*volpes volpes*);
- Vom ersten Oktober bis zum 30. November sind folgende Wildarten jagdbar: Schneehuhn (*Lagopus mutus*); Birkhuhn (*Tetrao tetrix*); Steinhuhn (*Alectoris graeca*); Gämse (*Rupicapra rupicapra*); Reh (*Capreolus capreolus*); Rotwild (*Cervus elaphus*); Damwild (*Dama dama*); Mufflon (*Ovis musimon*), mit Ausnahme der in Sardinien lebenden Exemplare; Schneehase (*Lepus timidus*);
- Vom ersten Oktober bis zum 31. Dezember oder vom 1. November bis zum 31. Jänner ist folgende Wildart jagdbar: Wildschwein (*Sus scofa*).

***In toto* sind laut staatlichem Jagdrahmengesetz Nr. 157/1992 48 Wildarten jagdbar**, was ein Minus von 21 Wildarten im Vergleich zum Rahmengesetz aus dem Jahr 1977 bedeutet. **Vergleicht man jedoch die Anzahl der jagdbaren Wildarten gemäß staatlichem Jagdrahmengesetz Nr. 157/1992 mit jener des Landesjagdgesetzes, ergibt sich, dass der Landesgesetzgeber weitaus restriktiver als der staatliche Gesetzgeber ist.**[679] Während das staatliche Jagdrahmengesetz Nr. 157/1992 36 Vögel und 12 Säugetiere[680] für jagdbar erklärt, führt **das Landesjagdgesetz lediglich 17 Vögel und 10 Säugetiere im taxativen Katalog der jagdbaren Wildarten an.**

679 Vgl. hierzu näher unter 3.2.5.

680 Ursprünglich hätte, auf Vorschlag des Kammerabgeordneten *Michl Ebner*, das Murmeltier in die Liste der jagdbaren Wildarten aufgenommen werden sollen. Infolge einer groß angelegten jagdgegnerischen Kampagne wurde es im Senat jedoch aus der Liste der jagdbaren Wildarten gestrichen. Vgl. hierzu näher *Aukenthaler*, Jägerzeitung, Nr. 4/1991, 2.

Die Dauer der Jagdsaison[681] wurde mit dem staatlichen Jagdrahmengesetz Nr. 157/1992 radikal verkürzt. *Ictu oculi* ist dies anhand von Art. 11 Abs. 3 staatliches Jagdrahmengesetz Nr. 968/1977 zu erkennen, der bestimmte Wildarten vom 18. August bis zum 31. März für jagdbar erklärte, während die längste Jagdzeit gemäß staatlichem Jagdrahmengesetz Nr. 157/1992 vom dritten Sonntag im September bis zum 31. Jänner reicht.[682]
Art. 18 Abs. 2 staatliches Jagdrahmengesetz Nr. 157/1992 führt hinsichtlich der Jagdzeiten eine Flexibilitätsklausel für die Regionen ein. Sie können die Jagdzeiten, aufgrund der territorialen Umweltbedingungen, nach Einholen eines Gutachtens seitens der Höheren Anstalt für Umweltschutz und Forschung, unter Berücksichtigung eines festgelegten Maximums abändern, d. h. verlängern oder verkürzen.[683] Unter den so genannten territorialen Umweltbedingungen sind verschiedenste Umstände zu verstehen, wie etwa übermäßig große Wildbestände.[684]
Was die **Auslesejagd auf Schalenwild** anbelangt, muss unbedingt auf **Art. 11 *quaterdecies* Abs. 5 GD Nr. 203/2005** verwiesen werden. Diese Norm derogiert alle jene Jagdzeiten des Art. 18 staatliches Jagdrahmengesetz Nr. 157/1992, die sich auf Schalenwild beziehen. Art. 11 *quaterdecies* Abs. 5 GD Nr. 203/205 bestimmt nämlich, dass die Regionen und die autonomen Provinzen, nach Einholen eines Gutachtens seitens der Höheren Anstalt für Umweltschutz und Forschung oder, falls eingerichtet, einer Anstalt auf regionaler Ebene, die Auslesejagd auf das jagdbare Schalenwild, auf der Grundlage von angemessenen Abschussplänen, die zwischen Geschlecht und Altersklassen unterscheiden, auch außerhalb des Zeitrahmens und der Uhrzeit, die vom staatlichen Jagdrahmengesetz vorgegebenen werden, regeln können.[685]
Art. 18 staatliches Jagdrahmengesetz Nr. 157/1992 legt fest, dass die Regionen nach Anhören der Höheren Anstalt für Umweltschutz und Forschung bis spätestens 15. Juni den regionalen Jagdkalender veröffentlichen müssen. Diese Regelung ist allerdings auf die Autonome Provinz Bozen nicht anwendbar, da der Jagdkalender infolge der gesetzlichen Verankerung der Jagdzeiten obsolet wurde.[686]

681 Bzgl. Vergleich der Dauer der Jagdsaison gemäß staatlichem Jagdrahmengesetz Nr. 157/1992 und Landesjagdgesetz siehe unter 3.2.5.
682 Art. 18 Abs. 1 lit. *b)* staatliches Jagdrahmengesetz Nr. 157/1992.
683 Vgl. Art. 18 Abs. 2 staatliches Jagdrahmengesetz Nr. 157/1992.
684 *Gorlani*, La caccia, 109.
685 Siehe hierzu näher unter 3.2.5.
686 Zur rechtlichen Lage in Südtirol vgl. unter 3.2.5.

Die Jagd darf jedenfalls an maximal drei Tagen pro Woche ausgeübt werden, mit Ausnahme von Dienstag und Freitag, an denen Jagdruhe herrscht.[687] Auch diese Bestimmung wird von Art. 11 *quaterdecies* Abs. 5 GD Nr. 203/205 derogiert. *In puncto* Uhrzeit legt Art. 18 Abs. 7 staatliches Jagdrahmengesetz Nr. 157/1992 fest, dass die Jagd von einer Stunde vor Sonnenaufgang bis zum Sonnenuntergang ausgeübt werden darf. Die Jagd auf Schalenwild ist dagegen von einer Stunde vor Sonnenaufgang bis eine Stunde nach Sonnenuntergang gestattet.[688] Auch hier ist wiederum auf die Derogation durch Art. 11 *quaterdecies* Abs. 5 GD Nr. 203/205 zu verweisen.

687 Art. 18 Abs. 5 staatliches Jagdrahmengesetz Nr. 157/1992.
688 Art. 18 Abs. 7 staatliches Jagdrahmengesetz Nr. 157/1992.

5. Rechtsvergleich bezüglich der Gesetzgebungskompetenz im Sachbereich *Jagd*

5.1. Sonderautonomien

5.1.1. Autonome Provinz Trient

Die Autonomen Provinzen Bozen und Trient verfügen aufgrund des Autonomiestatuts 1972 und der entsprechenden Durchführungsbestimmungen über dieselben gesetzgeberischen Befugnisse im Sachbereich Jagd. Deshalb soll anhand eines Rechtsvergleichs eruiert werden, wie die Autonomen Provinzen Trient und Bozen ihren gesetzgeberischen Spielraum im Sachbereich Jagd genutzt haben.

Während die Autonome Provinz Bozen das so genannte Landesjagdgesetz im Jahre 1987 erlassen hat,[689] führte der Trentiner Landesgesetzgeber erst im Jahre 1991 mit LG Nr. 24 vom 9. Dezember 1991[690] (in der Folge: Trentiner Landesjagdgesetz) ein eigenes organisches Jagdgesetz ein.

Im Unterschied zum Südtiroler[691] Landesjagdgesetz wurden mit dem Trentiner Landesjagdgesetz keine EU- Richtlinien im Jagdsektor umgesetzt. Art. 31 Abs. 4 Trentiner Landesjagdgesetz verweist lediglich bei der Regulierung des Flugwildes im Sinne von Art. 9 der Vogelrichtlinie auf die Richtlinie 79/409/EWG, die inzwischen durch die Richtlinie 2009/147/EG ersetzt wurde.

5.1.1.1. Untergliederung der Landesfläche

Ein grundlegender Unterschied liegt in der Untergliederung der Landesfläche. In der Autonomen Provinz Bozen ist die gesamte Landesfläche gemäß Landesjagdgesetz in folgende fünf Wildbezirke unterteilt: Jagdreviere kraft Gesetzes, Eigenjagdreviere, Wildschutzgebiete, Schongebiete und Zonen des europäischen Schutzgebietsnetzes.[692] Laut Art. 6 Trentiner Landesjagdgesetz kann die Landesregierung dagegen u. a. die Errichtung folgender Ge-

689 Vgl. hierzu näher unter 3.1.
690 ABl R Nr. 55 vom 13.12.1991.
691 Zur Umsetzung der EU-Richtlinien im Südtiroler Landesjagdgesetz siehe unter 3.2.1.
692 Siehe hierzu näher unter 3.2.7.

biete verfügen: Wildschutzgebiete, Gebiete zur Aufzucht und für das Einfangen der Tiere, jagdlich-faunistische Betriebe, öffentliche und private Einrichtungen für die Aufzucht der Wildtierfauna, Gebiete für die Züchtung und Ausbildung von Hunden.[693] Neben dieser Bestimmung fakultativer Natur enthält das Trentiner Landesjagdgesetz eine weitere Norm, welche die Beibehaltung der Jagdreviere kraft Gesetzes, wie sie vom RG Nr. 30/64 eingeführt wurden, verfügt. Somit bilden im Südtiroler und Trentiner Landesjagdgesetz hinsichtlich der Wildbezirke nur die jeweils *ipso iure* eingeführten Jagdreviere kraft Gesetzes eine Koinzidenz.

5.1.1.2. Jagderlaubnisscheine

In puncto Jagderlaubnisscheine weisen die Landesjagdgesetze der Autonomen Provinzen Bozen und Trient sowohl Parallelen als auch Unterschiede auf. In der Autonomen Provinz Bozen wird zwischen Jahreskarten, Gastkarten sowie Tages- und Wochenkarten unterschieden. Das Trentiner Landesjagdgesetz unterscheidet dagegen zwischen *„Jägern von Rechts wegen“*, *„angegliederten Jägern“* und *„Jägern mit Gastkarte“*.[694] Die *„Jäger von Rechts wegen“* sind den Inhabern einer Jahreskarte gleichzusetzen, jedoch sind die Zugangsvoraussetzungen zu diesen Jagderlaubnisscheinen in den Autonomen Provinzen Trient und Bozen unterschiedlich. Während in Südtirol laut Durchführungsverordnung zum Landesjagdgesetz Voraussetzung für eine Jahreskarte ist, seit mindestens zehn Jahren seinen meldeamtlichen Wohnsitz im entsprechenden Jagdrevier zu haben bzw. eine 15-jährige historische Ansässigkeit, verlangt das Trentiner Landesjagdgesetz lediglich eine 3-jährige meldeamtliche Ansässigkeit.[695]

„Angegliederter Jäger“ ist dagegen, wer die rechtlichen Voraussetzungen hat, um in einem bestimmten Jagdrevier eine Jahreskarte zu erhalten, allerdings die Jagd in einem anderen Revier ausübt.[696]

693 Art. 6 Trentiner Landesjagdgesetz bestimmt: “*1. La Giunta provinciale puó deliberare l'istituzione di: a) oasi di protezione destinate al rifugio, alla riproduzione ed alla sosta della fauna selvatica. Nelle oasi è vietata ogni forma di caccia; b) zone di ripopolamento e cattura destinate alla riproduzione della selvaggina, al suo irradiamento nelle zone circostanti ed alla cattura della medesima per il ripopolamento; in tali zone è vietata ogni forma di caccia; c) aziende faunistico-venatorie di cui all'articolo 36 della legge 27 dicembre 1977, n. 968; d) centri pubblici e privati di produzione della selvaggina; e) zone per l'addestramento e le gare di cani con divieto di abbattimento nonché zone di addestramento di cani in cui è consentito l'abbattimento per tutto l'anno di fauna di allevamento appartenente alle specie cacciabili; (...).*”

694 Art. 23 Abs. 1 Trentiner Landesjagdgesetz kennt folgende drei Einteilungen: *cacciatori di diritto, cacciatori aggregati, cacciatori con permesso d'ospite.*

695 Art. 23 Abs. 2 lit. *a)* Trentiner Landesjagdgesetz.

696 Art. 23 Abs. 5 Trentiner Landesjagdgesetz.

Während in der Autonomen Provinz Bozen auch durch Grundeigentum, nämlich eine landwirtschaftliche Mindestkultureinheit[697] bzw. mindestens 50 ha Wald- oder Almfläche Anspruch auf eine Jahres- oder Gastkarte erwächst, sieht das Trentiner Landesjagdgesetz keinen vergleichbaren Passus vor.

Bemerkenswert ist weiters, dass Art. 22 Abs. 2 Trentiner Landesjagdgesetz bestimmt, dass der vom staatlichen Jagdrahmengesetz Nr. 157/1992 vorgesehene Jagdausweis durch die Jahreskarte ersetzt wird.[698] Eine analoge Bestimmung wurde von der Autonomen Provinz Bozen mit LG Nr. 14/2011 in das Landesjagdgesetz eingefügt,[699] jedoch vom VerfGH mit Urteil Nr. 278/2012 für verfassungswidrig befunden.[700]

5.1.1.3. Wahl der Jagdform

Auch im Hinblick auf die Wahl der Jagdform unterscheiden sich die beiden Landesgesetze. Die Autonome Provinz Trient hat nämlich, unter Berufung auf den von Art. 11 Abs. 2 staatliches Jagdrahmengesetz Nr. 157/1992 zugestandenen Spielraum,[701] im Trentiner Landesjagdgesetz einen Passus[702] eingefügt, der bestimmt, dass die Jagd, im Einklang mit den örtlichen Gewohnheiten und Traditionen, sowohl als Pirschjagd als auch von ständigen Ansitzeinrichtungen aus ausgeübt werden kann.[703] Die Autonome Provinz Bozen führte

697 Zur Definition von landwirtschaftlicher Mindestkultureinheit siehe unter 3.2.8.1.

698 Art. 22 Abs. 2 Trentiner Landesjagdgesetz lautet: *"Il permesso annuale sostituisce a tutti gli effetti, in provincia di Trento, il tesserino di cui all'articolo 12, comma 12, della legge 11 febbraio 1992, n. 157."*

699 Siehe dazu unter 7.1.

700 Vgl. unter 7.4.

701 Vgl. unter 4.2.2.4.

702 In einem momentan behängenden Verfahren hat das VwG Trient die Frage der Verfassungswidrigkeit von Art. 24 Abs. 1 Trentiner Landesjagdgesetz für nicht offenkundig unbegründet befunden und die Lösung dieser Frage für entscheidungsrelevant erklärt, weshalb es mit Verweisungsbeschluss Nr. 16 vom 16.01.2015 die Überweisung der Akten an den VerfGH und die Aussetzung des behängenden Verfahrens verfügte.

703 Art. 24 Abs. 1 Trentiner Landesjagdgesetz lautet: *"In conformitá alle consuetudini e tradizioni locali, l'esercizio della caccia è consentito in forma vagante e mediante appostamento fisso, nel rispetto delle modalitá e dei limiti stabiliti dalla presente legge e in quanto non contrasti con l'esigenza di conservazione della fauna selvatica e non arrechi danno effettivo alle produzioni agricole e al patrimonio forestale."*

eine analoge Regelung mit LG Nr. 14/2011 ins Landesjagdgesetz ein,[704] die jedoch vom VerfGH mit Urteil Nr. 278/2012[705] für verfassungswidrig erklärt wurde.[706]

5.1.1.4. Jagdwaffen

Weiters unterscheiden sich das Südtiroler und das Trentiner Landesjagdgesetz hinsichtlich der Regelung der Jagdwaffen. Das Trentiner Landesjagdgesetz bestimmt diesbezüglich in Art. 25 Abs. 1, dass die Jagdausübung nur mit Gewehr, und zwar laut Vorgaben des staatlichen Jagdrahmengesetzes Nr. 157/1992, zulässig ist. Daraus folgt, dass in beiden autonomen Provinzen sowohl die Jagd mit Pfeil und Bogen als auch die Beizjagd verboten sind. Das Südtiroler Landesjagdgesetz unterscheidet sich jedoch dadurch vom Trentiner Landesjagdgesetz, dass es die zulässigen Kaliber und Jagdgewehre selbst festlegt. Hinsichtlich der zulässigen Mindestkaliber und der Magazinkapazitäten hat sich der Landesgesetzgeber zwar an die Vorgaben des staatlichen Jagdrahmengesetzes Nr. 157/1992 gehalten, gleichzeitig jedoch eine strengere Linie im Sinne der Waidgerechtigkeit gewählt, indem für Rotwild ein Mindestkaliber von 6,5 mm eingeführt und die Randfeuerpatronen vollkommen verboten wurden.

5.1.1.5. Jagdzeiten und jagdbare Wildarten

Ein besonders ausschlagkräftiger Gradmesser für die Ausnützung des gesetzgeberischen Spielraums im Jagdsektor sind die Jagdzeiten und die jagdbaren Wildarten. Während laut Südtiroler Landesjagdgesetz 27 Wildarten jagdbar sind, enthält das Trentiner Landesjagdgesetz 34 jagdbare Wildarten. Folgende neun Federwildarten sind nur laut Trentiner Landesjagdgesetz jagdbar: Turteltaube, Lerche, Bekassine, Rebhuhn, Schnatterente, Pfeifente, Reiherente, Tafelente, Rotdrossel. In der Autonomen Provinz Bozen sind dagegen

704 Art. 2 Abs. 5 LG Nr. 14/2011 lautete: *„In der Provinz Bozen wird der von den staatlichen Bestimmungen vorgesehene Jagdausweis durch die im Artikel 25 Jagderlaubnisscheine ersetzt. Diese berechtigen zur Ausübung der Jagd sowohl in Form als Gebirsjagd als auch der Ansitzjagd.“*

705 Vgl. unter 7.4. und 7.5.

706 Aufgrund des VerfGH Urteils Nr. 278/2012 könnte jetzt allerdings auch Art. 24 Abs. 1 Trentiner Landesjagdgesetz für verfassungswidrig erklärt werden. Das VwG Trient hat nämlich mit Verweisungsbeschluss Nr. 16 vom 16.01.2015 die Frage der Verfassungsmäßigkeit des Art. 24 Abs. 1 Trentiner Landesjagdgesetz für entscheidungsrelevant und nicht offenkundig unbegründet befunden und in der Folge die Aussetzung des Verfahrens und die Übermittlung der Akten an den VerfGH verfügt. Die Zweifel an der Verfassungsmäßigkeit von Art. 24 Abs. 1 Trentiner Landesjagdgesetz hat das VwG Trient u.a. mit Verweis auf das VerfGH Urteil Nr. 278/2012 begründet.

im Unterschied zur Nachbarprovinz folgende Wildarten jagdbar: Damwild, Blässhuhn und Elster.

Sämtliche dieser Wildarten sind im taxativen Katalog der jagdbaren Wildarten des staatlichen Jagdrahmengesetzes Nr. 157/1992 aufgelistet, weshalb der Landesgesetzgeber *de iure* die Anzahl der jagdbaren Wildarten ohne Weiteres erhöhen könnte.

Hinsichtlich der Jagdzeiten müssen mehrere Wildarten voneinander unterschieden werden. Ringeltaube, Rabenkrähe, Nebelkrähe, Eichelhäher und Amsel sind laut Trentiner Landesjagdgesetz vom ersten Sonntag im September bis zum 15. Dezember jagdbar. Das Südtiroler Landesjagdgesetz sieht für ebendiese Federwildarten dagegen eine Jagdzeit vom 1. Oktober bis zum 15. Dezember vor. Vergleicht man diese Jagdzeiten mit den Vorgaben des staatlichen Jagdrahmengesetzes Nr. 157/1992, erkennt man, dass beide autonomen Provinzen gesetzgeberischen Spielraum hätten, die Jagdzeit für die genannten Federwildarten, mit Ausnahme der Amsel, vom dritten Sonntag im September bis zum 31. Jänner festzulegen. Dass der Trentiner Landesgesetzgeber die Jagdzeit auf genannte Federwildarten bereits vom ersten Sonntag im September und nicht, wie vom staatlichen Jagdrahmengesetz Nr. 157/1992 vorgesehen, am dritten Sonntag im September eröffnet, ist deshalb zulässig, weil trotz der Vorverlegung nicht der gesamte vom staatlichen Jagdrahmengesetz Nr. 157/1992 vorgegebene Zeitrahmen ausgeschöpft wird.[707]

Den gesamten gesetzgeberischen Spielraum gemäß staatlichem Jagdrahmengesetz Nr. 157/1992 ausgeschöpft hat der Trentiner Gesetzgeber beispielsweise hinsichtlich der Federwildarten Krickente, Wacholderdrossel, Stockente, Knäkente, die allesamt vom dritten Sonntag im September bis zum 31. Jänner jagdbar sind. Bei weitem restriktiver ist hier das Südtiroler Landesjagdgesetz, das für die genannten Wildarten eine Jagdzeit vom 1. Oktober bis zum 15. Dezember vorsieht.

Neben den Jagdzeiten für Federwild müssen auch jene für Schalenwild verglichen werden. Rehwild und Rotwild sind laut Südtiroler Landesjagdgesetz vom 1. Mai bis zum 15. Dezember jagdbar, während das Trentiner Landesjagdgesetz einen Zeitraum vom 1. Mai bis zum 30. Juni und vom ersten Sonntag im September bis zum 31. Dezember vorsieht.[708]

707 Diese These kann mit der Argumentation des VerfGH im Urteil Nr. 278/2012 *ad confirmandum* belegt werden: RE Rdnr 4.4: *"Per quel che concerne la cesena ed il tordo bottaccio, il termine del 10 gennaio, fissato dalla legge provinciale, risulta compatibile, in quanto piú ristretto, con l'art. 18, comma 1 della legge n. 157 del 1992, che consente la caccia fino al 31 gennaio."*

708 Art. 29 Abs. 2 lit. *g)* Trentiner Landesjagdgesetz.

Gamswild ist in der Autonomen Provinz Bozen vom 1. August bis zum 15. Dezember jagdbar, in der Autonomen Provinz Trient dagegen vom 16. August bis zum 15. Dezember. *Summa summarum* kann festgehalten werden, dass das Trentiner Landesjagdgesetz beim Federwild weitläufigere Jagdzeiten enthält, das Südtiroler Landesjagdgesetz dagegen beim Schalenwild.

Bemerkenswert erscheint Art. 29 Abs. 3 Trentiner Landesjagdgesetz, mit welchem die Durchführungsbestimmung DPR Nr. 274/1979[709] in der durch GvD Nr. 267/1992 abgeänderten Fassung wiedergegeben wird.[710]

Was die Jagdtage pro Woche anbelangt, legt das Trentiner Landesjagdgesetz fest, dass die Jagdausübung an maximal drei Tagen pro Woche erlaubt ist, mit Ausnahme von Dienstag und Freitag.[711] Auch das Südtiroler Landesjagdgesetz sieht vor, dass die Jagdausübung nur an drei Tagen in der Woche erlaubt ist, schließt jedoch die Anwendung dieser Einschränkung auf Schalenwild aus. Die Entscheidung, die Schalenwildjagd von dieser Einschränkung auszuklammern, ist aufgrund der *a priori* festgelegten Abschusspläne und zugeteilten Abschüsse im Sinne der Landesjagdordnung gerechtfertigt. Die Rechtmäßigkeit dieser Bestimmung untermauert Art. 11 *quaterdecies* Abs. 5 des GD Nr. 203/2005,[712] der die Autonomen Provinzen Trient und Bozen dazu ermächtigt, die Auslesejagd auf das jagdbare Schalenwild auf der Grundlage von angemessenen Abschussplänen, die zwischen Geschlecht und Altersklassen unterscheiden, auch außerhalb des Zeitrahmens und der Uhrzeit, die vom staatlichen Jagdrahmengesetz Nr. 157/1992 vorgegeben werden, zu regeln.

Dass das Südtiroler Landesjagdgesetz, mit einer Ausnahme,[713] nicht die Jagdruhe am Dienstag und Freitag eingeführt hat, zeugt davon, dass sich der Landesgesetzgeber in Ausübung bzw. gerade aufgrund seiner primären Gesetzgebungsbefugnis nicht dieser Vorgabe des staatlichen Jagdrahmengesetzes Nr. 157/1992 beugen wollte.[714] Analysiert man die Bedeu-

709 Siehe hierzu näher unter 1.2.2.

710 Art. 29 Abs. 3 Trentiner Landesjagdgesetz lautet: *"La Giunta provinciale con propria deliberazione provvede all'adeguamento dell'elenco delle specie faunistiche di cui al comma 2 nel rispetto di eventuali ulteriori limitazioni introdotte dalla legislazione nazionale concernente l'attuazione della normativa comunitaria e dei trattati internazionali sulla conservazione della fauna selvatica, in esecuzione delle disposizioni previste dall'articolo 1 del decreto del Presidente della Repubblica del 22 marzo 1974, n. 279, come modificato dall'articolo 5 del decreto legislativo 16 marzo 1992, n. 267."*

711 Art. 29 Abs. 4 Trentiner Landesjagdgesetz.

712 Vgl. 3.2.5.

713 Art. 11 Abs. 4 LG Nr. 7/2013 sieht vor, dass *„die Bejagung der Wacholder- und Singdrossel bis 31. Jänner an drei Tagen in der Woche, ausgenommen Dienstag und Freitag, erlaubt"* ist.

714 Art. 18 Abs. 5 Jagrahmengesetz Nr. 157/1992.

tung der Jagdruhe am Dienstag und Freitag, die aufgrund GD Nr. 203/2005 nicht mehr auf Schalenwild angewandt werden kann, muss diese als marginal eingestuft werden: Da die Jagd auf alles Wild, das nicht zum Schalenwild gehört, ohnehin nur an drei Tagen pro Woche ausgeübt werden darf, macht es *de facto* keinen Unterschied, an welchen drei Wochentagen gejagt wird. Es fällt somit schwer, diese Bestimmung des staatlichen Jagdrahmengesetzes Nr. 157/1992 als grundlegende Bestimmung bzw. nunmehr als transversalen Wert zu betrachten.

5.1.1.6. Judikatur des VerfGH

In der Judikatur des VerfGH finden sich hinsichtlich der Gesetzgebungskompetenz der Autonomen Provinzen Trient und Bozen im Sachbereich Jagd nahezu identisch gelagerte Präzedenzfälle. Das VerfGH Urteil Nr. 577/1990 knüpft explizit an das Urteil Nr. 1002/1988 an, welches aus einer indirekten Verfassungsbeschwerde resultierte, die vom Staatsrat vorgebracht worden war. Der VerfGH bezeichnete im Urteil Nr. 1002/1988 das staatliche Jagdrahmengesetz Nr. 968/1977 als grundlegendes wirtschaftlich-soziales Reformgesetz, das durch seine grundlegenden Bestimmungen in der Lage sei, die Gesetzgebung der autonomen Provinzen einzuschränken.[715] In seiner Argumentation befand der VerfGH, dass Art. 11 staatliches Jagdrahmengesetz Nr. 968/1977, der die Liste der jagdbaren Wildarten vorgibt, eine grundlegende Bestimmung eines wirtschaftlich-sozialen Reformgesetzes sei, die einen nicht derogierbaren Mindestschutz darstelle.[716] Nach Ansicht des VerfGH dürfe die Liste der jagdbaren Wildarten zwar von den Regionen und Autonomen Provinzen abgeändert werden, allerdings nur im Sinne einer Verschärfung der Schutzvorschriften.[717] Diese Argumentation legte der VerfGH dem Urteil Nr. 577/1990 zugrunde, mit welchem das Südtiroler Landesjagdgesetz in jenem Teil für verfassungswidrig erklärt wurde, in welchem es Dachs, Edelmarder, Steinmarder und Murmeltier als jagdbar einstufte.[718] Um den verlorengegangenen gesetzgeberischen Spielraum wiederherzustellen, wurde mit Art. 5 GvD Nr. 267/1992 die Durchführungsbestimmung zum Sonderstatut DPR Nr. 279/1974 wie folgt ergänzt: Der Landesgesetzgeber wurde ermächtigt, die Standards zum Schutz der Fauna sowie die jagdbaren Arten und den Jagdkalender in Beachtung der in die staatliche Rechtsordnung

715 VerfGH Urteil Nr. 1002/1988 RE Rdnr 3.
716 VerfGH Urteil Nr. 1002/1988 RE Rdnr 3.
717 VerfGH Urteil Nr. 1002/1988 RE Rdnr 3.
718 VerfGH Urteil Nr. 577/1990 RE Rdnr 3.

eingeführten internationalen und unionsrechtlichen Schutzrichtlinien festzulegen.[719] Mit VerfGH Urteil Nr. 227/2003 mussten die Autonomen Provinzen Trient und Bozen jedoch zur Kenntnis nehmen, dass die Wiederherstellung der verloren gegangenen Zuständigkeiten mit Art. 5 GvD Nr. 267/1992 fehlgeschlagen war: Der VerfGH bestand darauf, dass die Gesetzgebungsbefugnis der autonomen Provinzen im Sachbereich Jagd weiterhin die statutarische Schranke der grundlegenden Bestimmungen der wirtschaftlich-sozialen Reformen zu beachten hatte.[720] Nach dem Dafürhalten des VerfGH ermächtigt die Durchführungsbestimmung zum Sonderstatut DPR Nr. 279/1974, in der vom GvD Nr. 267/1992 ergänzten Fassung, die beiden autonomen Provinzen nicht, sich ausschließlich an internationale und unionsrechtliche Schutzrichtlinien zu halten ohne staatliche Normen, die EU-Bestimmungen umsetzen, beachten zu müssen.[721] Hierzu zählen nach Ansicht des VerfGH die Bestimmungen des staatlichen Jagdrahmengesetzes Nr. 157/1992, die als grundlegende Bestimmungen einer wirtschaftlich-sozialen Reform eingestuft werden.[722]

Die Argumentation des VerfGH, wonach die Bestimmungen des staatlichen Jagdrahmengesetzes Nr. 157/1992, die eine wirtschaftlich-soziale Reform darstellen, trotz der mit Art. 5 GvD Nr. 267/1992 ergänzten Durchführungsbestimmung DPR Nr. 279/1974 aufrecht bleiben, kann aus mehreren Gründen kritisch betrachtet werden. Im Sinne von Art. 12 der Bestimmungen über das Gesetz im Allgemeinen darf dem Gesetz bei seiner Auslegung nur jener Sinn beigelegt werden, der sich *„aus der eigenen Bedeutung der Worte in ihrem*

719 Art. 5 GvD Nr. 267/1992 bestimmt: *„Die Standards zum Schutz der Fauna werden mit Landesgesetz geregelt, in welchem der Jagdkalender und die jagdbaren Tiere in Beachtung der Schutzrichtlinien festgelegt sind, die aus den in die staatliche Rechtsordnung eingeführten internationalen Abmachungen und EG-* (nunmehr: unionsrechtlichen) *Bestimmungen hervorgehen.“*

720 VerfGH Urteil Nr. 227/2003 RE Rdnr 3.

721 VerfGH Urteil Nr. 227/2003 RE Rdnr 3; *Borgonovo Re* hatte diesbezüglich eine differenzierte Meinung vertreten, vgl. *Borgonovo Re*, Land- und Forstwirtschaft, Jagd und Fischerei, öffentliche Nutzungsrechte und geschlossene Höfe, 540.

722 VerfGH Urteil Nr. 227/2003 RE Rdnr 3 bestimmt: “*In realtá, la suddetta disposizione di attuazione non sembra derogare alle previsioni statutarie nello stabilire che* ‘lo standard di protezione della fauna è disciplinato con legge provinciale che stabilisce il calendario venatorio e le specie cacciabili, attenendosi ai livelli di protezione risultanti dalle convenzioni internazionali o dalle norme comunitarie introdotte nell’ordinamento statale.’ *La disposizione di attuazione in effetti, non prevede, come sostiene invece la Provincia, che la legislazione debba unicamente attenersi alle norme internazionali ed europee, senza che su di essa possano incidere le norme statali che diano attuazione al diritto comunitario e che, come nel caso delle previsioni della legge n. 157 del 1992 che vengono in rilievo nel presente giudizio, siano qualificabili come norme fondamentali delle riforme economico-sociali.*”

Zusammenhang und aus der Absicht des Gesetzgebers ergibt."[723] *Voluntas legis* hinter Art. 5 GvD Nr. 267/1992 war zweifelsohne die Absicht der autonomen Provinzen, die negativen Auswirkungen des VerfGH Urteils Nr. 577/1990 auf die primäre Gesetzgebungskompetenz im Sachbereich Jagd rückgängig zu machen. Das in Art. 5 GvD Nr. 267/1992 enthaltene weitreichende Zugeständnis an die Gesetzgebungsbefugnis der Autonomen Provinzen Trient und Bozen im Sachbereich Jagd erfolgte, wie bereits an anderer Stelle ausgeführt,[724] nach Inkrafttreten des staatlichen Jagdrahmengesetzes Nr. 157/1992. Daraus folgt, dass die Regierung beim Erlass der Durchführungsbestimmung nicht nur die *voluntas legis* der beiden Landesgesetzgeber kannte, sondern auch im Bewusstsein der Rechts- und Sachlage des staatlichen Jagdrahmengesetzes Nr. 157/1992 handelte.

Darüber hinaus ist auf die präzise Formulierung des Art. 5 GvD Nr. 267/1992 zu verweisen, der *expressis verbis* festlegt, dass der Landesgesetzgeber *die „Standards zum Schutz der Fauna"* mit Landesgesetz festlegen kann. Durch die Interpretation des VerfGH im Urteil Nr. 227/2003 wird diese Durchführungsbestimmung vollständig ausgehöhlt: Denn dadurch, dass der Landesgesetzgeber weiterhin die Bestimmungen des staatlichen Jagdrahmengesetzes Nr. 157/1992 beachten muss, bleibt die Durchführungsbestimmung toter Buchstabe. Der VerfGH verweist im Urteil Nr. 227/2003 nämlich darauf, dass die Bestimmungen des staatlichen Jagdrahmengesetzes Nr. 157/1992 als einheitliche Mindestschutzstandards gelten.[725]

Zusammenfassend kann hinsichtlich des VerfGH Urteils Nr. 227/2003 festgehalten werden, dass durch eine umstrittene verfassungsgerichtliche Interpretation[726] die Durchführungsbestimmung Art. 5 GvD Nr. 267/1992 ausgehebelt wurde, um die staatlichen Befugnisse zu Lasten der autonomen Kompetenzen auszubauen.

---

723 Art. 12 der Bestimmungen über das Gesetz im Allgemeinen lautet: *"Nell'applicare la legge non si può ad essa attribuire altro senso che quello fatto palese dal significato proprio delle parole secondo la connessione di esse, e dalla intenzione del legislatore."*

724 Vgl. 7.5.

725 VerfGH Urteil Nr. 227/2003 RE Rdnr 4.

726 Ein Teil der Lehre befürwortete diese Entscheidung des VerfGH, ohne die Durchführungsbestimmung Art. 5 GvD überhaupt zu berücksichtigen. So etwa *Di Dio*, La tutela della fauna selvatica, dell'ambiente e dell'ecosistema nella giurisprudenza della Corte Costituzionale, Dir giur agr 2004, 89: *"La difesa provinciale, che pretendeva di tenere salvo il contenuto della legislazione impugnata, pensando di doverle assegnare una particolare efficacia (in grado di resistere anche alle grandi direttive statali), non ha evidentemente ricevuto credito presso la Consulta."*

5.1.1.7. Resümee

Die Landesjagdgesetze der Autonomen Provinzen Trient und Bozen sind trotz unterschiedlichem Aufbau von ähnlichen Grundzügen geprägt. Der vorhandene gesetzgeberische Spielraum wurde von den autonomen Provinzen teils identisch, teils unterschiedlich ausgenützt. Das Trentiner Landesjagdgesetz hat etwa großzügigere Jagdzeiten auf Federwild eingeführt, während das Südtiroler Landesjagdgesetz seinen gesetzgeberischen Spielraum hinsichtlich der Schalenwildjagd geringfügig stärker genützt hat.
Einzelne Unterschiede zwischen den beiden Landesjagdgesetzen, wie etwa Art. 24 Abs. 1 Trentiner Landesjagdgesetz,[727] beweisen, dass bei Gesetzesabänderungen politisch günstige Situationen gewählt werden sollten, um etwaigen direkten Verfassungsbeschwerden zu entgehen.
Summa summarum befinden sich Südtiroler und Trentiner Landesjagdgesetz auf derselben Wellenlänge, wobei ersterem die Umsetzung der EU-Richtlinien auf dem Jagdsektor zugute gehalten werden muss.

5.1.2. Autonome Region Sardinien

In der Folge soll nun die primäre Gesetzgebungskompetenz der Autonomen Provinz Bozen im Sachbereich Jagd mit jener der Region Sardinien anhand des Rechtskorpus sowie der verfassungsgerichtlichen Judikatur rechtsvergleichend betrachtet werden.
Die Region Sardinien verfügt gemäß Art. 3 lit. *i)* VerfGes Nr. 3/1948 über primäre Gesetzgebungskompetenz im Sachbereich Jagd, die den Schranken laut Art. 3 dieser Rechtsquelle unterworfen ist: Übereinstimmung mit der Verfassung und den Grundsätzen der Republik, Achtung der internationalen Verpflichtungen und der nationalen Interessen sowie der grundlegenden Bestimmungen der wirtschaftlich-sozialen Reformen. Im Unterschied zu den Autonomen Provinzen Bozen und Trient verfügt die Region Sardinien über keine Durchführungsbestimmung, die inhaltlich mit Art. 1 DPR Nr. 279/1974 vergleichbar wäre.
Die Region Sardinien hat die primäre Gesetzgebungsbefugnis im Sachbereich Jagd mit dem Erlass des organischen Jagdgesetzes RG Nr. 23 vom 29. Juli 1998[728] (in der Folge:

727 Art. 24 Abs. 1 Trentiner Landesjagdgesetz erlaubt auf dem Gebiet der Autonomen Provinz Trient die Jagdausübung sowohl als Pirschjagd als auch als Ansitzjagd. Eine hierzu analoge Gesetzesbestimmung wurde mit LG Nr. 14/2011 ins Südtiroler Landesjagdgesetz eingefügt, jedoch mit VerfGH Urteil Nr. 278/2012 für verfassungswidrig erklärt.

728 ABl R Sardinien Nr. 23 vom 01.08.1998.

sardisches Jagdgesetz) ausgeschöpft, welches zuletzt mit RG Nr. 5 vom 21.01.2011[729] novelliert wurde.

Art. 1 des sardischen Jagdgesetzes verdeutlicht, ähnlich wie das Landesjagdgesetz, explizit den Anspruch des Regionalgesetzgebers, den Schutz der Wildtierfauna aufgrund der statutarischen Zuständigkeit im Sachbereich Jagd selbstständig zu regeln.[730] Das sardische Jagdgesetz setzt mit Art. 2 sowohl internationale Bestimmungen als auch EU-Richtlinien im Jagdsektor um, wie beispielsweise die FFH-Richtlinie und die Vogelrichtlinie. In Umsetzung der internationalen Bestimmungen und EU-Richtlinien verfügt das sardische Jagdgesetz außerdem die Errichtung von Wildschutzgebieten sowie von besonderen Schutzgebieten (BSG) im Sinne von Art. 6 der FFH-Richtlinie.

5.1.2.1. Eigentumsfrage und Definition der Wildtierfauna

Das Landesjagdgesetz stuft Wildtiere, im Einklang mit der Vorgabe des staatlichen Jagdrahmengesetzes Nr. 157/1992, als unverfügbares Vermögen ein, welches von der Provinz verwaltet wird,[731] das sardische Jagdgesetz dagegen bezeichnet die Wildtierfauna als Umweltgut der Region. Auch die Definition der Wildtierfauna wird von den Gesetzgebern kontrovers geregelt. Das Landesjagdgesetz bezeichnet nach Maßgabe des staatlichen Jagdrahmengesetzes Nr. 157/1992 die frei lebenden, sich ständig oder zeitweise in Südtirol aufhaltenden Säugetiere und Vögel als Wild.[732] Das sardische Jagdgesetz fasst dagegen den Terminus Wildtierfauna extensiver auf: Es stuft neben den frei lebenden Säugetieren und Vögeln auch Reptilien und Amphibien als Wildtiere ein.[733] Divergent ist auch die Liste der Tiere, die von den beiden Jagdgesetzen als nicht zur Wildtierfauna zugehörig eingestuft werden: Während der Landesgesetzgeber Maulwürfe, Ratten, Langschwanz- und Wühlmäuse von der Wildtierfauna ausschließt, verfügt das sardische Jagdgesetz, dass auch die Nutria nicht zur Wildtierfauna zählt.[734]

729 ABl R Sardinien Nr. 3 vom 29.01.2011.

730 Art. 1 sardisches Jagdgesetz betont: "*La Regione Autonoma della Sardegna tutela la fauna selvatica secondo metodi di razionale programmazione del territorio e di uso delle risorse naturali e disciplina il prelievo venatorio nel rispetto dell'equilibrio ambientale, avvalendosi della competenza primaria di cui all'articolo 3 del proprio Statuto speciale, approvato con legge costituzionale 26 febbraio 1948, n. 3.*"

731 Siehe Art. 2 Abs. 2 Landesjagdgesetz.

732 Art. 2 Abs. 1 Landesjagdgesetz.

733 Art. 5 Abs. 1 sardisches Jagdgesetz.

734 Art. 2 Abs. 1 Landesjagdgesetz bzw. Art. 5 Abs. 6 sardisches Jagdgesetz.

5.1.2.2. Jagdwaffen

In puncto Jagdwaffen ist den beiden Jagdgesetzen gemeinsam, dass lediglich die Jagd mit Gewehren zulässig ist.[735] Das sardische Jagdgesetz enthält jedoch eine Gesetzeslücke hinsichtlich des Mindestkalibers für Büchsen, da es weder ein Mindestkaliber vorschreibt noch auf die entsprechende Bestimmung des staatlichen Jagdrahmengesetzes Nr. 157/1992 bzw. des GvD Nr. 204/2010 hinweist.[736]

5.1.2.3. Untergliederung der Landesflächen

Was die Untergliederung der Landesfläche anbelangt, enthält das sardische Jagdgesetz keine mit dem Landesjagdgesetz vergleichbare einheitliche Regelung. Setzt man die im sardischen Jagdgesetz verstreuten Normen in Korrelation zueinander, ergibt sich folgendes Bild: Das Gebiet der Region Sardinien wird – unter Berücksichtigung der Gebiete, der örtlichen Gewohnheiten und des Jagddrucks – in mehrere Jagdgebiete subprovinzialen Ausmaßes untergliedert.[737] Zwischen 20 und 30 % des gesamten Kulturlands, Wald- und Weidegebiets müssen jedoch gemäß Art. 22 des sardischen Jagdgesetzes als Wildschutzgebiet ausgewiesen werden.[738] Diese Bestimmung, die auf der Maßgabe des staatlichen Jagdrahmengesetzes Nr. 157/1992 beruht,[739] zählt unter anderem die Fläche der öffentlichen und privaten Einrichtungen für die Aufzucht der Wildtierfauna und die Gebiete, in denen die Jagdausübung verboten ist, zu den Wildschutzgebieten, um den staatlichen Vorgaben Genüge zu tun.

Art. 22 Abs. 3 sardisches Jagdgesetz enthält das Pendant zu den Eigenjagden des Landesjagdgesetzes: „*faunistisch-jagdliche Betriebe*“ und „*agrartouristisch-jagdliche Betriebe*“.[740] Die Genehmigung zur Errichtung dieser privat geführten Jagdbetriebe wird für jeweils zehn Jahre erteilt und ist an den Konsens der Grundeigentümer gebunden.[741] Das sardische Jagdgesetz verfügt im Einklang mit dem staatlichen Jagdrahmengesetz Nr. 157/1992, dass die Fläche der „*faunistisch-jagdliche Betriebe*“ und „*agrartouristisch-jagdliche Betrie-*

735 Art. 14 Landesjagdgesetz bzw. Art. 41 sardisches Jagdgesetz.

736 Art. 41 Abs. 1 sardisches Jagdgesetz.

737 Art. 52 sardisches Jagdgesetz.

738 Art. 22 sardisches Jagdgesetz.

739 Vgl. Art. 10 staatliches Jagdrahmengesetz Nr. 157/1992.

740 Art. 22 Abs. 3 sardisches Jagdgesetz spricht von *“aziende faunistico venatorie“* und *“aziende agri-turistico-venatorie.“*

741 Art. 31 Abs. 3 sardisches Jagdgesetz.

be" höchstens 15 % des gesamten Kulturlands, Wald- und Weidegebiets der Regionen betragen darf.
Auch hinsichtlich der Bindung des Jägers ans Territorium unterscheiden sich beide Rechtsnormen grundlegend. Während das Landesjagdgesetz die Jagdausübung in der Regel auf ein Jagdrevier kraft Gesetzes beschränkt,[742] ist laut sardischem Jagdgesetz die Jagdausübung auf Federwild in allen Jagdgebieten erlaubt.[743]

5.1.2.4. Jagdzeiten und jagdbare Wildarten

Die beiden Jagdgesetze, die Gegenstand dieses Rechtsvergleichs sind, unterscheiden sich weiters hinsichtlich der jagdbaren Wildarten, was sich auf die grundverschiedenen Lebensräume zurückführen lässt. Das sardische Jagdgesetz stuft vier Säugetiere[744] und 32 Federwildarten,[745] also *in toto* 36 Wildarten als jagdbar ein. Der Landesgesetzgeber hat dagegen zehn Säugetiere und 18 Federwildarten als jagdbar eingestuft.[746]
Was die Jagdzeit anbelangt, bestimmt Art. 49 des sardischen Jagdgesetzes, dass diese grundsätzlich vom dritten Sonntag im September bis zum 31. Jänner andauert. Diese Bestimmung muss jedoch gemeinsam mit Art. 48, der die jagdbaren Wildarten festlegt, im Lichte des Art. 50 betrachtet werden, welcher den Inhalt des Jagdkalenders regelt. Demnach erlässt der sachzuständige Regionalrat, nach Beschlussfassung durch das regionale Jagdkomitee, den jährlichen Jagdkalender mittels Dekret innerhalb 15. Juli. Mit diesem Jagdkalender werden die jagdbaren Wildarten, die Jagdtage und Uhrzeiten für die Jagdausübung festgelegt.[747] Da der Jagdkalender, wie an anderer Stelle ausgeführt wurde,[748] aufgrund der häufigen Anfechtungen die Achillesferse der jagdlichen Autonomie darstellt, verfügt der Landesgesetzgeber diesbezüglich aufgrund der gesetzlichen Verankerung der Jagdzeiten über ein *Plus* an Autonomie. Der Landesgesetzgeber geht durch die gesetzlich verankerten Jagdzeiten nicht nur dem immanenten Risiko einer Anfechtung mit vorläufiger

742 Vgl. dazu näher unter 3.2.8.

743 Art. 55 Abs. 2 sardisches Jagdgesetz.

744 Art. 48 Abs. 1 sardisches Jagdgesetz stuft folgende Säugetiere als jagdbar ein: Sardischer Hase, Wildkaninchen, Fuchs und Schwarzwild.

745 Art. 48 Abs. 1 sardisches Jagdgesetz stuft folgende Federwildarten als jagdbar ein: Felsenhuhn, Pfeifente, Schnatterente, Krickente, Stockente, Spießente, Knäkente, Löffelente, Tafelente, Reiherente, Wachtel, Teichhuhn, Blässhuhn, Kiebitz, Bekassine, Waldschnepfe, Ringeltaube, Turteltaube, Feldlerche, Amsel, Wacholderdrossel, Singdrossel, Rotdrossel, Weidensperling, Feldsperling, Haussperling, Star, Wasserralle, Zwergschnepfe, Uferschnepfe, Nebelkrähe, Eichelhäher.

746 Siehe hierzu näher unter 3.2.5.

747 Art. 50 Abs. 4 sardisches Jagdgesetz.

748 Vgl. unter 3.2.5.

Aussetzung des Jagdkalenders aus dem Weg, sondern erspart sich auch einen erheblichen bürokratischen Mehraufwand.

5.1.2.5. Judikatur des VerfGH vor der Reform mit VerfGes Nr. 3/2001

Um einen fundierten Vergleich der Gesetzgebungskompetenz der Autonomen Provinz Bozen und der Region Sardinien im Sachbereich Jagd zu gewährleisten, ist neben der Analyse der jeweiligen Jagdgesetze ein Blick auf die Judikatur des VerfGH unabdingbar. Besonders aussagekräftig für die Bewertung des gesetzgeberischen Spielraums der Region Sardinien im Bereich Jagd vor der Verfassungsreform von 2001 ist das VerfGH Urteil Nr. 323/1998.[749] Der Präsident des Ministerrates hatte gegen Art. 49 Abs. 1 lit. *b)* des sardischen Jagdgesetzes direkte Verfassungsbeschwerde eingereicht. Diese Gesetzesbestimmung führte für elf Federwildarten[750] eine Jagdzeit bis zum letzten Tag im Februar ein, während das staatliche Jagdrahmengesetz Nr. 157/1992 den 31. Jänner als *dies ad quem* festlegte.[751] Nach Ansicht des Beschwerdeführers stand die angefochtene Gesetzesbestimmung folglich im Widerspruch zu Art. 18 des staatlichen Jagdrahmengesetzes Nr. 157/1992, welcher aufgrund seiner Einstufung als grundlegende Bestimmung einer wirtschaftlich-sozialen Reform eine Schranke der gesetzgeberischen Befugnis der Region Sardinien darstellt.[752] Darüber hinaus machte der Präsident des Ministerrates die Verletzung der Schranke der Achtung der internationalen Verpflichtungen geltend, da Art. 7.4. der Richtlinie 79/409/EWG hinsichtlich der Zugvögel festlege, dass diese nicht während der Brut- und Aufzuchtzeit oder während ihres Rückzuges zu den Nistplätzen bejagt werden.[753]

Der VerfGH folgte der Auffassung des Beschwerdeführers und betonte, dass laut ständiger Rechtsprechung[754] die Bestimmungen des staatlichen Jagdrahmengesetzes, welche die jagdbaren Wildarten festlegen, als grundlegende Bestimmungen einer wirtschaftlich-sozialen Reform eingestuft werden.[755] Daraus folge, dass auch jene Normen, die implizit mit jenen, die die jagdbaren Wildarten festlegen, verbunden sind, zur Kategorie der grundlegenden Bestimmungen der wirtschaftlich-sozialen Reformen zählen.[756] Weiters stellte der VerfGH

749 VerfGH Urteil Nr. 323/1998, Giur. cost. 1998, 2349.

750 Ringeltaube, Waldschnepfe, Bekassine, Amsel, Rotdrossel, Singdrossel, Wacholderdrossel, Star, Knäkente, Krickente und Kiebitz.

751 VerfGH Urteil Nr. 323/1998, RE Rdnr 1.

752 VerfGH Urteil Nr. 323/1998, RE Rdnr 1.

753 VerfGH Urteil Nr. 323/1998, RE Rdnr 1.

754 Der VerfGH gibt *ex multis* die Urteile Nr. 1002/1988 und Nr. 577/1990 an.

755 VerfGH Urteil Nr. 323/1998, RE Rdnr 3.

756 VerfGH Urteil Nr. 323/1998, RE Rdnr 3.

fest, dass die staatlichen Gesetzesbestimmungen in jenen Bereichen, in denen sie den Mindestschutzstandard der Wildtierfauna festlegen, für die Regionen mit Sonderstatut und die autonomen Provinzen bindend sind.[757] Setzt man dieses Urteil in Korrelation mit den VerfGH Urteilen Nr. 577/1990 und Nr. 1002/1988, ist *ictu oculi* ersichtlich, dass die primäre Gesetzgebungskompetenz der Regionen mit Sonderstatut und der Autonomen Provinzen Trient und Bozen bereits vor der Verfassungsreform von 2001 unter Berufung auf die statutarische Schranke der grundlegenden Bestimmungen der wirtschaftlich-sozialen Reformen der Republik signifikant beschnitten wurde: Weder konnten sie die Liste der jagdbaren Wildarten autonom verändern noch die Jagdzeiten in Abweichung vom staatlichen Jagdrahmengesetz Nr. 157/1992 ausdehnen.

5.1.2.6. Judikatur des VerfGH nach der Reform mit VerfGes Nr. 3/2001

Nach Inkrafttreten des VerfGes Nr. 3/2001 führte die Region Sardinien mit einer Gesetzesnovelle im Jahr 2002 einen *Passus* ins sardische Jagdgesetz ein, welcher die Jagdausübung vom dritten Sonntag im September bis zum 28. Februar, unter der Bedingung, dass die Wildarten nicht während der Nistzeit oder während der Brut- und Aufzuchtzeit und die Zugvögel nicht während der Brutzeit oder während ihres Rückzuges zu den Nistplätzen bejagt werden, vorsah.[758]

Der VerfGH erklärte diese Gesetzesänderung mit dem umstrittenen Urteil Nr. 536/2002[759] für verfassungswidrig, da die ausschließliche Gesetzgebungskompetenz des Staates im Sachbereich Schutz der Umwelt und des Ökosystems die primäre Gesetzgebungskompetenz der Sonderautonomien einschneiden könne, wenn die staatliche Bestimmung einheitliche Mindestschutzstandards der Wildtierfauna festlegt.[760] Darüber hinaus kann nach Ansicht des VerfGH weder in internationalen noch in unionsrechtlichen Bestimmungen eine rechtliche Grundlage für die verlängerte Jagdzeit gefunden werden.[761]

Besonders letztere Behauptung des VerfGH wurde von der Lehre gerügt.[762] Überprüft man die vom VerfGH herangezogene EU-Richtlinie 79/409/EWG im Hinblick auf eine derartige Bestimmung, lässt sich tatsächlich keine Vorschrift finden, die die Jagdausübung nach dem

757 VerfGH Urteil Nr. 323/1998, RE Rdnr 3.

758 VerfGH Urteil Nr. 536/2002, RE Rdnr 1.

759 Siehe hierzu auch unter 1.3.3.

760 VerfGH Urteile Nr. 536/2002, RE Rdnr 5.

761 VerfGH Urteil Nr. 536/2002, RE Rdnr 6.

762 U.a. *Lobello*, Giur. it. 2004, 14; *Gorlani*, La materia della caccia davanti alla Corte Costituzionale dopo la riforma del titolo V Cost., 1.

31. Jänner verbietet. Das Argument des VerfGH, wonach eine derartige Bestimmung in Art. 7.4. dieser Rechtsnorm enthalten ist,[763] erscheint nicht stichhaltig. Diese Bestimmung verfügt nämlich lediglich, dass die Mitgliedsstaaten dafür zu sorgen haben, dass *„die Arten, auf die die Jagdvorschriften Anwendung finden, nicht während der Nistzeit oder während der einzelnen Phasen der Brut- und Aufzuchtzeit bejagt werden"* sowie dass Zugvögel *„nicht während der Brut- und Aufzuchtzeit oder während ihres Rückzuges zu den Nistplätzen bejagt werden."*[764] Daraus folgt, dass die EU-Richtlinie *de quo* weder taxativ die Zeitspanne für die Jagdausübung vorgibt[765] noch einen nicht derogierbaren Endzeitpunkt für die Jagdausübung festlegt,[766] sondern lediglich ein Schutzprinzip während der Brut und Aufzuchtzeit festlegt.[767] Die Feststellung, dass *„der staatliche Gesetzgeber den nicht derogierbaren Endzeitpunkt für die Jagdausübung in expliziter Umsetzung der Richtlinie 79/409/EWG festgelegt habe"*[768] ist insofern unpräzise, als sie nicht hinzufügt, dass der Staat sich nicht nur darauf beschränkt hat, die Richtlinie umzusetzen, sondern im Zuge der Umsetzung eine Linie gewählt hat, die restriktiver ist als jene, die von der EU-Bestimmung vorgegeben wird.

Festgehalten dass, wie vorhin dargelegt, der staatlich festgelegte Endzeitpunkt für die Jagdausübung am 31. Jänner keine internationale oder unionsrechtliche Bestimmung *in terminis* umsetzt, scheint dieser keine Zielsetzung des Schutzes der Umwelt und des Ökosystems zu sein, sondern wennschon ein Mittel zum Erreichen des Ziels, d.h. zum Schutz der Zugvögel zu sein.[769] Daraus resultiert die Frage, ob sich die ausschließliche Zuständigkeit des Staates im Sachbereich Schutz der Umwelt und des Ökosystems nur auf die Vorgabe der zu erreichenden Ziele beschränken müsse oder aber auch die Mittel zum Erreichen dieser Ziele vorgeben dürfe. Ersterer Meinung ist *Morrone*, der dem VerfGH vorwirft, im Urteil *de quo* die Mittel, d.h. Jagdverbot nach dem 31. Jänner, mit dem Ziel, d.h. dem Fortbestand des Federwildes verwechselt zu haben.[770]

Hätte der VerfGH im Urteil Nr. 536/2002 die Günstigkeitsklausel gemäß Art. 10 VerfGes Nr. 3/2001 kohärent angewandt, wäre er hinsichtlich der Schranke der internationalen und unionsrechtlichen Bestimmungen möglicherweise zu einem anderen Schluss

763 VerfGH Urteil Nr. 536/2002, RE Rdnr 6.

764 Art. 7.4 Richtlinie 79/409/EWG.

765 *Lobello*, Giur. it. 2004, 14.

766 *Scheggi*, Il riparto di competenze Stato-Regioni in materia di chiusura della stagione venatoria alla luce della recente riforma costituzionale. Una compressione delle potestá regionali, Dir. giur. agr. 2005, 162.

767 *Gorlani*, La materia della caccia davanti alla Corte Costituzionale dopo la riforma del titolo V Cost., 1.

768 *Deliperi*, La Corte Costituzionale frena la "deregulation" in materia venatoria, Riv. giur. amb. 2003, 539.

769 *Morrone*, Giur. cost. 2002, 4436.

770 *Morrone*, Giur. cost. 2002, 4438.

gekommen. Art. 117 Abs. 5 Verf legt nämlich fest, dass die Regionen und Autonomen Provinzen Bozen und Trient in den Sachgebieten ihrer Zuständigkeit für die Anwendung und Durchführung von Rechtsakten der Europäischen Union zuständig sind. Folglich könnte der VerfGH im Zuge einer schlüssigen Argumentation nicht behaupten, dass das Jagdverbot nach dem 31. Jänner verbindlich sei, da es im Zuge der Umsetzung von internationalen oder unionsrechtlichen Bestimmungen eingeführt wurde. Erstens ist nämlich in internationalen und unionsrechtlichen Rechtsakten keine derartige Vorschrift enthalten, zweitens ist die Umsetzung laut Art. 117 Abs. 5 Verf ohnehin den Regionen und autonomen Provinzen innerhalb ihrer Zuständigkeitsbereiche vorbehalten.

5.1.2.7. Resümee

Vergleicht man die primäre Gesetzgebungskompetenz der Autonomen Provinz Bozen und der Region Sardinien im Lichte der vorgenommenen Analyse, scheint sich der Landesgesetzgeber durch Art. 1 der Durchführungsbestimmung DPR Nr. 279/1974[771] in einer besseren Ausgangslage zu befinden. Da der VerfGH jedoch mit mehreren Urteilen[772] diese Durchführungsbestimmung vollständig aushöhlte, konnte der Landesgesetzgeber nicht von dieser *lex spezialis* profitieren, sodass momentan nur von einer formellen Besserstellung des Landesgesetzgebers gegenüber den anderen Regionen mit Sonderstatut gesprochen werden kann.

Eine effektive Besserstellung des Landesgesetzgebers gegenüber der Region Sardinien stellen die gesetzlich verankerten Jagdzeiten dar, die den anachronistischen Jagdkalender ersetzen. Ein weiteres *Plus* an Autonomie des Landesgesetzgebers betrifft die Sonderabschussermächtigungen. Art. 19 Abs. 3 staatliches Jagdrahmengesetz Nr. 157/1992 bestimmt nämlich, dass in den Autonomen Provinzen Trient und Bozen die Abschusspläne der Sonderabschussermächtigungen auch durch Jäger erfüllt werden dürfen.[773] Außerhalb der Autonomen Provinzen Trient und Bozen sind dagegen in der Regel die hauptberuflichen Jagdaufseher für die Erfüllung der Abschusspläne der Sonderabschussermächtigungen

771 Vgl. dazu unter 1.2.2.

772 U.a. VerfGH Urteile Nr. 227/2003; Nr. 387/2008; Nr. 151/2011; Nr. 278/2012.

773 Art. 19 Abs. 3 staatliches Jagdrahmengesetz Nr. 157/1992 lautet: *"Le provincie autonome di Trento e di Bolzano possono attuare i piani di cui al comma 2 anche avvalendosi di altre persone, purché munite di licenza per l'esercizio venatorio."*

zuständig.[774] Der Versuch seitens einer Region mit Sonderstatut, mittels Regionalgesetz den normativen Inhalt des Art. 19 Abs. 3 staatliches Jagdrahmengesetz Nr. 157/1992 wiederzugeben, wurde vom VerfGH für verfassungswidrig erklärt.[775]
Was dagegen den gesetzgeberischen Spielraum für etwaige Abänderungen am Jagdgesetz anbelangt, muss ein Gleichstand zwischen der Autonomen Provinz Bozen und der Autonomen Region Sardinien festgestellt werden, da beide Gesetzgeber denselben Schranken unterliegen und die Judikatur des VerfGH keinerlei Ansatzpunkte für eine differenzierte Behandlung enthält.

5.2. Regionen mit Normalstatut

Da der Sachbereich Jagd in die Residualzuständigkeit der Regionen mit Normalstatut fällt, können diese *de iure*, *„unter Wahrung der Verfassung sowie der aus der gemeinschaftlichen Rechtsordnung und aus den internationalen Verpflichtungen erwachsenden Einschränkungen“*[776] gesetzgeberisch tätig werden können. *De facto* jedoch wird die Residualzuständigkeit der Regionen mit Normalstatut im Bereich der Jagd hauptsächlich von der ausschließlichen Zuständigkeit des Staates im Sachbereich Schutz der Umwelt und des Ökosystems beschränkt. Diese wurde vom VerfGH zu einer transversalen Kompetenz erhoben und stellt eine äußerst problematische implizite Schranke[777] der Gesetzgebungbefugnis der Regionen mit Normal- und Sonderstatut dar.[778]

5.2.1. Primäre Gesetzgebungszuständigkeit *versus* Residualzuständigkeit

Vergleicht man die primäre Zuständigkeit der Autonomen Provinz Bozen mit der Residualzuständigkeit der Regionen mit Normalstatut gemäß Art. 117 Abs. 4 Verf, zeigt sich,

774 Art. 19 Abs. 2 staatliches Jagdrahmengesetz Nr. 157/1992 lautet: *"(...) Tali piani devono essere attuati dalle guardie venatorie dipendenti dalle amministrazioni provinciali. Queste ultime potranno avvalersi dei proprietari o conduttori dei fondi sui quali si attuano i piani medesimi, purché muniti di licenza per l'esercizio venatorio, nonché delle guardie forestali e delle guardie comunali munite di licenza per l'esercizio venatorio."*

775 VerfGH Urteil Nr. 392/2005.

776 Art. 117 Abs. 1 Verf.

777 *Happacher*, Südtirols Autonomie in Europa, 105.

778 Vgl. dazu näher unter 1.3. und 1.3.4.

dass die Systeme diametral entgegengesetzt aufgebaut sind. Während die Sachbereiche primärer Zuständigkeit im Art. 8 Autonomiestatut 1972 taxativ aufgezählt sind, sind die Residualzuständigkeiten nicht *a priori* festgelegt,[779] sondern ergeben sich *ex negativo* aus den Sachbereichen, welche weder dem Staat vorbehalten sind noch zur konkurrierenden Gesetzgebung gehören. Daraus ergibt sich ein gewichtiger Vorteil für die primäre Gesetzgebung, da die taxativ enumerierten Sachbereiche – im Unterschied zu den Residualzuständigkeiten – vom VerfGH nicht einfach übergangen werden können.[780]

5.2.2. Günstigkeitsklausel

Von dieser abstrakten Verfassungsgarantie abgesehen, muss der Vergleich der primären Gesetzgebungskompetenz des Landesgesetzgebers mit der Residualzuständigkeit der Regionen mit Normalstatut im Lichte der Günstigkeitsklausel gemäß Art. 10 VerfGes Nr. 3/2001 durchgeführt werden. Hätte der VerfGH die Günstigkeitsklausel[781] wörtlich ausgelegt und somit dem Landesgesetzgeber an den weitergehenden Formen der Autonomie, die aus dem VerfGes Nr. 3/2001 resultieren, partizipieren lassen, hätte dies für den Landesgesetzgeber zweifelsohne eine inhaltliche Besserstellung zum *status quo* bedeutet.[782] Denn während das Autonomiestatut der primären Gesetzgebungskompetenz fünf Schranken setzt, sieht Art. 117 Abs. 1 Verf für die Gesetzgebung des Staates und der Regionen lediglich drei Schranken vor.

Da der VerfGH bis zum Urteil Nr. 151/2011[783] die Günstigkeitsklausel in *malam partem* verkehrte, indem er die primäre Gesetzgebungskompetenz des Landesgesetzgebers sowohl den statutarischen als auch den neuen Schranken gemäß VerfGes Nr. 3/2001 unterwarf, waren die Regionen mit Normalstatut bis zum genannten Urteil, im Widerspruch zur *ratio legis* der Günstigkeitsklausel, im Hinblick auf die Schranken sogar bessergestellt. Betrachtet man jedoch die effektiven Auswirkungen der so genannten doppelten Schrankenbelastung auf das Landesjagdgesetz, lässt sich relativierend feststellen, dass der VerfGH die

779 *Morrone*, Giur. cost. 2002, 4434.

780 Vgl. *Parisi*, Le Regioni 2011, 870; *Morrone*, Giur. cost. 2002, 4434.

781 Zur Günstigkeitsklausel siehe unter 1.3.2 und 1.3.3.

782 Art. 10 VerfGes Nr. 3/2001 lautet: *„Bis zur Anpassung der jeweiligen Statute finden die Bestimmungen dieses Verfassungsgesetzes auch in den Regionen mit Sonderstatut und in den Autonomen Provinzen Trient und Bozen Anwendung, und zwar für jene Teile, in denen Formen der Autonomie vorgesehen werden, welche über die bereits zuerkannten hinausgehen."*

783 Siehe hierzu unter 6.4.

Schranke der grundlegenden Bestimmungen der wirtschaftlich-sozialen Reformen mit der impliziten Schranke der transversalen Werte gleichgesetzt hat.[784] Somit ist mit dem Urteil Nr. 151/2011 zwar formell eine Gleichstellung zwischen der Autonomen Provinz Bozen und den Regionen mit Normalstatut hinsichtlich der Schranken erfolgt, materiell hat sich diese jedoch keineswegs vorteilhaft für den Landesgesetzgeber ausgewirkt, wofür das VerfGH Urteil Nr. 278/2012[785] *ad confirmandum* steht.

5.2.3. Gesetzliche Verankerung der Jagdzeiten *versus* Jagdkalender

Der Grund für das *Plus* an inhaltlicher Kompetenzausgestaltung im Sachbereich Jagd, über welches die Autonome Provinz Bozen gegenüber den Regionen mit Normalstatut verfügt, lässt sich zweifelsohne im Landesjagdgesetz aus dem Jahre 1987 ausmachen. Die mit LG Nr. 23/1996 erfolgte gesetzliche Verankerung der Jagdzeiten dürfte einer der bedeutendsten Vorteile sein, über den die Autonome Provinz Bozen im Vergleich zu den Regionen mit Normalstatut verfügt.[786] Die Regionen mit Normalstatut müssen nämlich jährlich, im Unterschied zur Autonomen Provinz Bozen, laut Art. 18 Abs. 4 staatliches Jagdrahmengesetz Nr. 157/1992, nach Anhören der Höheren Anstalt für Umweltschutz und Forschung bis spätestens 15. Juni den regionalen Jagdkalender veröffentlichen. In der Vergangenheit hatten zahlreiche Regionen den Jagdkalender mittels Einzelfallgesetz verabschiedet,[787] bis der VerfGH diesen *usus* mit Urteil Nr. 20/2012[788] für verfassungswidrig erklärte. Im konkreten Fall waren mehrere Artikel eines Einzelfallgesetzes der Region Ligurien vom Präsidenten des Ministerrates im Rahmen einer direkten Verfassungsbeschwerde im Sinne von Art. 127 Abs. 1 angefochten worden. Der Beschwerdeführer beanstandete nicht den Inhalt der angefochtenen Gesetzesbestimmung *per se*, sondern den Typus des Rechtsaktes.[789] In der Urteilsbegründung schickte der VerfGH zunächst voraus, dass die Festlegung der Jagdzeiten und der jagdbaren Wildarten auf das dem Staat vorbehaltene Sachgebiet des Schutzes der Umwelt und des Ökosystems rückführbar seien.[790] Daraus

784 *Parisi*, Le Regioni 2011, 839.
785 Vgl. unter 7.
786 Siehe hierzu näher unter 3.2.5.
787 *Gorlani*, La Corte Costituzionale mette al bando i calendari venatori approvati con legge, Dir. giur. agr. 2012, 397.
788 VerfGH Urteil Nr. 20/2012, Giur. cost. 2012, 200.
789 VerfGH Urteil Nr. 20/2012, RE Rdnr 4.
790 VerfGH Urteil Nr. 20/2012, RE Rdnr 5.1.

folge, dass der staatliche Gesetzgeber den Regionen vorschreiben könne, den Jagdkalender mittels Verwaltungsakt anstatt *per* Gesetz zu erlassen.[791] Diese Entscheidung begründete der VerfGH unter anderem damit, dass dem gesetzgeberischen Verfahren die notwendige Flexibilität fehle, um in Notfällen rasch reagieren zu können.[792]

Beim Großteil der Lehre stießen Entscheidung und Argumentation des VerfGH auf Kritik.[793] Das Argument, wonach ein Gesetz zu träge sei, um in Notfällen rasch reagieren zu können, wurde von der Lehre mit Verweis auf die Flexibilität und Effizienz der Regionalgesetzgebung entkräftet, die keineswegs mit dem perfekten Zweikammernsystem vergleichbar ist.[794] Auch die These, wonach eine wörtliche Auslegung des Art. 18 Abs. 4 staatliches Jagdrahmengesetz Nr. 157/1992 den Erlass des Jagdkalenders mittels Verwaltungsakt suggeriere,[795] wurde von einem Teil der Lehre beanstandet, da der Jagdkalender in zwei Bereiche untergliedert sei: Ersterer beinhalte Jagdzeit und jagdbare Wildarten, Letzterer die Verordnung hinsichtlich der Höchstanzahl der zu erlegenden Wildtiere.[796] Somit würde dem Erlass des Jagdkalenders mittels Einzelfallgesetz nichts entgegenstehen, solange die Höchstanzahl der zu erlegenden Wildtiere mittels Verwaltungsakt bestimmt werde.[797]

Summa summarum kann das Urteil Nr. 20/2012 als weiterer Rückschlag für die Residualzuständigkeit der Regionen mit Normalstatut im Sachbereich Jagd bezeichnet werden,[798] dessen Ausgangspunkt in der verfassungsgerichtlichen Interpretation des Art. 117 Abs. 2 lit. *s)* Verf liegt. Hinsichtlich des Kompetenzzuwachses der Regionen mit Normalstatut infolge des VerfGes Nr. 3/2001 hat der VerfGH zwar in einem rezenten Urteil festgehalten, dass die Residualzuständigkeit im Sachbereich Jagd umfassender als die vormalige konkurrierende Zuständigkeit ist, gleichzeitig aber unterstrichen, dass *„die staatlichen Bestimmungen ihre bindende Wirkung nicht eingebüßt haben und nunmehr Mindestschutzstandards darstellen,*

791 VerfGH Urteil Nr. 20/2012, RE Rdnr 5.1.

792 VerfGH Urteil Nr. 20/2012, RE Rdnr 5.2.

793 Vgl. u. a. *Camerlengo*, Legge o atto amministrativo? La Corte Costituzionale e il calendario venatorio, unter *http://www.forumcostituzionale.it/site/images/stories/pdf/documenti_forum/giurisprudenza/2012/0005_nota_20_2012_camerlengo.pdf* (abgerufen am 21.03.2014); *Chiola*, La legge-provvedimento sul calendario venatorio, unter *http://www.federalismi.it/federalismi/ApplMostraDoc.cfm?Artid=20160&content=La+legge-provvedimento+sul+calendario+venatorio&content_author=Claudio+Chiola#.UywS7vl5Mue* (abgerufen am 31.07.2014); *Gorlani*, Dir. giur. agr. 2012, 395 ff.

794 *Camerlengo*, Legge o atto amministrativo?, 11.

795 VerfGH Urteil Nr. 20/2012, RE Rdnr 5.2.

796 *Gorlani*, Dir. giur. agr. 2012, 399.

797 Ebenda.

798 *Sobrino*, Leggi-provvedimento delle Regioni e competenze legislative dello Stato: la Corte Costituzionale fissa i "paletti" (ulteriori) all'esercizio dell'autonomia regionale, Giur. it. 2013, 788.

die der Staat in Ausübung seiner ausschließlichen Gesetzgebungsbefugnis im Sachbereich Schutz der Umwelt und des Ökosystems festgelegt hat.“[799]

5.2.4. Resümee

Zusammenfassend lässt sich anhand der Judikatur des VerfGH eine Vereinheitlichung in der Behandlung der Regionen mit Normalstatut und der Regionen mit Sonderstatut erkennen.[800] Der Landesgesetzgeber verfügt jedoch letztendlich im Vergleich mit den Regionen mit Normalstatut aufgrund des Landesjagdgesetzes und einiger isolierter Bestimmungen[801] des staatlichen Jagdrahmengesetzes Nr. 157/1992 über ein Plus an Autonomie.

799 VerfGH Urteil Nr. 263/2011, Giur. cost. 2011, 3481, RE Rdnr 4.1; vgl. hierzu näher bei *Trucco*, La regolamentazione della caccia tra complessità (del presente) e continuità (col passato) unter *http://www.giurcost.org/studi/Trucco7.pdf* (abgerufen am 21.03.2014).

800 Vgl. ex multis VerfGH Urteile Nr. 536/2002; Nr. 151/2011; Nr. 263/2011; Nr. 20/2012; Nr. 278/2012.

801 Siehe dazu unter 5.1.2.

6. Judikatur des VerfGH im Sachbereich *Jagd* vor und nach dem VerfGes Nr. 3/2001

6.1. Vorbemerkung zum Gesetzgebungsverfahren

Bis zum Inkrafttreten des VerfGes Nr. 3/2001 mussten die vom Landtag der Autonomen Provinz Bozen genehmigten Gesetzesvorlagen im Sinne von Art. 55 Autonomiestatut 1972 dem Regierungskommissar von Bozen bekanntgegeben werden. Wurden die Gesetzesvorlagen nicht innerhalb von dreißig Tagen ab Bekanntgabe von der Regierung an den Landtag rückverwiesen, beurkundete sie der Landtag.[802] Beschloss die Regierung das Landesgesetz im Rahmen der präventiven Rechtmäßigkeitskontrolle an den Regionalrat rückzuverweisen, führte ein Beharren dieses Organs zur Anfechtung der Gesetzesbestimmung.[803] Die präventive Kontrollphase war insofern ungünstig für den Landes- und Regionalgesetzgeber, als sowohl die Rückverweisung als auch die darauffolgende Anfechtung des Gesetzes, *„auch nur hinsichtlich einer einzelnen Bestimmung“*,[804] das Inkrafttreten des Gesetzes ausschlossen.[805] Folglich handelten die Regionen mit der Regierung den Inhalt ihrer Gesetzesbestimmungen aus, um nicht dem Risiko einer Anfechtung ausgesetzt zu sein.[806]
Seit der Reform der Verfassung mit VerfGes Nr. 3/2001 treten die Landesgesetze dagegen *„unabhängig von jeglicher externen Kontrolle“*[807] nach ihrer Kundmachung sowie der festgelegten *vacatio legis* in Kraft.[808] Somit muss der Inhalt der Landesgesetze nicht mehr im Vorfeld ausgehandelt werden, um ein Inkrafttreten zu ermöglichen.[809] Die Abschaffung der Präventivkontrolle mag zwar ein *„deutlich sichtbares Element der Erweiterung des Autonomiesystems“*[810] sein, jedoch hat die Erfahrung gezeigt, dass dadurch die Anfechtung

802 Art. 55 Abs. 1 Satz 2 Autonomiestatut 1972.

803 *Falcon*, Auswirkungen des Verfassungsgesetzes Nr. 3/2001 auf die Gesetzgebungs- und Verwaltungsautonomie Südtirols, 36.

804 Ebenda.

805 Ebenda.

806 Ebenda.

807 Ebenda.

808 *Happacher*, Südtirols Autonomie in Europa, 30.

809 Siehe hierzu VerfGH Urteil Nr. 408/2002, Giur. cost. 2002, 2957, RE Rdnr 2.

810 *Falcon*, Auswirkungen des Verfassungsgesetzes Nr. 3/2001 auf die Gesetzgebungs- und Verwaltungsautonomie Südtirols, 35.

der Landesgesetze durch den Präsidenten des Ministerrates zur Regel wurde, während sie im Rahmen der Präventivkontrolle die Ausnahme war.

6.2. Judikatur des VerfGH vor dem VerfGes Nr. 3/2001

Die Gesetzgebungsbefugnis der Autonomen Provinz Bozen im Sachbereich Jagd war im Jahre 1990 Gegenstand einer indirekten Verfassungsbeschwerde, die mit Urteil Nr. 577/1990 [811] entschieden wurde.

W.W.F.[812] und *L.I.P.U.* [813] hatten gegen den Beschluss des Landesjagdkomitees Nr. 23 vom 9. Mai 1989, mit welchem der Jagdkalender 1989-1990 der Autonomen Provinz Bozen festgelegt worden war, Rekurs vor dem VwG Bozen eingelegt.[814] Das VwG Bozen befand im Zuge des Verfahrens, dass die Frage der Verfassungswidrigkeit des Art. 4 Abs. 2 Landesjagdgesetz nicht offenkundig unbegründet und dass die Lösung dieser Frage für die Entscheidung des Gerichtsverfahrens relevant, d.h. erheblich und notwendig sei,[815] weshalb es mit Verweisungsbeschluss vom 29.11.1989 die Überweisung der Akten an den VerfGH und die Aussetzung des vor ihm behängenden Verfahrens verfügte.[816] Art. 4 Abs. 2 Landesjagdgesetz enumerierte nämlich Dachs, Edelmarder, Steinmarder und Murmeltier im taxativen Katalog der jagdbaren Wildarten, während sie laut staatlichem Jagdrahmengesetz Nr. 968/1977 nicht jagdbar waren.

Nach Ansicht des VwG Bozen war die Frage der Verfassungswidrigkeit des Art. 4 Abs. 2 Landesjagdgesetz im Hinblick auf Art. 11 des staatlichen Jagdrahmengesetzes Nr. 968/1977 zu bewerten. Der VerfGH hatte nämlich diese Rechtsnorm mit Urteil Nr. 1002/1988 [817] als grundlegende Bestimmung eines wirtschaftlich-sozialen Reformgesetzes eingestuft, das imstande sei, die primäre Gesetzgebung der Regionen mit Sonderstatut und der autonomen Provinzen einzuschränken.[818]

811 VerfGH Urteil Nr. 577/1990, Giur. cost. 1990, 3239.

812 *World Wildlife Fund.*

813 *Lega italiana protezione uccelli.*

814 VerfGH Urteil Nr. 577/1990, SV Rdnr 1.

815 Vgl. hierzu näher *Riz/Happacher*, Grundzüge des Italienischen Verfassungsrechts, 242.

816 VerfGH Urteil Nr. 577/1990, SV Rdnr 1.

817 VerfGH Urteil Nr. 1002/1988, Giur. cost. 1988, 4739.

818 VerfGH Urteil Nr. 577/1990, SV Rdnr 1.

Im Verteidigungsschriftsatz vertrat die Autonome Provinz Bozen dagegen die Auffassung, dass Änderungen an der Liste der jagdbaren Wildarten gemäß Art. 11 staatliches Jagdrahmengesetz Nr. 968/1977 stets im Ganzen betrachtet werden müssten, d.h., indem die Anzahl der aufgenommenen und ausgeschlossenen Wildarten verglichen werden.[819] Daraus folge, dass die Regionen mit Sonderstatut und die autonomen Provinzen in Ausübung ihrer primären Gesetzgebungsbefugnis ohne Weiteres beschränkte Änderungen an der Liste der jagdbaren Wildarten vornehmen könnten, solange die Anzahl der jagdbaren Wildarten unter jener bleibt, die das staatliche Jagdrahmengesetz Nr. 968/1977 im Art. 11 festlegt.[820]

Der **VerfGH bestätigte in seiner Urteilsbegründung zunächst, unter Bezugnahme auf das Urteil Nr. 1002/1988, die Einstufung des staatlichen Jagdrahmengesetzes Nr. 968/1977 als grundlegendes wirtschaftlich-soziales Reformgesetz.[821] Art. 11 dieses Gesetzes stelle einen Mindestschutz dar, den die Regionen und autonomen Provinzen trotz ihrer primären Gesetzgebungsbefugnis nicht schmälern dürften.[822] Die Festlegung der jagdbaren und nicht jagdbaren Wildarten stelle ein einheitliches Interesse dar, dessen Schutz in erster Linie dem Staat anvertraut sei.[823] Daraus folge, dass die Regionen mit Sonderstatut und die autonomen Provinzen den Mindestschutz der Wildtierfauna, den der staatliche Gesetzgeber vorgibt, berücksichtigen müssen und die Anzahl der jagdbaren Wildarten gemäß Art. 11 staatliches Jagdrahmengesetz Nr. 968/1977 nur einschränken, nicht aber erhöhen** dürfen.[824]

Aus dem Urteil geht klar hervor, dass die Einschränkung der primären Gesetzgebungsbefugnis des Landesgesetzgebers im Bereich Jagd über die Schranke der grundlegenden Bestimmungen der wirtschaftlich-sozialen Reformen der Republik erfolgt. Um die mit VerfGH Urteil Nr. 577/1990 erlittene Einschränkung der primären Gesetzgebungsbefugnis wieder rückgängig zu machen, wurde bei Paket-Abschluss die Durchführungsbestimmung Art. 5 GvD Nr. 267/1992 eingefügt.[825] Art. 5 bestimmt, dass das Landesgesetz die Standards zum Schutz der Fauna regelt und den Jagdkalender sowie die jagdbaren Tiere unter Beachtung der in die staatliche Rechtsordnung eingeführten internationalen Abmachungen

819 VerfGH Urteil Nr. 577/1990, SV Rdnr 2.
820 VerfGH Urteil Nr. 577/1990, SV Rdnr 2.
821 VerfGH Urteil Nr. 577/1990, RE Rdnr 2.
822 VerfGH Urteil Nr. 577/1990, RE Rdnr 2.
823 VerfGH Urteil Nr. 577/1990, RE Rdnr 2.
824 VerfGH Urteil Nr. 577/1990, RE Rdnr 2.
825 *Auckenthaler*, Die Verwaltungsbehörden in Südtirol, 178.

und unionsrechtlichen Bestimmungen festlegt. Trotz dieses klaren Wortlauts hat diese Durchführungsbestimmung, wie anhand VerfGH Urteil Nr. 227/2003[826] erkannt werden musste, nicht zum erwünschten Erfolg verholfen.

6.3. Judikatur des VerfGH nach dem VerfGes Nr. 3/2001

Die Autonome Provinz Bozen hat mit LG Nr. 10/2007 zur *„Änderung der Landesgesetze in den Bereichen Wildhege und Jagdausübung, Agrargemeinschaften sowie Pilzesammeln“* mehrere Änderungen am Landesjagdgesetz vorgenommen. Einige der neuen Gesetzesbestimmungen wurden vom Präsidenten des Ministerrates am 12. Dezember 2007 im Rahmen einer direkten Verfassungsbeschwerde gemäß Art. 127 Abs. 1 Verf iVm Art. 10 VerfGes Nr. 3/2001 angefochten.

Der VerfGH hat mit Urteil Nr. 387/2008[827] unter anderem Art. 3 Abs. 3 LG Nr. 10/2007 für verfassungswidrig erklärt. Nach dem Dafürhalten des VerfGH habe diese landesgesetzliche Norm gegen Art. 9 Abs. 1 litt. *a), b)* und *c)* der Vogelrichtlinie und Art. 19-*bis* staatliches Jagdrahmengesetzes verstoßen, da sie nicht die Art und den Grund der Ausnahmeermächtigung vorsah.[828] Der VerfGH führte die Verfassungswidrigkeit von Art. 3 Abs. 3 LG Nr. 10/2007 einerseits auf die Verletzung des Art. 117 Abs. 2 lit. *s)* Verf, andererseits auf die Verletzung der Schranke der Beachtung der internationalen Verpflichtungen *ex* Art. 4 bzw. 8 Autonomiestatut 1972 zurück.[829] Allein hieraus ist ersichtlich, dass der VerfGH im *casus quo* nicht eine klare Trennung der Schrankensysteme vorgenommen hat, sondern eine Mixtur im Sinne der Durchlässigkeit der Schrankensysteme bevorzugt hat. Nach der Theorie der Zweigleisigkeit, die der VerfGH im Urteil Nr. 370/2006 bestätigt hat,[830] hätten nämlich ausschließlich die im konkreten vorteilhafteren Schranken angewendet werden müssen. Bei einer wörtlichen Auslegung der Günstigkeitsklausel wären dies im *casus quo* die Schranken gemäß Art. 117 Abs. 1 Verf gewesen.

Der VerfGH betont, dass es trotz der primären Gesetzgebungskompetenz der Autonomen Provinz Bozen im Sachbereich Jagd dem Staat aufgrund dessen ausschließlicher Gesetzgebungsbefugnis laut Art. 117 Abs. 2 lit. *s)* vorbehalten sei, die Mindestschutzstandards der

826 VerfGH Urteil Nr. 227/2003, Giur. cost. 2003, 1923; siehe hierzu näher unter 5.1.1.6.
827 VerfGH Urteil Nr. 387/2008, Giur. cost. 2008, 4551.
828 VerfGH Urteil Nr. 387/2008, RE Rdnr 5.2.
829 VerfGH Urteil Nr. 387/2008, RE Rdnr 5.1.
830 Vgl. hierzu näher unter 1.3.2.

Wildtierfauna festzulegen.[831] Art. 3 Abs. 3 LG Nr. 10/2007 verringere den Schutzstandard der Wildtierfauna, da er nicht vorsehe, dass bei den Ausnahmeermächtigungen gemäß Art. 9 Vogelrichtlinie auch die Art und der Grund dieses Schrittes angegeben werden müssen.[832] Der Landesgesetzgeber hat diese Auflage mit LG Nr. 4/2008 erfüllt.

Neben Art. 3 Abs. 3 LG Nr. 10/2007 wurde u. a. auch Art. 21 Abs. 1 derselben Rechtsnorm vom Präsidenten des Ministerrates angefochten.[833] Entstanden aufgrund der Nichterfüllung des Schalenwild- Abschussplanes Schäden an land- oder forstwirtschaftlichen Kulturen, konnte der Landesrat für Forstwirtschaft laut Art. 21 Abs. 1 LG Nr. 14/2011 dem Verwalter des Wildbezirkes eine Reduzierung der Wildbestände vorschreiben oder direkt das Amt für Jagd und Fischerei dazu beauftragen. Nach Ansicht des VerfGH werde durch diese Norm eine Reduzierung der Wildtierfauna ermöglicht, ohne dass vorher ein Gutachten seitens der Höheren Anstalt für Umweltschutz und Forschung eingeholt worden wäre, woraus die Verfassungswidrigkeit dieser Gesetzesbestimmung resultiere.[834] Der VerfGH verwies außerdem darauf, dass die Judikatur die Höhere Anstalt für Umweltschutz und Forschung als Garant für eine Regulierung der Wildtierfauna im Einklang mit den Mindestschutzstandards betrachte.[835]

Im Jahre 2011 erging ein weiteres VerfGH Urteil,[836] das die primäre Gesetzgebungskompetenz der Autonomen Provinz Bozen in den Bereichen Jagd sowie Pflanzen- und Tierschutzparke beschränkte. Der Präsident des Ministerrates hatte am 26.07.2011 direkte Verfassungsbeschwerde gegen mehrere Bestimmungen des LG Nr. 6/2010 eingereicht, das sich dem Naturschutz widmet.[837]

Der Beschwerdeführer hatte u. a. Art. 4 LG Nr. 6/2010 angefochten, da dieser von *„vollkommen geschützten Tierarten“* sprach, was nicht der in den staatlichen und unionsrechtlichen Bestimmungen enthaltenen Terminologie entsprach.[838] Der VerfGH betrachtete jedoch vielmehr den normativen Inhalt des Art. 4 LG Nr. 6/2010 und befand, dass dieser weder die Jagdausübung noch den Bereich der Naturparke betreffe, sondern darauf abziele, die Fauna *per se* zu schützen.[839] Folglich handle es sich um Umweltschutzbestimmungen, die

831 VerfGH Urteil Nr. 387/2008, RE Rdnr 5.1.
832 VerfGH Urteil Nr. 387/2008, RE Rdnr 5.2.
833 VerfGH Urteil Nr. 387/2008, RE Rdnr 11.
834 VerfGH Urteil Nr. 387/2008, RE Rdnr 11.1.
835 VerfGH Urteil Nr. 387/2008, RE Rdnr 11.1.
836 VerfGH Urteil Nr. 151/2011, Giur. cost. 2011, 1892.
837 VerfGH Urteil Nr. 151/2011, SV Rdnr 1.
838 VerfGH Urteil Nr. 151/2011, RE Rdnr 3.1.
839 VerfGH Urteil Nr. 151/2011, RE Rdnr 3.1.

in den Sachbereich Umweltschutz fielen, der bekanntlich dem Staat vorbehalten ist.[840] Da sich der Landesgesetzgeber außerhalb seines Zuständigkeitsbereichs bewegt habe, sei es völlig unerheblich zu eruieren, ob die angefochtene Gesetzesbestimmung den gleichen Schutzstatus wie die staatlichen Normen eingeführt hätte.[841] In der Folge erklärte der VerfGH Art. 4 LG Nr. 6/2010 für verfassungswidrig, da diese landesgesetzliche Bestimmung in den ausschließlichen staatlichen Zuständigkeitsbereich laut Art. 117 Abs. 2 lit. *s)* Verf eindringe.

Der Beschwerdeführer focht weiters Art. 11 Abs. 2 LG Nr. 6/2010 an, der dem Direktor der Landesabteilung Natur und Landschaft die Befugnis erteilte, Ausnahmen von den Verboten im Hinblick auf die vollkommen geschützten Arten zuzulassen.[842] Der VerfGH betonte im Urteil, dass diese angefochtene Gesetzesbestimmung im Abs. 1 präzisiere, dass ihr Anwendungsbereich sich auf jene Tiere erstrecke, *„die nicht vom Regelungsbereich der Landesgesetze über Jagd und Fischerei"* erfasst seien.[843] Hieraus folge, dass der mit dieser Norm geregelte Sachverhalt nicht in den Sachbereich Jagd und Fischerei falle, sondern in den Sachbereich Umweltschutz, der dem Staat vorbehalten ist.[844] Außerdem gehört nach Auffassung des VerfGH die Handhabung der Ausnahmeregelungen zur Entnahme geschützter Arten zu den Mindestschutzstandards des Umweltschutzes.[845]

Auch Art. 33 Abs. 3 LG Nr. 6/2010, der Änderungen am Landesjagdgesetz beinhaltete, wurde vom Beschwerdeführer angefochten.[846] Diese Gesetzesbestimmung sah vor, dass der Landesrat für Forstwirtschaft *„nach Anhören der Wildbeobachtungsstelle und der Landesabteilung Natur und Landschaft aus wildbiologischen und hygienisch-gesundheitlichen Gründen sowie zur Einschränkung von Wildschäden an den land- und forstwirtschaftlichen Kulturen beziehungsweise am Fischbestand den Abschuss bestimmter Wildarten laut Artikel 4 Absätze 1 und 2"* Landesjagdgesetz erlauben kann. Der Beschwerdeführer bemängelte, dass laut angefochtener Gesetzesbestimmung der Abschuss von der Wildbeobachtungsstelle und nicht von der Höheren Anstalt für Umweltschutz und Forschung genehmigt werde und somit Art. 7 und Art. 19 staatliches Jagdrahmengesetz Nr. 157/1992

840 VerfGH Urteil Nr. 151/2011, RE Rdnr 3.1.
841 VerfGH Urteil Nr. 151/2011, RE Rdnr 3.1.
842 VerfGH Urteil Nr. 151/2011, RE Rdnr 3.3.
843 VerfGH Urteil Nr. 151/2011, RE Rdnr 3.3.
844 VerfGH Urteil Nr. 151/2011, RE Rdnr 3.3.
845 VerfGH Urteil Nr. 151/2011, RE Rdnr 3.3.
846 VerfGH Urteil Nr. 151/2011, RE Rdnr 3.5.

widerspreche.[847] Nach Auffassung des VerfGH stellt Art. 19 staatliches Jagdrahmengesetz Nr. 157/1992 einen Mindestschutzstandard dar, der nötig sei, um den Schutz der Wildtierfauna auf dem Staatsgebiet zu gewährleisten, wozu Italien im Rahmen der EU-Mitgliedschaft verpflichtet sei.[848]

In Anbetracht der Tatsache, dass auch der Landesgesetzgeber zur Einhaltung der unionsrechtlichen Bestimmungen verpflichtet ist, erscheint dieses Argument verkürzt. Darüber hinaus gibt es keine Bestimmung unionsrechtlichen Ursprungs, die die Regulierung von Schalenwild an ein Gutachten der Höheren Anstalt für Umweltschutz und Forschung koppelt.

Weitere Einschränkungen der primären Gesetzgebungskompetenz der Autonomen Provinz Bozen auf dem Sachbereich Jagd erfolgten mit dem an anderer Stelle kommentierten VerfGH Urteil Nr. 278/2012.[849]

6.4. Vergleich der Kompetenzlage

Der Vergleich der Kompetenzlage im Sachbereich Jagd vor und nach dem VerfGes Nr. 3/2001 erfolgt primär über den Vergleich der Schrankensysteme in der Judikatur des VerfGH. Im Urteil Nr. 577/1990[850] schränkte der VerfGH die primäre Gesetzgebungskompetenz des Landesgesetzgebers unter Berufung auf die Schranke der grundlegenden Bestimmungen der wirtschaftlich-sozialen Reformen der Republik ein. Der VerfGH stufte das staatliche Jagdrahmengesetz Nr. 968/1977 als wirtschaftlich-soziales Reformgesetz ein und leitete davon ab, dass die Festlegung der jagdbaren und nicht jagdbaren Wildarten ein einheitliches Interesse darstelle, dessen Schutz in erster Linie dem Staat anvertraut sei.[851]

Die Judikatur des VerfGH nach dem VerfGes Nr. 3/2001 ist zunächst von der Durchlässigkeit der Schrankenysteme[852] geprägt. Im Urteil Nr. 387/2008 verwendet der VerfGH nämlich zunächst die implizite Schranke der transversalen Werte laut VerfGes Nr. 3/2001, um in

847 VerfGH Urteil Nr. 151/2011, RE Rdnr 3.5.
848 VerfGH Urteil Nr. 151/2011, RE Rdnr 3.5.
849 Siehe hierzu näher unter 7.1.- 7.5.
850 Siehe unter 6.2.
851 VerfGH Urteil Nr. 577/1990, RE Rdnr 2 bestimmt: *"(...) tanto l'individuazione dei contenuti minimi della sfera sottoposta a protezione (specie non cacciabili) quanto l'elencazione delle possibili eccezioni (specie cacciabili) investono un interesse unitario proprio della comunità nazionale, la cui valutazione e la cui salvaguardia restano in primo luogo affidati allo Stato ed ai poteri dell'amministrazione centrale."*
852 Vgl. dazu unter 6.3.

einem zweiten Moment auch die Verletzung der statutarischen Schranke der Beachtung der internationalen Verpflichtungen zu beanstanden.[853] Erst mit dem Urteil Nr. 151/2011 hat sich die Theorie der Zweigleisigkeit[854] durchgesetzt, d. h., dass der VerfGH das Schrankensystem laut VerfGes Nr. 3/2001 für den Sachbereich Jagd *in concreto* vorteilhafter als das statutarische Schrankensystem befunden hat und deshalb *in toto* anwendet. Dasselbe Bild zeigte sich bei der Analyse des VerfGH Urteils Nr. 278/2012.[855] Der VerfGH stellt die primäre Gesetzgebungskompetenz der Autonomen Provinz Bozen im Sachbereich Jagd zwar nicht in Abrede, jedoch unterstreicht er mit verschiedenen, teilweise tautologisch anmutenden Formulierungen die Transversalität der ausschließlichen staatlichen Zuständigkeit im Umweltschutz gemäß Art. 117 Abs. 2 lit. *s)* Verf.[856] So sei etwa die landesgesetzliche Gesetzesbestimmung, welche *„unverzüglich und direkt einen Eingriff mittels Abschussplan"* vorsehe, verfassungswidrig, da vorher ein Gutachten seitens der Höheren Anstalt für Umwelt und Forschung eingeholt werden müsse.[857] Art. 19 staatliches Jagdrahmengesetz Nr. 157/1992, der verfügt, dass die Regionen eine Regulierung der Wildtiere nach Einholen eines Gutachtens der Höheren Anstalt für Umweltschutz und Forschung durchführen können, stelle einen *„einheitlichen Mindestschutzstandard dar, um den tatsächlichen Schutz der Wildtierfauna auf dem gesamten Staatsgebiet zu gewährleisten."*[858] Die Verlängerung des Endzeitpunktes der Jagdsaison durch den Landesgesetzgeber verletze den *„Mindestschutzstandard der Wildtierfauna"*, dessen Festlegung zum Zwecke des Schutzes der Umwelt und des Ökosystems nach der Reform des zweiten Abschnittes des Titels V

853 VerfGH Urteil Nr. 387/2008, RE Rdnr 5.1.

854 Vgl. dazu unter 6.3.

855 Vgl. unter 7.4. und 7.5.

856 Vgl. VerfGH Urteil Nr. 278/2012, Giur. cost. 2012, 4411, RE Rdnr 4: *"(...) occorre premettere che, pur rientrando le norme impugnate nella potestá legislativa primaria di caccia, esse interagiscono, per naturale coincidenza degli ambiti competenziali, con l'attribuzione esclusiva dello Stato in materia di ambiente ed ecosistema (...)."*

857 VerfGH Urteil Nr. 278/2012, RE Rdnr 4.6.: *"La norma provinciale impugnata non è conforme al principio di gradualitá espresso nell'evocata disposizione statale, dal momento che prescrive in via immediata e diretta piani di abbattimento, senza prevedere il parere dell'ISPRA circa la previa efficace esperibilitá dei rimedi ecologici. Per le stesse ragioni inerenti alle precedenti impugnazioni, la disposizione in esame viola l'art. 117, secondo comma, lettera s), Cost."*

858 VerfGH Urteil Nr. 151/2011, RE Rdnr 3.5. lautet: *"La norma contenuta nell'art. 19 di tale legge, secondo cui le Regioni provvedono al controllo della fauna selvatica, anche nelle zona in cui è vietata la caccia, e tale controllo è esercitato su parere dell'Istituto nazionale per la fauna selvatica* (nunmehr: *Istituto Superiore per la Protezione e Ricerca Ambientale), detta uno standard di tutela uniforme necessaria ad assicurare l'effettivitá della protezione della fauna medesima su tutto il territorio nazionale, che lo Stato italiano è tenuto a garantire in ambito comunitario."*

Verf gemäß Art. 117 Abs. 2 lit. *s)* ausschließlich dem Staat vorbehalten sei.[859] Art. 12 Abs. 5 staatliches Jagdrahmengesetz Nr. 157/1992 bezeichnet der VerfGH als zwischengeschaltete Norm, die im Sachbereich des Umwelt- und Ökosystemschutzes gemäß Art. 117 Abs. 2 lit. *s)* Verf einzuordnen sei, da diese Bestimmung *„den Fortbestand und die Reproduktion der jagdbaren Wildarten absichere"*.[860]

Gleicht man die Schranke der grundlegenden Bestimmungen der wirtschaftlich-sozialen Reformen mit der impliziten Schranke der transversalen Werte von Art. 117 Abs. 2 lit. *s)* Verf anhand der Judikatur des VerfGH ab, ist erkennbar, dass beide Schranken dieselben Auswirkungen auf die primäre Gesetzgebungsbefugnis des Landesgesetzgebers haben.[861] Diese These lässt sich anhand der Gegenüberstellung der VerfGH Urteile Nr. 577/1990 und Nr. 278/2012 untermauern. Der VerfGH erklärte in ersterem Urteil Art. 4 Abs. 2 Landesjagdgesetz in jenem Punkt für verfassungswidrig, in welchem es vier Wildarten, die laut staatlichem Jagdrahmengesetz nicht jagdbar sind, für jagdbar erklärte. Mit Urteil Nr. 278/2012 erklärte der VerfGH dagegen das Landesjagdgesetz u. a. in jenem Bereich für verfassungswidrig, in dem der Landesgesetzgeber die verwilderten Haustauben von der Wildtierfauna ausschließen und so ihren Schutzstatus verringern wollte.

Nach wie vor ungeklärt ist die Reichweite der Schrankensysteme, d. h., bis zu welchem Punkt die Schranken in die Substanz der primären Gesetzgebungskompetenz des Landesgesetzgebers eindringen dürfen. Vor der Verfassungsreform von 2001 betraf dieser Zweifel in erster Linie die grundlegenden Bestimmungen der wirtschaftlich-sozialen Reformen. Nach der Verfassungsreform muss diese Frage im Hinblick auf die transversale Natur einiger Kompetenztitel der ausschließlichen staatlichen Zuständigkeit gemäß Art. 117 Abs. 2 Verf beantwortet werden.

---

859 VerfGH Urteil Nr. 278/2012, RE Rdnr 4.4. lautet: *"L'estensione – da parte del legislatore provinciale – del termine per la chiusura della stagione venatoria (per le sole specie del merlo e della lepre comune) e l'incremento delle modalitá settimanali di prelievo (per le tre specie interessate) pregiudica il 'nucleo minimo di salvaguardia della fauna selvatica', la cui determinazione, ai fini della tutela ambientale e dell'ecosistema, spetta in via esclusiva, dopo la riforma del titolo V della parte II della Costituzione, al legislatore statale ai sensi dell'art. 117, secondo comma, lettera s), Cost."*

860 VerfGH Urteil Nr. 278/2012, RE Rdnr 4.5. lautet: *"In quanto rivolta ad assicurare la sopravvivenza e la riproduzione delle specie cacciabili, la norma statale interposta si inquadra anch'essa nell'ambito materiale della tutela dell'ambiente e dell'ecosistema riservato alla potestá legislativa esclusiva statale dall'art. 117, secondo comma, lettera s), Cost. Detta disposizione – concorrendo alla definizione del nucleo minimo di salvaguardia della fauna selvatica – stabilisce, in particolare, una soglia uniforme di protezione da osservare su tutto il territorio nazionale."*

861 Vgl. *Parisi*, Le Regioni 2011, 835.

De facto lässt sich diesbezüglich jedoch keine eindeutige Antwort finden, vor allem nicht *pro futuro*, weil der Inhalt der transversalen Werte nicht *a priori* festgelegt ist, sondern vom VerfGH von Fall zu Fall neu bewertet wird.[862]

Dass der VerfGH ab dem Urteil Nr. 151/2011 auf die primäre Gesetzgebungskompetenz der Autonomen Provinz Bozen im Sachbereich Jagd lediglich die Schranken laut VerfGes Nr. 3/2001 anwendet, ist nur auf den ersten Blick von Vorteil für den Landesgesetzgeber. Bei näherer Betrachtung ist ersichtlich, dass durch die implizite Schranke der transversalen staatlichen Zuständigkeit im Sachbereich Schutz der Umwelt und des Ökosystems dem Landesgesetzgeber die Rechtssetzungskompetenz *in puncto* Jagd entzogen wird. In den Augen des VerfGH verdrängt nämlich die ausschließliche staatliche Zuständigkeit im Sachbereich Schutz der Umwelt und des Ökosystems die primäre Gesetzgebungsbefugnis des Landesgesetzgebers im Bereich Jagd.[863]

Obschon, wie vorhin ausgeführt, die implizite Schranke der transversalen Werte die gleiche Reichweite und die gleichen Auswirkungen wie die statutarische Schranke der grundlegenden Bestimmungen der wirtschaftlich-sozialen Reformen haben mag, verbleibt ein konzeptueller Unterschied: Solange man sich im Rahmen der statutarischen Schranken bewegt, verbleibt dem Landesgesetzgeber die primäre Gesetzgebungsbefugnis zumindest *de iure*, während die transversale staatliche Zuständigkeit im Sachbereich Schutz der Umwelt und des Ökosystems die primäre Gesetzgebungsbefugnis *per se* aushebelt.

862 Vgl. hierzu auch unter 7.5.

863 Vgl. hierzu VerfGH Urteil Nr. 278/2012, RE Rdnr 4.

7. VerfGH Urteil Nr. 278/2012

Die bisher dargestellte Entwicklung der primären Gesetzgebungskompetenz der Autonomen Provinz Bozen im Sachbereich Jagd lässt sich anhand des VerfGH Urteils Nr. 278/2012 emblematisch festhalten.

7.1. Ausgangsfall

Der Landesgesetzgeber hat mit dem Omnibusgesetz Nr. 14 vom 12. Dezember 2011[864] das Landesjagdgesetz an mehreren Stellen abgeändert. Das LG Nr. 14/2011 ist deshalb als Omnibusgesetz zu bezeichnen, da es Bestimmungen auf mehreren Sachgebieten enthält: Jagd, Fischerei, Forstwirtschaft, Umwelt, Gemeinnutzungsrechte, Landwirtschaft, Vermögen und Raumordnung. Art. 2 LG Nr. 14/2011 beinhaltet in zwanzig Absätzen ausschließlich Änderungen des Landesjagdgesetzes. In der Folge sollen einzelne Abänderungen am Landesjagdgesetz wiedergegeben werden, die vom Präsidenten des Ministerrates im Rahmen einer direkten Verfassungsbeschwerde im Sinne von Art. 127 Abs. 1 Verf angefochten wurden. Gemäß dieser Verfassungsbestimmung können Regionalgesetze von der Regierung wegen Überschreitung der regionalen Zuständigkeiten innerhalb von sechzig Tagen ab Kundmachung im Wege einer direkten Verfassungsbeschwerde vor dem VerfGH angefochten werden. Im Fall *de quo* ist das Landesgesetz am 20. Dezember 2011 kundgemacht worden, während die fristgemäße Anfechtung durch den Präsidenten des Ministerrates am 17. Februar 2012 zugestellt wurde und am 23. Februar 2012 in der Kanzlei des VerfGH hinterlegt wurde.

Art. 2 Abs. 1 LG Nr. 14/2011 änderte die Definition von Wildtieren wie folgt ab: „*Unter Wild im Sinne dieses Gesetzes versteht man die frei lebenden, sich ständig oder vorübergehend in Südtirol aufhaltenden Säugetiere (Haarwild) und Vögel (Federwild). Nicht unter diesen Begriff fallen Maulwürfe, Ratten, Langschwanz- und Wühlmäuse sowie verwilderte Haustauben.*“ Die wesentlichen Neuerungen in dieser Bestimmung liegen einerseits in der Ersetzung der „*Hausmaus*“ durch die „*Langschwanzmaus*“, andererseits im Aus-

864 OBl Nr. 1 zum ABl R Nr. 51 vom 20.12.2011.

schluss der verwilderten Haustauben vom Wild. Der Terminus *„Langschwanzmaus“* entspricht eher den *„topi propriamente detti“*, von denen im staatlichen Jagdrahmengesetz Nr. 157/1992 die Rede ist.[865] Die verwilderten Haustauben hat der Landesgesetzgeber dagegen explizit als nicht zum Wild gehörig eingestuft, damit dort, wo Tauben zur Plage werden können, wie etwa bei Getreidesilos,[866] problemlos Gegenmaßnahmen ergriffen werden können.

Art. 2 Abs. 2 LG Nr. 14/2011 beinhaltet Änderungen *in puncto* Jagdzeiten und jagdbaren Wildarten. Fuchs und Schwarzwild wurden vom 1. Juli bis zum 31. Jänner für jagdbar erklärt. Da mittels Sonderabschussermächtigung der Fuchs *de facto* jährlich auch im Jänner bejagt wurde, entschloss sich der Landesgesetzgeber die verlängerte Jagdzeit gesetzlich zu verankern.[867] Für folgende Wildarten wurde die Jagdzeit vom 1. Oktober bis zum 15. Dezember eingeführt: Schneehase, Alpenschneehuhn, Fasan, Ringeltaube, Stockente, Blässhuhn, Waldschnepfe, Amsel, Wacholderdrossel, Aaskrähe, Eichelhäher, Elster, Muffelwild, Damwild, Wildkaninchen, Wachtel, Knäckente (rectius: Knäkente), Krickente, Singdrossel. Neben dieser allgemeinen Jagdzeit führt LG Nr. 14/2011 für bestimmte Wildarten eine Sonderjagdzeit ein: *„In den Obst- und Weinbaugebieten, welche das für die Jagd zuständige Landesamt jährlich nach Anhören der Landesabteilung Landwirtschaft festlegt, ist die Bejagung des Feldhasen, der Amsel sowie der Wacholder- und Singdrossel bis 10. Jänner erlaubt. Abweichend von Absatz 3/bis darf ab dem 16. Dezember die Jagd auf diese drei Drosselarten an allen Wochentagen ausgeübt werden.“*[868]

Art. 2 Abs. 5 LG Nr. 14/2011 führte neue Bestimmungen *in puncto* Jagdausweis ein. Demnach wird in der Autonomen Provinz Bozen der von den staatlichen Bestimmungen vorgesehene Jagdausweis durch die Jagderlaubnisscheine gemäß Art. 25 Landesjagdgesetz ersetzt, die sowohl zur Gebirgsjagd als auch zur Ansitzjagd berechtigen. Mit dieser Norm wollte der Landesgesetzgeber, nach Trentiner Vorbild, Art. 12 Abs. 5 staatliches Jagdrahmengesetz Nr. 157/1992 derogieren, der die verpflichtende Wahl einer ausschließlichen Jagdform postuliert.[869]

Auch im Hinblick auf die Sonderabschussermächtigungen enthielt LG Nr. 14/2011 ein Novum: *„Um die Verbreitung der Nutria* (Myocastor coypus) *zu kontrollieren, erstellt der für die Jagd zuständige Landesrat einen Eingriffsplan. Die Angehörigen des Landesforstkorps*

865 Vgl. hierzu näher unter 3.2.2.

866 *Aukenthaler*, Jägerzeitung, Nr. 1/2012, 8.

867 Vgl. Ebenda.

868 Art. 2 Abs. 1*bis* LG Nr. 14/2011.

869 Vgl. näher unter 4.2.2.5. und 7.4.

mit gültigem Jagdgewehrschein sowie die hauptberuflichen Jagdaufseher setzen diesen Plan um."[870] Diese Bestimmung wurde Art. 29 Landesjagdgesetz, der neben Art. 4 Abs. 2. ff die Regulierung der Wildtiere regelt, angefügt.

7.2. Argumente des Beschwerdeführers

Der Präsident des Ministerrates hat, von der Staatsadvokatur vertreten, gegen Art. 2 Abs. 1, 2, 3, 5, 11 und 15 und gegen Art. 7 Abs. 5 LG Nr. 14/2011 direkte Verfassungsbeschwerde wegen Verletzung von Art. 117 Abs. 1 und 2, lit. *e)* und *s)* Verf sowie von Art. 4 und Art. 8 Autonomiestatut 1972 eingereicht.[871]
Der Beschwerdeführer räumt zwar ein, dass die Autonome Provinz Bozen gemäß Art. 8 Nr. 15 und 16 Autonomiestatut 1972 primäre Gesetzgebungskompetenz in den Sachbereichen Jagd und Pflanzen- und Tierschutzparke habe, verweist jedoch darauf, dass laut ständiger Rechtsprechung des VerfGH die Gesetzgebungskompetenz im Sachbereich Umwelt in seiner Gesamtheit der ausschließlichen staatlichen Gesetzgebung gemäß Art. 117 Abs. 2 lit. *s)* Verf unterstehe.[872] Nach Ansicht des Präsidenten des Ministerrates stelle die Zuständigkeit des Staates im Umweltbereich eine Schranke für die Gesetzgebungsbefugnis der Regionen und Autonomen Provinzen dar.
Nach Auffassung des Beschwerdeführers stehe außer Zweifel, dass die Jagdausübung – insbesondere was die Bestimmung der jagdbaren Wildarten und die Festlegung der Jagdzeiten anbelangt – als im Sachbereich Schutz der Umwelt und des Ökosystems impliziert erachtet werden müsse, da sie sich auf den Schutz der Wildtierfauna und somit auf das Gleichgewicht des Ökosystems auswirke.[873] Daraus folge, dass der Landesgesetzgeber in den Bereichen, die LG Nr. 14/2011 regelt, in der Ausübung seiner Gesetzgebungsbefugnis die einheitlichen Mindestschutzstandards, die vom staatlichen Gesetzgeber im Sinne von Art. 117 Abs. 2 lit. s) festgelegt werden, sowie die unionsrechtlichen Bestimmungen auf dem Sachgebiet einhalten müsse.
Auf diese Prämissen aufbauend seien jene Bestimmungen des LG Nr. 14/2011 zu beanstanden, die im Widerspruch zu einigen punktuellen Bestimmungen des staatlichen Jagd-

870 Art. 2 Abs. 11 LG Nr. 14/2011.
871 VerfGH Urteil Nr. 278/2012 (GA 1. Sonderserie VerfGH Nr. 13 vom 28.03.2012) SV Rdnr 1.
872 VerfGH Urteil Nr. 278/2012 (GA 1. Sonderserie VerfGH Nr. 13 vom 28.03.2012) SV Rdnr 2.
873 VerfGH Urteil Nr. 278/2012 (GA 1. Sonderserie VerfGH Nr. 13 vom 28.03.2012) SV Rdnr 2.1.

rahmengesetzes Nr. 157/1992 stünden.[874] Das staatliche Jagdrahmengesetz stelle nämlich eine Schranke für die Gesetzgebung der Regionen und autonomen Provinzen dar, da es einheitliche Mindestschutzstandards für das gesamte Staatsgebiet enthalte. Außerdem habe der VerfGH in seiner Judikatur das Jagdrahmengesetz mehrmals als grundlegende wirtschaftlich-soziale Reform eingestuft.

Art. 2 Abs. 1 LG Nr. 14/2011 steht nach dem Dafürhalten des Beschwerdeführers im Widerspruch zu Art. 2 staatliches Jagdrahmengesetz Nr. 157/1992, da er die verwilderten Haustauben nicht zu den Wildtieren zählt.[875]

Art. 2 Abs. 2 LG Nr. 14/2011 verstoße gegen die staatlichen Bestimmungen, da er für die Wildarten Fuchs, Wildschwein, Schneehase und Alpenschneehuhn Jagdzeiten vorsieht, die über die zeitliche Begrenzung gemäß staatlichem Jagdrahmengesetz Nr. 157/1992 hinausgehen.[876] Im Hinblick auf Fuchs und Wildschwein sieht die angefochtene Gesetzesbestimmung eine Jagdzeit vom 1. Juli bis zum 31. Jänner vor, während gemäß staatlichem Jagdrahmengesetz Nr. 157/1992 der Fuchs vom dritten Sonntag im September bis zum 31. Jänner und das Wildschwein vom 1. Oktober bis zum 31. Dezember oder vom 1. November bis zum 31. Jänner jagdbar sind. Was Schneehase und Alpenschneehuhn anbelangt, ist laut LG Nr. 14/2011 eine Jagdzeit vom 1. Oktober bis zum 15. Dezember vorgesehen, während der staatliche Gesetzgeber für diese Wildarten eine Jagdzeitspanne vom 1. Oktober bis zum 30. November vorsieht.

Art. 2 Abs. 3 LG Nr. 14/2011 bestimmt, dass in Obst- und Weinbaugebieten die Bejagung des Feldhasen, der Amsel sowie der Wacholder- und Singdrossel bis zum 10. Jänner erlaubt ist, wobei die Jagdausübung auf diese drei Drosselarten ab 16. Dezember an allen Wochentagen ausgeübt werden darf.[877] Nach Ansicht des Beschwerdeführers stünden diese Bestimmungen, im Hinblick auf die Jagdzeiten im Widerspruch zu Art. 18 Abs. 1, *in puncto* Anzahl der Jagdtage pro Woche und Jagdruhe im Widerspruch zu Art. 18 Abs. 5 und 6 staatliches Jagdrahmengesetz Nr. 157/1992.[878]

Art. 2 Abs. 5 LG Nr. 14/2011 weiche vom staatlichen Jagdrahmengesetz Nr. 157/1992 ab, da er vorsieht, dass die Jagdausübung sowohl als Gebirgsjagd als auch als Ansitzjagd zulässig ist.[879] Dies stehe im Widerspruch zu Art. 12 Abs. 5 staatliches Jagdrahmenge-

874 VerfGH Urteil Nr. 278/2012 (GA 1. Sonderserie VerfGH Nr. 13 vom 28.03.2012) SV Rdnr 2.2.
875 VerfGH Urteil Nr. 278/2012 (GA 1. Sonderserie VerfGH Nr. 13 vom 28.03.2012) SV Rdnr 3.
876 VerfGH Urteil Nr. 278/2012 (GA 1. Sonderserie VerfGH Nr. 13 vom 28.03.2012) SV Rdnr 4.
877 VerfGH Urteil Nr. 278/2012 (GA 1. Sonderserie VerfGH Nr. 13 vom 28.03.2012) SV Rdnr 5.
878 VerfGH Urteil Nr. 278/2012 (GA 1. Sonderserie VerfGH Nr. 13 vom 28.03.2012) SV Rdnr 5.
879 VerfGH Urteil Nr. 278/2012 (GA 1. Sonderserie VerfGH Nr. 13 vom 28.03.2012) SV Rdnr 6.

setz Nr. 157/1992, der bestimmt, dass die Jagd ausschließlich in einer der drei folgenden Formen ausgeübt werden darf: a) Pirschjagd im Alpengebiet, b) von einer ständigen Ansitzeinrichtung aus, c) Pirschjagd im verbleibenden Staatsgebiet.[880]

Art. 11 Abs. 2 LG Nr. 14/2011, der vorsieht, dass der für die Jagd zuständige Landesrat einen Eingriffsplan erstellt, um die Verbreitung der Nutria zu kontrollieren, verletzt nach Ansicht des Beschwerdeführers Art. 19 Abs. 2 des staatlichen Jagdrahmengesetzes.[881] Gemäß dieser Bestimmung könne die Genehmigung zum Erlegen von Wildarten aus den in Art. 19 angegebenen Gründen erst dann erteilt werden, wenn die Höhere Anstalt für Umwelt und Forschung die Unwirksamkeit von ökologischen Methoden festgestellt hat. Daraus ergebe sich, dass diese landesgesetzliche Bestimmung verfassungswidrig sei, da sie das Erlegen der Nutria nicht der *„technischen Einschätzung"* der Höheren Anstalt für Umweltschutz und Forschung unterordne.[882]

Abschließend betont der Beschwerdeführer, dass die Autonome Provinz Bozen nicht befugt sei, im Sachbereich Jagd Gesetzesbestimmungen zu erlassen, die im Widerspruch zu den staatlichen Normen stehen.[883] Der VerfGH habe festgelegt, dass die Zuständigkeit *in puncto* Schutz der Umwelt und des Ökosystems in seiner Gesamtheit durch Art. 117 Abs. 2 lit. *s)* Verf ausschließlich dem Staat vorbehalten sei. Es sei unstrittig, dass die Festlegung der jagdbaren Wildarten und der Jagdzeiten sich auf Umwelt und Ökosystem auswirke.[884]

7.3. Argumente des Beschwerdegegners

Die Autonome Provinz Bozen ist dem Verfahren vor dem VerfGH mit Einlassungsschriftsatz, der am 15. März 2013 in der Kanzlei des VerfGH hinterlegt wurde, beigetreten, nachdem die Landesregierung mit Beschluss Nr. 238 vom 27.02.2012 die Ermächtigung erteilt hatte.[885]

---

880 Vgl. hierzu näher unter 4.2.2.5.

881 VerfGH Urteil Nr. 278/2012 (GA 1. Sonderserie VerfGH Nr. 13 vom 28.03.2012) SV Rdnr 7.

882 VerfGH Urteil Nr. 278/2012 (GA 1. Sonderserie VerfGH Nr. 13 vom 28.03.2012) SV Rdnr 7: *"Risulterebbe allora evidente, secondo il ricorrente, che la disposizione provinciale, prevedendo una procedura di abbattimento delle nutrie senza subordinare tale attivitá alla valutazione tecnica dell'ISPRA, sarebbe costituzionalmente illegittima."*

883 VerfGH Urteil Nr. 278/2012 (GA 1. Sonderserie VerfGH Nr. 13 vom 28.03.2012) SV Rdnr 10.

884 VerfGH Urteil Nr. 278/2012 (GA 1. Sonderserie VerfGH Nr. 13 vom 28.03.2012) SV Rdnr 10.

885 VerfGH Urteil Nr. 278/2012 (GA 1. Sonderserie VerfGH Nr. 13 vom 28.03.2012) SV Rdnr 11.

Der Beschwerdegegner bestreitet die Darstellung der Staatsadvokatur, wonach die statutarischen Gesetzgebungskompetenzen in den Sachbereichen Jagd sowie Pflanzen- und Tierschutzparks von der ausschließlichen staatlichen Gesetzgebungskompetenz laut Art. 117 Abs. 2 lit. *s)* Verf absorbiert würden.[886] Die Autonome Provinz Bozen müsse in den Sachbereichen primärer Gesetzgebungsbefugnis lediglich die Grundsätze der Rechtsordnung der Republik sowie die grundlegenden Bestimmungen der wirtschaftlich-sozialen Reformen beachten. Nach dem Dafürhalten des Beschwerdegegners können die Normen des staatlichen Jagdrahmengesetzes Nr. 157/1992 aus zwei Gründen nicht als grundlegende Bestimmungen einer wirtschaftlich-sozialen Reform bezeichnet werden. Einerseits sei dieses Gesetz auf eine Annäherung des Jagdrechtes an ökosystematische Aspekte seit dem gemeinschaftlichen Umweltschutzprogramm aus dem Jahre 1987 rückzuführen. Andererseits habe der VerfGH in mehreren Urteilen unterstrichen, dass die Umsetzung der Richtlinie 92/43/EWG der Autonomen Provinz Bozen zustehe, weshalb klar sei, dass die staatlichen Normen, die diese unionsrechtliche Bestimmung umsetzen, keinesfalls eine Schranke für die Gesetzgebungskompetenz des Landes Südtirol darstellen können. Der VerfGH habe im Urteil Nr. 226/2009 außerdem darauf verwiesen, dass die Bestimmungen des VerfGes Nr. 3/2001 nicht darauf abzielen, sich über die Sonderstatute hinwegzusetzen, sondern nur anwendbar seien, wenn sie für die Regionen mit Sonderstatut und die Autonomen Provinzen weitergehende Formen der Autonomie enthalten.[887] Daraus folge, dass die Autonome Provinz Bozen mit der angefochtenen Gesetzesbestimmung auf der Grundlage der Ermächtigung von Art. 117 Abs. 5 die Bestimmungen der EU-Richtlinie 92/43/EWG umgesetzt habe.

Nach Ansicht des Beschwerdegegners liege der vom VerfGH im Urteil Nr. 151/2011 vorgesehene *„spezifische Sachbereich"*[888] vor, da die Umsetzung der EU-Richtlinie in die Sachbereiche *„Jagd und Fischerei"* und *„Almwirtschaft sowie Pflanzen- und Tierschutzparke"* falle.[889] Auf diese Weise lasse sich die Einrede, dass der Sachbereich Umwelt transversalen Charakter habe, widerlegen.

Im Hinblick auf die einzelnen angefochtenen Artikel betont die Autonome Provinz Bozen zunächst, dass die Anfechtung von Art. 2 Abs. 1 LG Nr. 14/2011 wegen *„Unbestimmtheit"*[890]

886 VerfGH Urteil Nr. 278/2012 (GA 1. Sonderserie VerfGH Nr. 13 vom 28.03.2012) SV Rdnr 13.1.

887 VerfGH Urteil Nr. 278/2012 (GA 1. Sonderserie VerfGH Nr. 13 vom 28.03.2012) SV Rdnr 13.1.

888 Der Beschwerdegegner spricht unter SV Rdnr 13.1. von *"titolo di competenza speciale"*.

889 VerfGH Urteil Nr. 278/2012 (GA 1. Sonderserie VerfGH Nr. 13 vom 28.03.2012) SV Rdnr 13.1.

890 VerfGH Urteil Nr. 278/2012 (GA 1. Sonderserie VerfGH Nr. 13 vom 28.03.2012) SV Rdnr 14: *"(...) conseguirebbe l'inammissibilitá della doglianza per genericitá."*

unzulässig sei. Der Beschwerdeführer habe nämlich nicht erklärt, in welcher Hinsicht diese Gesetzesbestimmung im Widerspruch mit der staatlichen Gesetzesbestimmung steht, da neben den verwilderten Haustauben auch andere Tiere von der Wildtierfauna ausgenommen seien.[891]

Die Autonome Provinz Bozen unterstreicht auch, dass das Landesjagdgesetz die EU-Richtlinien 2009/147/EG und 92/43/EWG umsetzt. Da diese Richtlinien die Sachbereiche Jagd und Schutz der Wildtierfauna regeln, in welchen das Autonomiestatut der Autonomen Provinz Bozen Gesetzgebungsbefugnis zugesteht, sei im Zusammenspiel mit Art. 117 Abs. 5 Verf offensichtlich, dass der Landesgesetzgeber in der Rechtssetzung nicht von den Bestimmungen des staatlichen Jagdrahmengesetzes Nr. 157/1992 eingeschränkt werden kann.[892]

Nach Ansicht des Beschwerdegegners gelte dies auch im Hinblick auf die angefochtene Gesetzesbestimmung Art. 2 Abs. 2 LG Nr. 14/2011, der einerseits die Jagdzeit von Füchsen und Wildschweinen, andererseits von Schneehase und Alpenschneehuhn verlängert hat.[893]

Zur Untermauerung der Theorie der Nachgiebigkeit der staatlichen Normen, welche unionsrechtliche Bestimmungen umsetzen, gegenüber anderslautenden Normen des Landesgesetzgebers zitiert der Beschwerdegegner Art. 1 Abs. 2 der Durchführungsbestimmung zum Sonderstatut der Autonomen Provinz Bozen DPR Nr. 279/1974, wonach „*die Standards zum Schutz der Flora und Fauna mit Landesgesetz geregelt werden, in welchem der Jagdkalender und die jagdbaren Tiere in Beachtung der Schutzrichtlinien festgelegt sind, die aus den in die staatliche Rechtsordnung eingeführten internationalen Abkommen und EG-Bestimmungen* (nunmehr: unionsrechtlichen Bestimmungen) *hervorgehen.*“[894] Für die vier oben genannten Wildarten enthalten laut Beschwerdegegner weder die Richtlinie 92/43/EWG noch die Richtlinie 2009/147/EG Einschränkungen im Hinblick auf den zeitlichen Rahmen der Jagdausübung.[895]

Auch die Rüge des Art. 2 Abs. 3 LG Nr. 14/2011 ließe sich unter Berufung auf das DPR Nr. 279/1974 entkräften, da der Landesgesetzgeber durch diese Norm ermächtigt werde, die Jagdzeiten ohne Rücksicht auf das staatliche Jagdrahmengesetz Nr. 157/1992

891 VerfGH Urteil Nr. 278/2012 (GA 1. Sonderserie VerfGH Nr. 13 vom 28.03.2012) SV Rdnr 14.
892 VerfGH Urteil Nr. 278/2012 (GA 1. Sonderserie VerfGH Nr. 13 vom 28.03.2012) SV Rdnr 14.
893 VerfGH Urteil Nr. 278/2012 (GA 1. Sonderserie VerfGH Nr. 13 vom 28.03.2012) SV Rdnr 15.
894 VerfGH Urteil Nr. 278/2012 (GA 1. Sonderserie VerfGH Nr. 13 vom 28.03.2012) SV Rdnr 15.
895 VerfGH Urteil Nr. 278/2012 (GA 1. Sonderserie VerfGH Nr. 13 vom 28.03.2012) SV Rdnr 15.

zu regeln.[896] Die Unbegründetheit der Rüge des Art. 2 Abs. 3 LG Nr. 14/2011 in Hinblick auf die Sing- und Wacholderdrossel sei augenscheinlich, da das Landesgesetz für beide Wildarten den 10. Jänner als Ende der Jagdzeit in Obst- und Weinbaugebieten angibt, und somit der Schutzstatus höher als jener der staatlichen Norm sei, die den 31. Jänner als *dies ad quem* angibt.

Nach Ansicht des Beschwerdegegners ist die Rüge von Art. 2 Abs. 5 LG Nr. 14/2011 unzulässig bzw. unbegründet.[897] Der Beschwerdeführer begründe nämlich nicht, weshalb die angefochtene Gesetzesbestimmung verfassungswidrig sei. Mit der eingeführten Gesetzesbestimmung habe der Landesgesetzgeber die ausschließliche Wahl einer Jagdform gemäß staatlichem Jagdrahmengesetz Nr. 157/1992 in den Bereichen außerhalb des Alpenraumes beibehalten wollen. Diese Norm habe folglich residualen Charakter, da sie nur innerhalb der Autonomen Provinz Bozen zur Anwendung komme.

Art. 2 Abs. 11 LG Nr. 14/2011 müsse dagegen im Kontext von Art. 29 Landesjagdgesetz betrachtet werden,[898] der wie folgt bestimmt: „*Der für die Jagd zuständige Landesrat kann die Jagd auf bestimmte in Artikel 4 genannte Wildarten für festgesetzte Zeiten verbieten oder einschränken, wenn wichtige mit dem Wildbestand zusammenhängende Gründe oder besondere jahreszeitlich, klimatisch, durch Krankheiten oder Naturkatastrophen bedingte Umstände dies erfordern.*“[899] Darüber hinaus könne der für die Jagd zuständige Landesrat „*jederzeit das Fangen oder Erlegen der in Artikel 4 Absätze 1 und 2 angeführten jagdbaren Wildarten erlauben, wenn dies aus gesundheitspolizeilichen oder Sicherheitsgründen, zum Schutz der land- und forstwirtschaftlichen Kulturen, der Fischerei und der Viehwirtschaft oder zur Bestandssicherung erforderlich ist.*“[900] Nach Ansicht des Beschwerdegegners steht die angefochtene Gesetzesbestimmung auf einer anderen Ebene als der angeblich verletzte Art. 19 Abs. 2 staatliches Jagdrahmengesetz Nr. 157/1992. Während die staatliche Norm der Höheren Anstalt für Umweltschutz und Forschung die Zuständigkeit erteile, Gutachten über die Methoden zur Wildregulierung und bei Unwirksamkeit Abschusspläne zu erstellen, beschränke sich die landesgesetzliche Norm darauf, den sachzuständigen Landesrat als für die Erstellung von Abschussplänen zuständig zu erachten und festzulegen, dass die Angehörigen des Landesforstkorps für die Umsetzung zuständig seien.[901]

896 VerfGH Urteil Nr. 278/2012 (GA 1. Sonderserie VerfGH Nr. 13 vom 28.03.2012) SV Rdnr 16.
897 VerfGH Urteil Nr. 278/2012 (GA 1. Sonderserie VerfGH Nr. 13 vom 28.03.2012) SV Rdnr 17.
898 VerfGH Urteil Nr. 278/2012 (GA 1. Sonderserie VerfGH Nr. 13 vom 28.03.2012) SV Rdnr 18.
899 Art. 29 Abs. 1 Landesjagdgesetz.
900 Art. 29 Abs. 2 Landesjagdgesetz.
901 VerfGH Urteil Nr. 278/2012 (GA 1. Sonderserie VerfGH Nr. 13 vom 28.03.2012) SV Rdnr 18.

Nach dem Dafürhalten der Autonomen Provinz Bozen lasse sich die Verfassungskonformität von Art. 2 Abs. 11 LG Nr. 14/2011 durch die zugestandenen Kompetenzen gemäß Art. 8 Nr. 15 und 16 Autonomiestatut 1972 und die einschlägige Durchführungsbestimmung zum Sonderstatut DPR Nr. 274/1979 untermauern.[902] Letztere Bestimmungen legen nicht nur die Zuständigkeit des Landesgesetzgebers für die Festlegung des Jagdkalenders fest, sondern betonen auch, dass die Befugnisse der Staatsverwaltung auf den Sachgebieten der Jagd und Fischerei und der Pflanzen- und Tierschutzparke, welche sowohl unmittelbar von den Zentral- und Außenstellen des Staates als auch durch gesamtstaatliche oder überprovinziale öffentliche Anstalten und Institute ausgeübt werden, auf dem Gebiet der Autonomen Provinz Bozen von derselben ausgeübt werden.[903] Diesbezüglich verweist der Beschwerdegegner auch darauf, dass laut Judikatur des VerfGH die Durchführungsbestimmungen der Regionen mit Sonderstatut Bestimmungen mit verstärkter Gesetzeskraft seien, die gegenüber einfachen Gesetzen Bestand hätten.

Um die vorgebrachten Argumente zu präzisieren und den Einlassungsschriftsatz zu ergänzen, haben die Prozessvertreter der Autonomen Provinz Bozen am 16. Oktober 2012 einen weiteren Schriftsatz in der Kanzlei des VerfGH hinterlegt.[904]

In diesem Schriftstück schickt die Autonome Provinz Bozen voraus, in den Sachbereichen „Jagd und Fischerei" und „Pflanzen- und Tierschutzparke" über primäre Gesetzgebungsbefugnis gemäß Art. 8 Nr. 15 und 16 Autonomiestatut 1972 zu verfügen und gemäß Art. 16 derselben Rechtsquelle in diesen Sachbereichen für die Verwaltung zuständig zu sein.[905] Hinsichtlich der Umsetzung dieser Zuständigkeiten hätten sich der Staat und die Autonome Provinz Bozen mit DPR Nr. 279/1974 geeinigt. Hieraus folge, dass die angefochtenen Gesetzesbestimmungen in den Regelungsbereich der Landeszuständigkeit fielen, da sie das Landesjagdgesetz abändern und somit im Detail das Erlegen von bestimmten Wildarten und die zeitliche Komponente der Jagdausübung auf Landesgebiet beinhalten würden.[906] Deshalb sei die vorgehaltene Verletzung der ausschließlichen staatlichen Gesetzgebungszuständigkeit im Sachbereich Schutz der Umwelt und des Ökosystems offenkundig unbegründet.

902 VerfGH Urteil Nr. 278/2012 (GA 1. Sonderserie VerfGH Nr. 13 vom 28.03.2012) SV Rdnr 18.
903 VerfGH Urteil Nr. 278/2012 (GA 1. Sonderserie VerfGH Nr. 13 vom 28.03.2012) SV Rdnr 18.
904 VerfGH Urteil Nr. 278/2012 (GA 1. Sonderserie VerfGH Nr. 13 vom 28.03.2012) SV Rdnr 24.
905 VerfGH Urteil Nr. 278/2012 (GA 1. Sonderserie VerfGH Nr. 13 vom 28.03.2012) SV Rdnr 24.
906 VerfGH Urteil Nr. 278/2012 (GA 1. Sonderserie VerfGH Nr. 13 vom 28.03.2012) SV Rdnr 24.

Der Beschwerdegegner unterstreicht weiters, dass im Sinne von Art. 10 VerfGes Nr. 3/2001 die Bestimmungen dieses Verfassungsgesetzes auf die Autonome Provinz Bozen nur dann angewendet werden, wenn sie „*Formen der Autonomie vorsehen, die über die bereits zuerkannten hinausgehen.*“[907]

Darüber hinaus würden nur staatliche Bestimmungen, die tatsächlich „*grundlegende*“ Bestimmungen enthalten und „*innovativen Charakter*“ für das gesamte Staatsgebiet haben, grundlegende wirtschaftlich-soziale Reformen darstellen.[908] Nach dem Dafürhalten des Beschwerdeführers fehlen dem staatlichen Jagdrahmengesetz Nr. 157/1992 diese beiden Charakteristika.

Obgleich dieses staatliche Gesetz die EU-Richtlinie 92/43/EWG umsetze, sei die Autonome Provinz Bozen nicht an ihre Bestimmungen gebunden, da ihr die Umsetzung von unionsrechtlichen Richtlinien in Sachbereichen primärer Gesetzgebungszuständigkeit durch DPR Nr. 526/1987 vorbehalten sei, vorbehaltlich einer staatlichen Ersatzvornahme bei Untätigkeit.[909] Dass der Autonomen Provinz Bozen die Umsetzung der EU-Richtlinie 92/43/EWG zustehe, habe der VerfGH etwa im Urteil Nr. 104/2008[910] bestätigt.

Art. 2 Abs. 1 LG Nr. 14/2011 stehe nicht im Widerspruch zu Art. 2 Abs. 1 staatliches Jagdrahmengesetz Nr. 157/1992, da diese Bestimmung für den Landesgesetzgeber nicht bindend sei.[911]

Was Art. 2 Abs. 2 und 3 LG Nr. 14/2011 anbelangt, sei aufgrund der Nachgiebigkeit der staatlichen Gesetzesbestimmung Art. 1 Abs. 2 DPR Nr. 279/1974 anzuwenden, der der Autonomen Provinz Bozen die Befugnis zuerkennt, den Jagdkalender und die jagdbaren Tiere in Beachtung der internationalen Abmachungen und unionsrechtlichen Bestimmungen festzulegen.[912] Weder die Richtlinie 92/43/EWG noch die Richtlinie 2009/147/EG würden sich diesbezüglich einschränkend auswirken. Könnte die Autonome Provinz Bozen die Jagdzeiten nicht nach den Erfordernissen des eigenen Gebiets festlegen, würden keine Spielräume für die primäre Gesetzgebungskompetenz im Sachbereich Jagd übrig bleiben.[913]

907 VerfGH Urteil Nr. 278/2012 (GA 1. Sonderserie VerfGH Nr. 13 vom 28.03.2012) SV Rdnr 25.
908 VerfGH Urteil Nr. 278/2012 (GA 1. Sonderserie VerfGH Nr. 13 vom 28.03.2012) SV Rdnr 27.
909 VerfGH Urteil Nr. 278/2012 (GA 1. Sonderserie VerfGH Nr. 13 vom 28.03.2012) SV Rdnr 28.
910 VerfGH Urteil Nr. 104/2008, Giur. cost. 2008, 1318.
911 VerfGH Urteil Nr. 278/2012 (GA 1. Sonderserie VerfGH Nr. 13 vom 28.03.2012) SV Rdnr 29.
912 VerfGH Urteil Nr. 278/2012 (GA 1. Sonderserie VerfGH Nr. 13 vom 28.03.2012) SV Rdnr 30.
913 VerfGH Urteil Nr. 278/2012 (GA 1. Sonderserie VerfGH Nr. 13 vom 28.03.2012) SV Rdnr 30.

Was den angefochtenen Art. 2 Abs. 11 LG Nr. 14/2011 anbelange, sei laut Beschwerdegegner der Eingriffsplan im Sinne einer kombinierten Anwendung des Art. 4 Abs. 2 und des Art. 29 Landesjagdgesetz auf jeden Fall einem vorherigen Gutachten der Wildbeobachtungsstelle untergeordnet.[914] Die Autonome Provinz Bozen verweist auch darauf, dass Art. 19- *bis* Abs. 3 staatliches Jagdrahmengesetz Nr. 157/1992 im Hinblick auf die Abweichungen laut Vogelrichtlinie verfüge, *„dass die Ausnahmeregelungen nach Anhören der Höheren Anstalt für Umwelt und Forschung oder eines anerkannten Instituts auf regionaler Ebene angewandt werden.“*[915] Auf provinzieller Ebene sei die Wildbeobachtungsstelle laut Art. 3 Landesjagdgesetz ein derartiges Institut, da es gemäß Art. 4 Abs. 2 desselben Gesetzes auf jeden Fall angehört werden müsse, bevor Abschusspläne für nicht jagdbare Wildarten erlassen werden können. Darüber hinaus seien gemäß Art. 4 Abs. 2 bei Erlass von Abschussplänen nicht jagdbarer Arten die in internationalen Abkommen oder in unionsrechtlichen Vorschriften enthaltenen Schutzbestimmungen, die in die staatlichen Rechtsvorschriften über die Wildhege übernommen werden, zu beachten.[916]

7.4. Entscheidung des Verfassungsgerichtshofs

Der VerfGH räumt ein, dass die angefochtenen landesgesetzlichen Bestimmungen zwar in den primären Zuständigkeitsbereich des Landesgesetzgebers fallen, jedoch würden sie aufgrund einer Kompetenzüberschneidung mit der ausschließlichen staatlichen Gesetzgebungskompetenz im Sachbereich Schutz der Umwelt und des Ökosystems laut Art. 117 Abs. 2 lit. *s*) Verf interagieren.[917] Wenn sich der Umweltschutz aufgrund seines transversalen Charakters mit anderen Gesetzgebungskompetenzen überschneide, **müsse den staatlichen Gesetzesbestimmungen Vorrang gegenüber regionalen oder provinziellen Normen eingeräumt werden.[918]** Dies ergebe sich aus der Tatsache, dass die einheitliche Regelung des Umweltschutzes ein öffentliches Interesse von primärem Verfassungsrang darstelle und deshalb von anderen Teilbereichen des Umweltschutzes nicht derogiert werden könne.[919] In dieser Hinsicht stelle der Umweltschutz

914 VerfGH Urteil Nr. 278/2012 (GA 1. Sonderserie VerfGH Nr. 13 vom 28.03.2012) SV Rdnr 32.
915 VerfGH Urteil Nr. 278/2012 (GA 1. Sonderserie VerfGH Nr. 13 vom 28.03.2012) SV Rdnr 32.
916 VerfGH Urteil Nr. 278/2012 (GA 1. Sonderserie VerfGH Nr. 13 vom 28.03.2012) SV Rdnr 32.
917 VerfGH Urteil Nr. 278/2012 RE Rdnr 4.
918 VerfGH Urteil Nr. 278/2012 RE Rdnr 4.
919 VerfGH Urteil Nr. 278/2012 RE Rdnr 4.

eine Schranke für die gesetzgeberischen Kompetenzen der Regionen und autonomen Provinzen dar, weshalb diese auf keinen Fall den vom Staat vorgegebenen Umweltschutzstandard lockern könnten.

Wenn dies erfolge, stelle dies einen Eingriff seitens eines Regional- oder Landesgesetzes in Bereiche des Umwelt- oder Ökosystemschutzes dar, welcher der ausschließlichen Gesetzgebungskompetenz des Staates vorbehalten sei.[920] Aufgrund des transversalen Charakters des Schutzes der Umwelt und des Ökosystems sei im *casus quo* unerheblich, dass die staatlichen zwischengeschalteten Normen zu einem ansehnlichen Teil unionsrechtliche Richtlinien umsetzen, da sie aufgrund ihres Wesens und Zwecks über den Normen des Jagdsektors stünden.[921]

Laut VerfGH sei hervorzuheben, dass bei Überschneidungen zwischen den Sachbereichen gemäß Art. 117 Abs. 2 lit. *s)* Verf und Kompetenztatbeständen von regionaler Zuständigkeit bzw. Landeszuständigkeit die Regionen und autonomen Provinzen dahingehend über gesetzgeberischen Spielraum verfügen, dass sie strengere Bestimmungen als jene, die in den staatlichen Normen enthalten sind, einführen können.

Die angefochtene Gesetzesbestimmung Art. 2 Abs. 1 LG Nr. 14/2011 müsse in jenem Teil für verfassungswidrig erklärt werden, in dem der Ausschluss der verwilderten Haustauben vom Begriff der Wildtierfauna vorgesehen sei.[922] In diesem Punkt kann der Entscheid des VerfGH als so genanntes teilentscheidendes Urteil bezeichnet werden,[923] da nicht der gesamte Gesetzesartikel aufgehoben wird, sondern nur jener Teil, der verfassungswidrig ist.

Begründet sei auch, in Hinblick auf Art. 117 Abs. 2 lit. *s)*, die Anfechtung des Art. 2 Abs. 2 LG Nr. 14/2011, der unter anderem eine Jagdzeit[924] vom 1. Juli bis zum 31. Jänner für Füchse und Wildschweine und vom 1. Oktober bis zum 15. Dezember für Schneehasen und Alpenschneehühner vorsieht. Weil die Jagdzeit für diese genannten Wildarten länger

---

920 VerfGH Urteil Nr. 278/2012 RE Rdnr 4.

921 Die Stelle aus dem VerfGH Urteil Nr. 278/2012 RE Rdnr 4 lautet wörtlich wie folgt: *"In questo contesto di trasversalitá e primazia della tutela ambientale e dell'ecosistema, non rileva – con riguardo al caso in esame – che le norme statali interposte costituiscano per buona parte attuazione di direttive comunitarie* in subiecta materia, *dal momento che comunque esse – in ragione della loro natura e della loro finalitá – prevalgono sulla disciplina di settore della caccia."*

922 VerfGH Urteil Nr. 278/2012 RE Rdnr 4.2.

923 Vgl. hierzu näher *Riz/Happacher*, 245.

924 Der VerfGH spricht diesbezüglich fälschlicherweise von *"specifico calendario venatorio"* obwohl es in der Autonomen Provinz Bozen seit der gesetzlichen Verankerung der Jagdzeiten im Jahr 1996 keinen Jagdkalender mehr gibt.

als jene gemäß staatlichem Jagdrahmengesetz Nr. 157/1992 sei, stehe sie im Wiederspruch mit Art. 117 Abs. 2 lit. *s)* Verf.

Die Anfechtung des Art. 2 Abs. 3 LG Nr. 14/2011 sei teilweise begründet.[925] Diese Gesetzesbestimmung übertrete die Umweltschutzstandards dadurch, dass der Landesgesetzgeber für Amseln und Feldhasen eine verlängerte Jagdzeit bis zum 10. Jänner vorsehe und gleichzeitig die Jagdruhe am Dienstag und Freitag gemäß Art. 18 Abs. 5 staatliches Jagdrahmengesetz Nr. 157/1992 verletze. Was jedoch die Jagdzeit auf Wacholder- und Singdrosseln bis zum 10. Jänner anbelangt, so sei diese im Einklang mit Art. 18 Abs. 1 staatliches Jagdrahmengesetz Nr. 157/1992, da letztere Bestimmung den 31. Jänner als Endtermin festlegt und somit der Landesgesetzgeber restriktiver als der Staat ist, weshalb die Anfechtung in diesem Punkt unbegründet sei.[926] Im Hinblick auf den Ausschluss der Jagdruhe bei diesen Wildarten sei die Verfassungsbeschwerde jedoch ob dieser staatlichen Norm begründet.

Art. 2 Abs. 3 LG Nr. 14/2011 erklärt der VerfGH für verfassungswidrig, da er für alle enthaltenen Wildarten den Grundsatz der Jagdruhe missachte.[927] Die Verlängerung des Endzeitpunktes der Jagdsaison durch den Landesgesetzgeber und die Zunahme der Jagdtage pro Woche verletze den *„Mindestschutzstandard der Wildtierfauna"*,[928] dessen Festlegung zum Zwecke des Schutzes der Umwelt und des Ökosystems nach der Reform des zweiten Abschnittes des Titels V Verf gemäß Art. 117 Abs. 2 lit. *s)* Verf ausschließlich dem Staat vorbehalten sei.[929]

Auch die Anfechtung des Art. 2 Abs. 5 LG Nr. 14/2011 ist nach Ansicht des VerfGH begründet.[930] Da diese Gesetzesbestimmung vorsieht, dass die Jagdausübung sowohl als Pirschjagd als auch als Ansitzjagd zulässig ist, verstößt sie gegen den so genannten Grundsatz der *„Spezialisierung"*,[931] wonach ausschließlich eine der drei Jagdformen gemäß Art. 12 Abs. 5 staatliches Jagdrahmengesetz Nr. 157/1992 ausgeübt werden darf. Die so genannte ausschließliche Wahl der Jagdform diene dazu, den Jäger stärker an ein Territorium zu binden

925 VerfGH Urteil Nr. 278/2012 RE Rdnr 4.4.

926 VerfGH Urteil Nr. 278/2012 RE Rdnr 4.4.

927 Diese Aussage des VerfGH ist insofern ungenau, als der Landesgesetzgeber in Art. 2 Abs. 3 LG Nr. 14/2011 die Jagdruhe am Dienstag und Freitag nur für Amsel, Sing- und Wacholderdrossel abschaffte, nicht aber für den Feldhasen.

928 Der VerfGH spricht im Urteil Nr. 278/2012 unter RE Rdnr 4.4 von *"nucleo minimo di salvaguardia della fauna selvatica."*

929 VerfGH Urteil Nr. 278/2012 RE Rdnr 4.4.

930 VerfGH Urteil Nr. 278/2012 RE Rdnr 4.5.

931 Der VerfGH spricht im Urteil Nr. 278/2012 unter RE Rdnr 4.5 von *"caccia di specializzazione."*

und sein Verantwortungsbewusstsein für ein ökologisches Gleichgewicht zu steigern.[932] Die *ratio* dieser Norm liege jedoch vor allem in der Feststellung, dass eine wahllose Jagdausübung auf dem gesamten Kulturland, Wald- und Weidegebiet den Bestand der Wildtierfauna gefährden könnte. Da diese zwischengeschaltete staatliche Norm den Fortbestand und die Reproduktion der jagdbaren Wildarten absichere, sei sie im Sachbereich des Umwelt- und Ökosystemschutzes gemäß Art. 117 Abs. 2 lit. *s)* Verf einzuordnen. Art. 12 Abs. 5 staatliches Jagdrahmengesetz Nr. 157/1992 trage zur Definition des Mindestschutzstandards der Wildtierfauna bei und stelle eine einheitliche Schutzebene dar, die es auf dem gesamten Staatsgebiet einzuhalten gelte.[933]

Weiters sei die Anfechtung des Art. 2 Abs. 11 LG Nr. 14/2011 begründet und die Gesetzesbestimmung folglich für verfassungswidrig zu erklären. Diese Norm würde nämlich dem Grundsatz der *„Gradualität“*[934] widersprechen, da sie unverzüglich einen Eingriff mittels Abschussplänen vorsehen würde, ohne vorher das Einholen eines Gutachtens seitens der Höheren Anstalt für Umwelt und Forschung hinsichtlich der Verwendung ökologischer Methoden vorzuschreiben.[935]

7.5. Bewertung des Urteils Nr. 278/2012 und dessen Auswirkungen auf das Landesjagdgesetz

7.5.1. Schranken

Bevor das Urteil *in meritum* kommentiert wird, sollen zunächst die Schranken angesprochen werden, die der VerfGH seiner Entscheidung zugrunde gelegt hat.

Bei näherer Durchsicht des Urteils Nr. 278/2012 ist unschwer zu erkennen, dass der VerfGH nicht das Schrankensystem gemäß Autonomiestatut 1972, sondern jenes laut VerfGes Nr. 3/2001 angewandt hat. Auf den ersten Blick scheint die Anwendung der Schranken laut VerfGes Nr. 3/2001 von Vorteil für die Gesetzgebungskompetenz der Autonomen Provinz Bozen im Sachbereich Jagd zu sein: Unter den drei taxativ enumerierten Schran-

932 VerfGH Urteil Nr. 278/2012 RE Rdnr 4.5.

933 VerfGH Urteil Nr. 278/2012 RE Rdnr 4.5.

934 Der VerfGH spricht im Urteil Nr. 278/2012 unter RE Rdnr 4.6 von *"principio di gradualitá."*

935 VerfGH Urteil Nr. 278/2012 RE Rdnr 4.6.

ken[936] findet sich nämlich keine, die *ictu oculi* imstande wäre, die Gesetzgebungsbefugnis des Landesgesetzgebers im Jagdsektor zu schmälern. Das Autonomiestatut 1972 enthält dagegen unter anderem die Schranke der grundlegenden Bestimmungen der wirtschaftlich-sozialen Reformen der Republik, die vom VerfGH in der Regel für die Schmälerung der Gesetzgebungsbefugnis des Landesgesetzgebers im Sachbereich Jagd herangezogen wurden.[937] Obwohl es nach der Reform durch VerfGes Nr. 3/2001 auf Verfassungsebene keine rechtliche Grundlage zur Einschränkung der Gesetzgebungsbefugnis der Autonomen Provinz Bozen im Sachbereich Jagd gibt, fand der VerfGH einen Weg zur Schmälerung der Jagdkompetenz. Durch die Einstufung des Schutzes der Umwelt und des Ökosystems als transversalen Wert[938] wurde ein flexibles, wohlgemerkt nicht explizit verfassungsmäßig verankertes Beschneidungsinstrument für die Jagdgesetzgebung der Regionen und autonomen Provinzen geschaffen. Die Einstufung des Umweltschutzes als transversalen Wert, der die primäre Gesetzgebungskompetenz der Regionen und autonomen Provinzen im Sachbereich Jagd aushöhlt, ist mit einer wörtlichen Auslegung der Günstigkeitsklausel *ex* Art. 10 VerfGes Nr. 3/2001 nicht vereinbar. Eine korrekte Auslegung der Günstigkeitsklausel würde nämlich nahelegen, die statutarischen Zuständigkeiten im Lichte der weniger strikten Schranken laut Verfassungsreform Nr. 3/2001 zu betrachten.[939]

Vergleicht[940] man die Schranke der grundlegenden Bestimmungen der wirtschaftlich-sozialen Reformen mit der verfassungsgerichtlich geschaffenen Schranke der transversalen Werte im Hinblick auf einige Sachbereiche des Art. 117 Abs. 2 Verf, erkennt man eine Gleichsetzung dieser beiden Schranken.[941]

936 Die Schranken der Gesetzgebung werden von Art. 117 Abs. 1 Verf wie folgt dargestellt: „*Staat und Regionen üben unter Wahrung der Verfassung sowie der aus der gemeinschaftlichen* (nunmehr: unionsrechtlichen) *Rechtsordnung und aus den internationalen Verpflichtungen erwachsenden Einschränkungen die Gesetzgebungsbefugnis aus.*“

937 Vgl. näher unter 6.2. und 6.4.

938 Vgl. hierzu näher unter 1.3. und 1.3.4.

939 Vgl. hierzu u. a. *Ruggiu*, Le Regioni 2011, 805.

940 Siehe hierzu näher unter 6.4.

941 *Parisi*, Le Regioni 2011, 839.

7.5.2. Das Jagdrahmengesetz Nr. 157/1992 als zwischengeschaltete Norm

Im *casus quo* bezeichnet der VerfGH die Bestimmungen des staatlichen Jagdrahmengesetzes Nr. 157/1992 als zwischengeschaltete Normen zu Art. 117 Abs. 2 lit. *s)* Verf,[942] die dazu dienen, die Verfassungskonformität der landesgesetzlichen Normen im Jagdsektor zu verifizieren. Diese Vorgangsweise erscheint aus mehreren Gründen kritikwürdig.
Das staatliche Jagdrahmengesetz Nr. 157 wurde im Ordentlichen Beiblatt Nr. 41 des Gesetzesanzeigers der italienischen Republik Nr. 46 vom 25.02.1992 kundgemacht, während die Durchführungsbestimmung zum Sonderstatut für Trentino-Südtirol Nr. 267/1992 im Ordentlichen Beiblatt zum Amtsblatt der Region Nr. 94 vom 22. April 1992, und somit zu einem späteren Zeitpunkt, kundgemacht wurde. Mit Art. 5 der Durchführungsbestimmung GvD Nr. 267/1992 wurde den Autonomen Provinzen Trient und Bozen die Zuständigkeit übertragen, die Standards zum Schutz der Fauna mit Landesgesetz zu regeln, in welchem der Jagdkalender und die jagdbaren Tiere in Beachtung der Schutzrichtlinien festgelegt sind, die aus den in die staatliche Rechtsordnung eingeführten internationalen Abmachungen und unionsrechtlichen Bestimmungen hervorgehen.[943] Dieses weitreichende Zugeständnis an die Gesetzgebungsbefugnis der Autonomen Provinzen Trient und Bozen im Sachbereich Jagd erfolgte wenige Wochen nach Inkrafttreten des staatlichen Jagdrahmengesetzes Nr. 157/1992. Hieraus folgt, dass der Wille der Regierung, den Autonomen Provinzen Trient und Bozen dieses *Plus* an gesetzgeberischem Spielraum zuzugestehen, unter voller Kenntnis der Sach- und Rechtslage laut staatlichem Jagdrahmengesetz Nr. 157/1992 erfolgte. Wäre die Regierung gegen dieses Zugeständnis an die Autonomen Provinzen Trient und Bozen gewesen, hätte sie die Durchführungsbestimmung nicht erlassen, da sie rein rechtlich nicht dazu gezwungen werden kann.[944]
Der interpretatorische Ansatz des VerfGH, wonach die Bestimmungen des staatlichen Jagdrahmengesetzes Nr. 157/1992 als zwischengeschaltete Normen bezeichnet werden, um die Verfassungskonformität landesjagdgesetzlicher Bestimmungen zu prüfen, ist besonders deshalb problematisch, weil der VerfGH nicht zwischen grundlegenden Bestimmungen und Detailbestimmungen des staatlichen Jagdrahmengesetzes Nr. 157/1992 differenziert.

942 Siehe etwa RE Rdnr 4.4.

943 Vgl. hierzu näher unter 1.2.2.

944 *Happacher*, Südtirols Autonomie in Europa, 72.

Vielmehr hat er im Urteil Nr. 278/2012 das staatliche Jagdrahmengesetz vollinhaltlich als Ausdruck der transversalen staatlichen Kompetenz im Sachbereich Schutz der Umwelt und des Ökosystems erachtet,[945] sodass Art. 1 Abs. 2 der Durchführungsbestimmung DPR Nr. 279/1974 ausgehöhlt wurde.

7.5.3. Verwilderte Haustauben

Auf diese Prämissen aufbauend, können nun einige der mit VerfGH Urteil Nr. 278/2012 für verfassungswidrig erklärten Gesetzesbestimmungen – auch hinsichtlich ihrer Auswirkungen auf das Landesjagdgesetz – kommentiert werden.
Mit Art. 2 Abs. 1 LG Nr. 14/2011 wollte der Landesgesetzgeber die verwilderten Haustauben von den Wildtieren ausnehmen, um in Problemfällen problemlos Gegenmaßnahmen ergreifen zu können. Der VerfGH hat diese Gesetzesbestimmung für verfassungswidrig erklärt, da die verwilderten Haustauben nicht zu den von der Wildtierfauna ausgenommenen Wildarten gemäß staatlichem Jagdrahmengesetz Nr. 157/1992 zählen.[946] Hieraus ergibt sich, dass der VerfGH, im Unterschied zum Kassationsgericht, seiner Urteilsfindung nicht die Lebensweise der verwilderten Haustauben zugrunde legt.[947] Das Kassationsgericht hatte nämlich mit Urteil Nr. 2598 vom 26. Jänner 2004[948] befunden, dass die verwilderten Haustauben zur Wildtierfauna gehören, weil sie sich gemäß Art. 2 Abs. 1 staatliches Jagdrahmengesetz Nr. 157/1992 frei lebend auf dem Staatsgebiet aufhalten.[949] Was die Definition von Wildtierfauna anbelangt, lässt der VerfGH im Urteil Nr. 278/2012 keine Zweifel offen: Der Landesgesetzgeber darf keine Tiere von der Wildtierfauna ausschließen, die nicht schon durch den staatlichen Gesetzgeber ausgeschlossen worden sind.

945 VerfGH Urteil Nr. 278/2012 RE Rdnr 4.1.

946 VerfGH Urteil Nr. 278/2012 RE Rdnr 4.2.

947 *Gorlani*, A proposito dei piccioni domestici inselvatichiti e della nutria: la Corte riscrive la nozione di fauna selvatica, Dir. giur. agr. 2013, 94.

948 Urteil Cass. Pen. III. Sektion Nr. 2598 vom 26.01.2004, Riv. giur. amb. 2004, 746.

949 Vgl. dazu näher *Bobbio*, Il riparto di competenze tra Stato e Regioni: Il paradigma della disciplina della caccia e le deroghe al prelievo venatorio dettate dal diritto comunitario, 49 unter *http://www.federalismi.it/ApplMostraDoc.cfm?Artid=6871&edoc=25012007090420.pdf&tit=La%20disciplina%20della%20caccia%20in%20un%20sistema%20multilivello#.UxMaw_l5O6M* (abgerufen am 29.07.2014).

7.5.4. Jagdzeiten

Was die angefochtenen Gesetzesbestimmungen Art. 2 Abs. 2 und Art. 2 Abs. 3 LG Nr. 14/2011 anbelangt, muss zunächst festgehalten werden, dass der VerfGH im Hinblick auf die Jagdzeiten des Landesgesetzgebers immer von einem Jagdkalender[950] spricht, obwohl es dieses Instrument seit einer Gesetzesnovelle aus dem Jahr 1996 in der Autonomen Provinz Bozen nicht mehr gibt.[951]

Mit Art. 2 Abs. 2 LG Nr. 14/2011 verlängerte der Landesgesetzgeber unter anderem die Jagdzeit auf Wildschweine vom 1. Juli bis zum 31. Jänner. Der VerfGH erklärte diese Bestimmung für verfassungswidrig, da laut staatlichem Jagdrahmengesetz Nr. 157/1992 Wildschweine nur vom 1. Oktober bis zum 31. Dezember oder vom 1. November bis zum 31. Jänner jagdbar sind.[952] Im Verfahren vor dem VerfGH verabsäumte der Beschwerdegegner, eine diesbezüglich durchschlagskräftige Norm vorzubringen: Art. 11 Abs. 5 *quaterdecies* GD Nr. 203/2005. Diese Gesetzesbestimmung ermächtigt nämlich die Regionen und die Autonomen Provinzen Trient und Bozen die Auslesejagd auf Schalenwild, nach Einholen eines Gutachtens seitens der Höheren Anstalt für Umweltschutz und Forschung oder eines regionalen Instituts, auch außerhalb des Zeitrahmens und der Uhrzeit, die vom staatlichen Jagdrahmengesetz Nr. 157/92 vorgegeben werden, zu regeln, wobei die Entnahme auf der Grundlage von angemessenen Abschussplänen zu erfolgen hat, die zwischen Geschlecht und Altersklassen unterscheiden. Die Bestandskraft dieser Norm gegenüber dem staatlichen Jagdrahmengesetz Nr. 157/1992 wurde kürzlich durch ein Urteil des Staatsrates bestätigt.[953]

Mit Urteil Nr. 278/2012 erklärte der VerfGH unter anderem auch die mit Art. 2 Abs. 3 eingeführte verlängerte Jagdzeit auf Amseln, Sing- und Wacholderdrosseln in Obst- und Weinbaugebieten in jenem Teil für verfassungswidrig, der die Jagdruhe am Dienstag und Freitag aufhob. Daneben wurden auch die Jagdzeiten gemäß LG Nr. 14/2011 auf Fuchs, Feldhase, Alpenschneehuhn und Amsel für verfassungswidrig erklärt, weil sie gegen die Vorgaben des staatlichen Jagdrahmengesetzes Nr. 157/1992 verstoßen würden.[954] Diese Entscheidungen lassen sich aus mehreren Gründen schwerlich nachvollziehen.

950 Siehe etwa RE Rdnr 4.3.

951 Vgl. hierzu näher unter 3.2.5.

952 VerfGH Urteil Nr. 278/2012 RE Rdnr 4.3.

953 Siehe hierzu näher unter 3.2.5.

954 RE Rdnr 4.3. und 4.4.

Wie oben angeführt, hat der VerfGH im Urteil Nr. 278/2012 das Schrankensystem gemäß VerfGes Nr. 3/2001 angewandt. Zu den drei taxativen Schranken laut Art. 117 Abs. 1 Verf zählt die Ausübung der Gesetzgebungsbefugnis durch Staat und Regionen unter Wahrung der aus den unionsrechtlichen Bestimmungen und aus den internationalen Verpflichtungen erwachsenden Einschränkungen. Der Autonomen Provinz Bozen kommt diesbezüglich aber keine passive, d. h. rein empfangsorientierte, sondern eine aktive Rechtsstellung zu, da sie laut Art. 7 DPR Nr. auf den Sachgebieten primärer Zuständigkeit Richtlinien der Europäischen Union, unter Berücksichtigung der statutarischen Schranken, unmittelbar durchführen kann. In Anwendung dieser Gesetzesbestimmung hat der Landesgesetzgeber die Vogelrichtlinie und die FFH-Richtlinie umgesetzt. Der Landesgesetzgeber hat sich dabei im Sinne des Art. 117 Abs. 1 Verf strikt an die unionsrechtlichen Vorgaben gehalten. Dass im Hinblick auf die genannten Wildarten Fuchs, Feldhase, Alpenschneehuhn und Amsel Jagdzeiten eingeführt wurden, die sich geringfügig von jenen des staatlichen Jagdrahmengesetzes Nr. 157/1992 unterscheiden, stellt keinen Verstoß gegen die Unionsrechtsordnung dar, da diese keine diesbezüglichen Einschränkungen vorsieht. Vielmehr hat die Autonome Provinz Bozen laut EU-Richtlinien einen beträchtlichen gesetzgeberischen Spielraum im Sachbereich Jagd, den jedoch in den Augen des VerfGH der Staat mit dem Jagdrahmengesetz Nr. 157/1992 ausgefüllt hat.

Bewertet man die eingeführten Jagdzeiten im Lichte der neuen Schranken laut VerfGes Nr. 3/2001 sowie der Günstigkeitsklausel und der Durchführungsbestimmung DPR Nr. 279/1974, erscheint das Urteil Nr. 278/2012 nicht nachvollziehbar. *Nolens volens* bleibt dem Landesgesetzgeber jedoch nichts anderes übrig, als die Jagdzeiten von Fuchs, Feldhase, Alpenschneehuhn und Amsel mit dem staatlichen Jagdrahmengesetz Nr. 157/1992 in Einklang zu bringen.

7.5.5. Jagderlaubnisschein

Mit Urteil Nr. 278/2012 hat der VerfGH außerdem Art. 2 Abs. 5 LG Nr. 14/2011 für verfassungswidrig erklärt, der wie folgt lautete: *„In der Provinz Bozen wird der von den staatlichen Bestimmungen vorgesehene Jagdausweis durch die im Artikel 25 genannten Jagderlaubnisscheine ersetzt. Diese berechtigen zur Ausübung der Jagd sowohl in Form der Gebirgsjagd als auch der Ansitzjagd."*

Die Argumentation des VerfGH, dass diese Gesetzesbestimmung eine wahllose Jagdausübung auf dem gesamten Kulturland, Wald- und Weidegebiet erlaube, die den Bestand der Wildtierfauna gefährden könnte, kann aus mehreren Gründen nicht geteilt werden.

Zunächst muss festgehalten werden, dass in den Autonomen Provinzen Trient und Bozen, im Unterschied zum restlichen Staatsgebiet, die Jagd nach dem Revierjagdsystem geregelt wird.[955] Das bedeutet, dass der Jagdausübungsberechtigte in der Regel nur in seiner Ansässigkeitsgemeinde die Jagd ausüben darf, weshalb die Jäger stark an ihr Jagdgebiet gebunden sind. Nur in wenigen taxativ festgelegten Ausnahmefällen ist eine Jagdausübung außerhalb der Ansässigkeitsgemeinde möglich.[956] Somit ist das Argument, wonach die für verfassungswidrig erklärte Gesetzesbestimmung die wahllose Jagdausübung auf dem gesamten Landesgebiet zulassen würde und die Verwurzelung der Jäger mit dem Jagdgebiet aufs Spiel setze,[957] nicht stichhaltig.

7.5.6. Wahl der Jagdform

Im Hinblick auf die Wahl der Jagdform sind jedoch noch weitere Aspekte zu betrachten. Art. 11 Abs. 2 staatliches Jagdrahmengesetz Nr. 157/1992 sieht vor, dass die Regionen bzw. die autonomen Provinzen innerhalb des Alpengebiets, in Übereinstimmung mit den Grundsätzen des Jagdrahmengesetzes und den internationalen Abkommen, eigene Bestimmungen zur Jagdausübung erlassen können. Der staatliche Gesetzgeber sieht diesbezüglich *expressis verbis* vor, dass die örtlichen Gewohnheiten und Traditionen beim Erlass dieser Sondernormen berücksichtigt werden können.[958] Mit Art. 2 Abs. 5 LG Nr. 14/2011 scheint der Landesgesetzgeber genau dieses Ziel verfolgt zu haben, denn innerhalb der Autonomen Provinz Bozen hat sowohl die Pirschjagd als auch die Ansitzjagd Tradition. Während folglich auf der einen Seite der Landesgesetzgeber eine Absicherung der lokalen Jagdtradition anstrebte, blieb andererseits die staatliche Gesetzesbestimmung Art. 5 Abs. 5 Jagdrahmengesetz Nr. 157/1992 aufrecht, welche festlegt, dass die Ansitzeinrichtungen für die Jagd auf Schalenwild und auf Ringeltauben keine ständigen Ansitzeinrichtungen sind. Daraus folgt, dass die Schalenwildjagd sowie die Jagd auf Ringeltauben *de iure* als Pirschjagd eingestuft werden, *de facto* jedoch als Ansitzjagd ausgeübt werden dürfen. Eben diese sibyllinisch erscheinende Bestimmung wollte der Landesgesetzgeber umgehen,

955 Vgl. dazu näher unter 3.2.7.

956 Siehe Art. 25 Abs. 2 Landesjagdgesetz.

957 VerfGH Urteil Nr. 278/2012 RE Rdnr 4.5.

958 Art. 11 Abs. 2 staatliches Jagdrahmengesetz Nr. 157/1992 lautet wie folgt: *"Le regioni interessate, entro i limiti territoriali di cui al comma 1, emanano, nel rispetto dei principi generali della presente legge e degli accordi internazionali, norme particolari al fine di proteggere la caratteristica fauna e disciplinare l'attivitá venatoria, tenute presenti le consuetudini e le tradizioni locali."*

indem auf Landesebene sowohl Pirsch- als auch Ansitzjagd für zulässig erklärt werden sollten. Dass die für verfassungswidrig erklärte landesgesetzliche Bestimmung Art. 2 Abs. 5 LG Nr. 14/2011 durchaus im Einklang mit dem staatlichen Jagdrahmengesetz Nr. 157/1992 steht, lässt sich mit Art. 24 Abs. 1 des Trentiner Landesjagdgesetzes *ad confirmandum* untermauern.[959] Diese Norm bestimmt nämlich, wie LG Nr. 14/2011, dass im Gebiet der Autonomen Provinz Trient die Jagd sowohl als Pirschjagd als auch als Ansitzjagd ausgeübt werden darf.[960]

Summa summarum hat die Aufhebung des Art. 2 Abs. 5 LG Nr. 14/2011 keinerlei Auswirkungen auf die Jagdausübung im Gebiet der Autonomen Provinz Bozen, da – wie vorhin angeführt – im Sinne des staatlichen Jagdrahmengesetzes Nr. 157/1992 die Jagd auf Schalenwild ohnehin als Pirschjagd eingestuft werden muss. Nichtsdestotrotz – oder gerade deswegen – erscheint die Erklärung der Verfassungswidrigkeit des Art. 2 Abs. 5 LG Nr. 14/2011 unnötig und zeugt von einer gewissen Unkenntnis der Rechts- und Sachlage *in loco*, da der Landesgesetzgeber lediglich die vorhandenen jagdlichen Traditionen absichern wollte.

7.5.7. Regulierung der Nutria

Mit Urteil Nr. 278/2012 hat der VerfGH weiters Art. 2 Abs. 11 LG Nr. 14/2011 für verfassungswidrig erklärt. Diese Norm widerspricht nach Auffassung des VerfGH dem Grundsatz der „*Gradualität*“, da sie unverzüglich einen Eingriff mittels Abschussplan vorsehe, ohne vorher das Einholen eines Gutachtens seitens der Höheren Anstalt für Umwelt und Forschung hinsichtlich der Verwendung ökologischer Methoden vorzuschreiben, worin der VerfGH einen Verstoß des Art. 117 Abs. 2 lit. *s)* Verf ortet.[961]

959 Art. 24 Abs. 1 LG Nr. 24/1991 lautet: *“In conformitá alle consuetudini e tradizioni locali, l'esercizio della caccia è consentito congiuntamente in forma vagante e mediante appostamento fisso, nel rispetto delle modalitá e dei limiti stabiliti dalla presente legge e in quanto non contrasti con l'esigenza di conservazione della fauna selvatica e non arrechi danno effettivo alle produzioni agricole e al patrimonio forestale.”*

960 Aufgrund des VerfGH Urteils Nr. 278/2012 könnte allerdings auch Art. 24 Abs. 1 Trentiner Landesjagdgesetz für verfassungswidrig erklärt werden. Das VwG Trient hat nämlich mit Verweisungsbeschluss Nr. 16 vom 16.01.2015 die Frage der Verfassungsmäßigkeit des Art. 24 Abs. 1 Trentiner Landesjagdgesetz für entscheidungsrelevant und nicht offenkundig unbegründet befunden und in der Folge die Aussetzung des Verfahrens und die Übermittlung der Akten an den VerfGH verfügt. Die Zweifel an der Verfassungsmäßigkeit von Art. 24 Abs. 1 Trentiner Landesjagdgesetz hat das VwG Trient u. a. mit Verweis auf das VerfGH Urteil Nr. 278/2012 begründet.

961 VerfGH Urteil Nr. 278/2012 RE Rdnr 4.6.

Auch diese Entscheidung des VerfGH erscheint kritikwürdig. Zunächst muss festgehalten werden, dass Art. 19 Abs. 2 staatliches Jagdrahmengesetz Nr. 157/1992 bestimmt, dass die selektive Regulierung *„in der Regel“*[962] unter Verwendung ökologischer Methoden auf der Grundlage eines Gutachtens der Höheren Anstalt für Umweltschutz und Forschung ausgeübt wird. Aus dem Wortlaut dieser Bestimmung ergibt sich, dass die Verwendung ökologischer Methoden keinesfalls, wie vom VerfGH implizit behauptet, taxativ und somit zwingend ist,[963] sondern nach dem Grundsatz *ubi lex dixit voluit, ubi noluit tacuit* in bestimmten Fällen derogierbar ist.

In Bezug auf Art. 2 Abs. 11 LG Nr. 14/2011 muss, neben den angesprochenen rechtlichen Aspekten, auch die biologische Seite der Regulierung der Nutria erörtert werden. Die Nutria (*Myocastor coypus*) wurde von Südamerika nach Italien importiert und zwecks Produktion von Pelzmänteln gezüchtet.[964] Vereinzelt sind Nutrias aus den Pelztierfarmen geflüchtet, weshalb in mehreren Regionen verwilderte Vertreter dieser Nagetierart vorzufinden sind.[965] Dies ist aus mehreren Gründen problematisch: Zum einen verursachen Nutrias erhebliche Schäden an landwirtschaftlichen Kulturen, an Bewässerungssystemen und an Flussufern, andererseits stellt diese allochthone Tierart eine Gefahr für die lokale autochthone Wildtierfauna dar.[966] In Italien hat die Nutria an Flussufern von 1995 bis 2000 Schäden im Ausmaß von 10 Millionen Euro verursacht, in der Landwirtschaft wird das Schadensausmaß auf 0,9 Millionen Euro geschätzt.[967] *Qua de causa* hat der Landesgesetzgeber reagiert und mit einer Ergänzung des Landesjagdgesetzes den Landesrat für Forstwirtschaft dazu ermächtigt, einen Eingriffsplan zu erstellen, um die Verbreitung der Nutria zu kontrollieren. Der VerfGH hat in dieser landesgesetzlichen Bestimmung im Urteil Nr. 278/2012, wie oben angeführt, eine Verletzung des Art. 117 Abs. 2 lit. *s)* Verf geortet und die Nutria ohne zu zögern als der Wildtierfauna zugehörig eingestuft. Daraus folgt, dass der VerfGH die Voraussetzungen des Art. 2 Abs. 1 staatliches Jagdrahmengesetz Nr. 157/1992 als erfüllt betrachtet,[968] wonach

962 Art. 19 Abs. 2 staatliches Jagdrahmengesetz Nr. 157/1992 lautet: *"(…) Tale controllo, esercitato selettivamente, viene praticato di norma mediante l'utilizzo di metodi ecologici su parere dell'Istituto nazionale per la fauna selvatica* (nunmehr: Istituto Superiore per la Protezione e la Ricerca Ambientale*).*"

963 *Gorlani*, Dir. giur. agr. 2013, 96.

964 *Gorlani*, Dir. giur. agr. 2013, 95.

965 Ebenda.

966 Ebenda.

967 *Sundseth*, Vorschlag für eine neue Verordnung zu invasiven gebietsfremden Arten, Natura 2000 Newsletter Natur und Biodiversität, Nr. 35/2014, 12.

968 Vgl. *Gorlani*, Dir. giur. agr. 2013, 96.

zur Wildtierfauna jene frei lebenden Säugetiere und Vögel zählen, die sich ständig oder zeitweise auf dem Staatsgebiet aufhalten.

Abgesehen von dieser zweifelhaften Einstufung erscheint das Argument des VerfGH, wonach Art. 2 Abs. 11 LG Nr. 14/2011 verfassungswidrig sei, weil er die Regulierung der Nutria ohne Gutachten der Höheren Anstalt für Umweltschutz und Forschung vorsieht, für eine derart delikate Frage vereinfacht.[969] Dies lässt sich insbesondere mit dem Programm der Europäischen Kommission zum Schutz einheimischer Tiere und Pflanzen vor invasiven gebietsfremden Arten belegen. Invasive gebietsfremde Arten sind nicht heimische Arten, deren Einbringen und Verbreitung außerhalb ihrer natürlichen Vorkommensgebiete zu realen Gefahren für die Biodiversität und die Wirtschaft führen.[970] Schätzungsweise verursachen invasive gebietsfremde Arten der EU jährlich durch Schäden und Ausrottungsmaßnahmen Kosten in Höhe von über 12 Milliarden Euro.[971] Im September 2013 hat die Europäische Kommission ihren Vorschlag für eine neue Verordnung zu invasiven gebietsfremden Arten veröffentlicht, in welchem die Sinnhaftigkeit, das Problem auf EU-Ebene anzugehen, verdeutlicht wird.[972] Die Europäische Kommission plädiert dafür, den invasiven gebietsfremden Arten mit einem Dreistufenplan entgegenzutreten, der sich aus a) Prävention, b) Früherkennung und sofortige Tilgung und c) Kontrolle bereits weit in der EU verbreiteter invasiver gebietsfremder Arten zusammensetzt.[973] Da die Nutria zu den invasiven gebietsfremden Arten zählt, muss einerseits die Bemühung des Landesgesetzgebers, ihre Verbreitung in Schach zu halten gewürdigt werden, andererseits die Argumentation des VerfGH als kontraproduktiv zum Umweltschutz gerügt werden.

Der Urteilsspruch des VerfGH zeigt im Hinblick auf die angesprochene Problematik *ex* Art. 2 Abs. 11 LG Nr. 14/2011, dass die implizite Schranke der transversalen Werte mit Bedacht eingesetzt werden muss, da sie sich im *casus quo* zu Lasten der Wildtierfauna auswirkt.[974]

Inzwischen hat der staatliche Gesetzgeber erkannt, dass bezüglich der Nutria dringender Handlungsbedarf besteht: Mit GD Nr. 91/2014 wurde das staatliche Jagdrahmengesetz Nr. 157/1992 dahingehend abgeändert, dass die Nutria von der Wildtierfauna ausge-

969 *Gorlani*, Dir. giur. agr. 2013, 97.

970 *Sundseth*, Natura 2000 Newsletter Natur und Biodiversität, Nr. 35/2014, 10.

971 Ebenda.

972 Ebenda.

973 *Sundseth*, Natura 2000 Newsletter Natur und Biodiversität, Nr. 35/2014, 11.

974 Vgl. *Gorlani*, Dir giur agr 2013, 97.

schlossen wurde.[975] Somit stuft Art. 2 Abs. 2 staatliches Jagdrahmengesetz Nr. 157/1992 nun folgende Arten als nicht zur Wildtierfauna gehörig ein: Maulwürfe, Ratten, Langschwanzmäuse sowie die Nutria.

Aus Sicht der Autonomen Provinz Bozen entsteht dadurch neuer gesetzgeberischer Spielraum: Auch der Landesgesetzgeber sollte die Nutria als nicht zur Wildtierfauna gehörig einstufen. Darüber hinaus sollte eine neue gesetzliche Grundlage zur Regulierung der Nutria geschaffen werden.

975 Siehe hierzu auch unter 4.2.2.2.

8. Zusammenfassende Schlussfolgerungen

Ausgangspunkt der vorliegenden Arbeit war die Frage, ob und wie der Staat die primäre Gesetzgebungskompetenz der Autonomen Provinz Bozen im Sachbereich Jagd einschränkt sowie welche Auswirkungen die Verfassungsreform mit VerfGes Nr. 3/2001 auf das Landesjagdgesetz hat.
Bevor diese Fragestellungen vertieft werden konnten, mussten zunächst die primäre Gesetzgebungsbefugnis des Landesgesetzgebers im Sachbereich Jagd, Durchführungsbestimmungen für den Sachbereich Jagd sowie einige zentrale Bestimmungen des Landesjagdgesetzes analysiert werden.
Im Zuge der Reform der Verf durch das VerfGes Nr. 3/2001 konnte man zunächst davon ausgehen, dass sich die Anzahl der Schranken der primären Gesetzgebungsbefugnis des Landesgesetzgebers im Sachbereich Jagd aufgrund der Günstigkeitsklausel verringern würde. In Anwendung der Günstigkeitsklausel gemäß Art. 10 VerfGes Nr. 3/2001 hätten nämlich anstelle der fünf statutarischen Schranken[976] die drei Schranken gemäß Art. 117 Abs. 1 Verf[977] Anwendung finden müssen. Mit dem VerfGH Urteil Nr. 536/2002[978] wurde die Günstigkeitsklausel jedoch zum Nachteil der Sonderautonomien ausgelegt, da ihre Gesetzgebungsbefugnis im Sachbereich Jagd neben den statutarischen Schranken auch den Schranken laut VerfGes Nr. 3/2001 unterworfen wurde. Im Urteil Nr. 151/2011 wandte der VerfGH erstmals ausschließlich die Schranken gemäß Art. 117 Abs. 1 Verf an, woraufhin er argumentierte, dass sich der Landesgesetzgeber außerhalb seines Zuständigkeitsbereichs bewegt habe, da der Schutz der Fauna in den Sachbereich Umweltschutz falle.[979]
Betrachtet man rechtsvergleichend die gesetzgeberische Ausgangslage der Regionen mit Normalstatut nach der Verfassungsreform von 2001 mit jener der Regionen mit Sonderstatut bzw. der autonomen Provinzen, erkennt man, dass Letztere, trotz der in Art. 10 VerfGes Nr. 3/2001 enthaltenen Günstigkeitsklausel, bis zum VerfGH Urteil Nr. 151/2011 formell schlechter gestellt waren, da sie einer doppelten Schrankenbelastung unterlagen.

976 Art. 4 Autonomiestatut 1972 gibt folgende Schranken vor: Übereinstimmung mit der Verfassung und mit den Grundsätzen der Rechtsordnung der Republik, Achtung der internationalen Verpflichtungen und der nationalen Interessen – in welchen jenes des Schutzes der örtlichen sprachlichen Minderheiten inbegriffen ist – sowie der grundlegenden Bestimmungen der wirtschaftlich-sozialen Reformen der Republik.

977 Art. 117 Abs. 1 legt folgende Schranken fest: Wahrung der Verfassung sowie der aus der gemeinschaftlichen Rechtsordnung und aus den internationalen Verpflichtungen erwachsenden Einschränkungen.

978 Vgl. hierzu näher unter 5.1.2.6.

979 VerfGH Urteil Nr. 151/2011, RE Rdnr 3.1.

Aus Sicht des Landesgesetzgebers stellt das staatliche Rahmengesetz zur Jagd Nr. 157/1992 einen besonderen *punctum dolens* der primären Gesetzgebungsbefugnis im Bereich Jagd dar. Bereits mit VerfGH Urteil Nr. 1002/1988 wurde eine Bestimmung des damals geltenden Jagdrahmengesetzes Nr. 968/1977 als *„nicht derogierbarer Mindestschutz"* bezeichnet.[980] Nach Inkrafttreten des VerfGes Nr. 3/2001 wurde lediglich die Bezeichnung verändert: Aus *nicht derogierbarem Mindestschutz* wurden *einheitliche Mindestschutzstandards für das gesamte Staatsgebiet.*[981] Problematisch bleibt nach wie vor die Rechtsunsicherheit, die aus der Ungewissheit hinsichtlich der Reichweite dieser Mindestschutzstandards resultiert, da sie im Endeffekt vom VerfGH von Fall zu Fall festgelegt werden.[982]

Aus der durchgeführten Analyse der Judikatur des VerfGH nach der Verfassungsreform von 2001 ist hervorgegangen,[983] dass mehrere Bestimmungen des Landesjagdgesetzes infolge politischer Entscheidungen für verfassungswidrig erklärt wurden. Die angefochtenen Gesetzesbestimmungen hatten nämlich weder gegen die Schranke der grundlegenden Bestimmungen der wirtschaftlich-sozialen Reformen verstoßen noch konnten sie als Bedrohung des Schutzes der Umwelt und des Ökosystems gemäß Art. 117 Abs. 2 lit. *s)* Verf betrachtet werden.

Stellvertretend sei etwa Art. 2 Abs. 11 LG Nr. 14/2011 erwähnt, der vorsah, dass der Landesrat für Forstwirtschaft einen Eingriffsplan erstellt, um die Verbreitung der Nutria zu kontrollieren. Der VerfGH erklärte diese Bestimmung für verfassungswidrig, da sie unverzüglich einen Eingriff mittels Abschussplan vorsehe, ohne vorher das Einholen eines Gutachtens seitens der Höheren Anstalt für Umweltschutz und Forschung hinsichtlich der Verwendung ökologischer Methoden vorzuschreiben.[984] Der VerfGH stufte in seinem Urteil die Nutria als zur Wildtierfauna gehörig ein und erhöhte somit ihren Schutzstatus, während die Europäische Kommission diese Art als invasive gebietsfremde Art einstuft und ihrer Verbreitung mit einem Dreistufenplan, der unter anderem die Früherkennung und sofortige Tilgung vorsieht, vorbeugen möchte.[985]

Betrachtet man die Urteile, die der VerfGH hinsichtlich der primären Gesetzgebungskompetenz der Autonomen Provinz Bozen im Sachbereich Jagd erlassen hat, lässt sich erkennen, dass stets das staatliche Jagdrahmengesetz Nr. 157/1992 als Parameter herangezogen wurde,

980 VerfGH Urteil Nr. 1002/1988, RE Rdnr 3.

981 Vgl. *ex multis* VerfGH Urteile Nr. 536/2002; Nr. 227/2003; Nr. 278/2012.

982 *Calzolaio*, L'ambiente e la riforma del Titolo V, 3.

983 Siehe dazu näher unter 7.4., 7.5.

984 VerfGH Urteil Nr. 278/2012, RE Rdnr 4.6.

985 Siehe hierzu näher unter 7.5.

um die Verfassungsmäßigkeit der Bestimmungen des Landesjagdgesetzes zu verifizieren. Dadurch wurde die statutarisch verankerte primäre Gesetzgebungsbefugnis im Sachbereich Jagd, aufgrund einer äußerst extensiven Auslegung der Schranke der grundlegenden Bestimmungen der wirtschaftlich-sozialen Reformen der Republik bzw. der impliziten Schranke der transversalen Werte, stillschweigend zusehends zu einer sekundären Gesetzgebungsbefugnis degradiert.[986] Als besonders ungünstig für den Landesgesetzgeber hat sich der Umstand erwiesen, dass das staatliche Jagdrahmengesetz Nr. 157/1992 äußerst detaillierte Bestimmungen enthält, die eindeutig dem Charakter eines Rahmengesetzes widersprechen.[987] Darüber hinaus erscheint es paradox, dass die primäre Gesetzgebungskompetenz der Autonomen Provinz Bozen durch ein Rahmengesetz eingeschränkt wird, da dieses Instrument in der Regel für die Festlegung der grundlegenden Prinzipien hinsichtlich der konkurrierenden Gesetzgebungsbefugnis des Landesgesetzgebers Anwendung findet.

Als **besonders problematisch** hat sich erwiesen, dass das **staatliche Jagdrahmengesetz Nr. 157/1992 nicht selbst festlegt, welche seiner Bestimmungen tatsächlich grundlegend sind, weshalb der VerfGH darüber befindet.**[988]

Die Entscheidungsfindung des VerfGH ist von zentralstaatlichen Überlegungen und Abweichungen von der wörtlichen Interpretation von Gesetzesbestimmungen geprägt.[989] Diese Prämisse lässt sich durch mehrere Entscheidungen des VerfGH belegen, die allesamt die primäre Gesetzgebungsbefugnis des Landesgesetzgebers bzw. der Regionen mit Sonderstatut betreffen.

Nachdem mit VerfGH Urteil Nr. 577/1990 das Südtiroler Landesjagdgesetzes in jenem Punkt für verfassungswidrig erklärt worden war, in dem es in Abweichung vom staatlichen Jagdrahmengesetz Nr. 968/1977 die Bejagung von vier Wildarten[990] gestattet hatte, versuchte der Landesgesetzgeber den verlorengegangenen Spielraum mit einer Durchführungsbestimmung, die erst bei Paketabschluss eingefügt wurde,[991] zurückzugewinnen.

Mit Art. 5 GvD Nr. 267/1992 wurde Art. 1 der Durchführungsbestimmung DPR Nr. 279/1974 dahingehend ergänzt, dass der Landesgesetzgeber ermächtigt wurde, die Standards zum Schutz der Fauna sowie die jagdbaren Wildarten und den Jagdkalender in Beachtung der

986 Vgl. *De Santis*, Giur. It. 2004, 11.
987 *Auckenthaler*, Die Verwaltungsbehörden in Südtirol, 179.
988 *Mori*, La caccia, 67.
989 *Richter Stella*, Giust. civ. 2003, 610.
990 Es handelte sich um Murmeltier, Dachs, Edel- und Steinmarder.
991 *Auckenthaler*, Die Verwaltungsbehörden in Südtirol, 178.

in die staatliche Rechtsordnung eingeführten internationalen und gemeinschaftlichen (nunmehr: unionsrechtlichen) Schutzrichtlinien festzulegen.
Diese Durchführungsbestimmung wurde jedoch mit VerfGH Urteil Nr. 227/2003 ausgehebelt. Der VerfGH bestand nämlich darauf, dass der Landesgesetzgeber weiterhin die Schranke der grundlegenden Bestimmungen der wirtschaftlich-sozialen Reformen der Republik beachten müsse, da diese eine Schranke der primären Gesetzgebungskompetenz im Sachbereich Jagd darstellt.[992] Dadurch signalisierte der VerfGH, das gesamte staatliche Jagdrahmengesetz Nr. 157/1992 als grundlegende wirtschaftlich-soziale Reform einzustufen. Dies zeigt einmal mehr das Problem der Dehnbarkeit der Schranken durch den VerfGH auf, die ihn dazu ermächtigt, Durchführungsbestimmungen als *tamquam non essent* zu betrachten.[993]
Auch im Hinblick auf die Auslegung der Günstigkeitsklausel *ex* Art. 10 VerfGes Nr. 3/2001 lässt sich eine Entscheidungsfindung des VerfGH festmachen, die zum Nachteil der Autonomen Provinzen Trient und Bozen und der Regionen mit Sonderstatut gereicht hat. Den **Präzedenzfall** stellt zweifelsohne das **VerfGH Urteil Nr. 536/2002** dar, in welchem die *ratio* der **Günstigkeitsklausel in *malam partem* verkehrt wurde.**[994] In jenem Urteil betonte der **VerfGH** nämlich, dass **trotz Günstigkeitsklausel sowohl die statutarischen Schranken als auch die Schranken laut VerfGes Nr. 3/2001 anzuwenden seien,**[995] **wodurch die Regionen mit Sonderstatut, im Unterschied zu den Regionen mit Normalstatut, einer doppelten Schrankenbelastung unterlagen.** Diese Missinterpretation der Günstigkeitsklausel dauerte bis zum VerfGH Urteil Nr. 151/2011 an, in welchem der VerfGH den Landesgesetzgeber, in Anwendung der Theorie der Zweigleisigkeit,[996] erstmals nur den Schranken gemäß Art. 117 Abs. 1 Verf unterwarf.
Somit kann hinsichtlich der Günstigkeitsklausel *ex* Art. 10 VerfGes Nr. 3/2001 festgehalten werden, dass sie im Hinblick auf den Sachbereich Jagd, aufgrund einer Verkehrung durch den VerfGH in *malam partem*, keineswegs zu einer Besserstellung geführt hat.
Als **besonders ungünstig für den Landesgesetzgeber** erweist sich weiters, dass der **VerfGH in seinen Urteilen den gesetzgeberischen Spielraum, der den EU-Richtlinien im Jagdsektor immanent ist, nicht berücksichtigt,** was sich zuletzt am VerfGH Urteil Nr. 278/2012 gezeigt hat. Die Autonome Provinz Bozen hatte im *casus quo* nämlich

992 VerfGH Urteil Nr. 227/2003, RE Rdnr 3.
993 Siehe VerfGH Urteil Nr. 227/2003, RE Rdnr 4.
994 Vgl. hierzu näher unter 5.1.2.6.
995 VerfGH Urteil Nr. 536/2002, RE Rdnr 5.
996 Siehe hierzu näher unter 1.3.2.

darauf hingewiesen, dass die angefochtenen landesgesetzlichen Bestimmungen im Einklang mit der FFH- Richtlinie und der Vogelrichtlinie stehen.[997] Der VerfGH bewertete diesen Einwand jedoch nicht, sondern wandte ausschließlich die implizite Schranke der transversalen staatlichen Kompetenz im Sachbereich Schutz der Umwelt und des Ökosystems an. Bei einer Auslegung der Günstigkeitsklausel *ex* Art. 10 VerfGes Nr. 3/2001 im Sinne ihrer *ratio* hätte der VerfGH die primäre Gesetzgebungsbefugnis des Landesgesetzgebers lediglich an die Schranken gemäß Art. 117 Abs. 1 Verf binden dürfen, d. h. die Wahrung der Verfassung, der Unionsrechtsordnung und der internationalen Verpflichtungen. Da, wie vorhin ausgeführt, die angefochtenen Bestimmungen des Landesjagdgesetzes im Einklang mit diesen Schranken stehen, hätte der VerfGH keinesfalls ihre Verfassungswidrigkeit erklären dürfen.

Dass der VerfGH seit dem Urteil Nr. 151/2011 auf die primäre Gesetzgebungsbefugnis des Landesgesetzgebers ausschließlich die Schranken gemäß VerfGes Nr. 3/2001 anwendet, ist im Endeffekt nur auf den ersten Blick von Vorteil. Es hat sich nämlich gezeigt, dass die transversale staatliche Zuständigkeit im Sachbereich Schutz der Umwelt und des Ökosystems die primäre Gesetzgebungsbefugnis des Landesgesetzgebers im Sachbereich Jagd inhaltlich *per se* aushebelt und somit der Autonomen Provinz Bozen jegliche Kompetenz im Jagdsektor entzogen wird. Die statutarische Schranke der grundlegenden Bestimmungen der wirtschaftlich-sozialen Reformen konnte dagegen die primäre Gesetzgebungskompetenz im Sachbereich Jagd nicht als solche aushebeln, sondern nur inhaltlich aushöhlen.

Dass dem Landesgesetzgeber bei der Anwendung der Schranke der transversalen staatlichen Zuständigkeit im Sachbereich Schutz der Umwelt und des Ökosystems keinerlei eigenständige gesetzgeberische Zuständigkeit verbleibt, hat sich zuletzt am Beispiel der Regelung der Wahl der Jagdform gezeigt.[998] Der Landesgesetzgeber wollte nämlich die Jagd sowohl als Pirschjagd als auch als Ansitzjagd zulassen, was der VerfGH jedoch als Eingriff in den ausschließlichen Zuständigkeitsbereich des Staates im Sachbereich Schutz der Umwelt und des Ökosystems wertete[999] und folglich für verfassungswidrig erklärte. Im Jahr 1991 war dagegen eine analoge Bestimmung von der Autonomen Provinz Trient problemlos verabschiedet worden.[1000]

997 Vgl. hierzu näher unter 7.3.
998 Vgl. hierzu unter 4.2.2.5., 7.4. und 5.1.1.3.
999 VerfGH Urteil Nr. 278/2012, RE Rdnr 4.5.
1000 Siehe hierzu näher unter 5.1.1.3.

***Summa summarum* hat der VerfGH die Aushöhlung der primären Gesetzgebungskompetenz des Landesgesetzgebers im Sachbereich Jagd, die er unter Berufung auf die Schranke der grundlegenden Bestimmungen der wirtschaftlich-sozialen Reformen begonnen hat, mit der impliziten Schranke der transversalen staatlichen Kompetenz im Sachbereich Schutz der Umwelt und des Ökosystems fortgesetzt.**

Um den für den Landesgesetzgeber im Sachbereich Jagd verbleibenden gesetzgeberischen Spielraum zu eruieren, müssen neben den drei expliziten Schranken laut Art. 117 Abs. 1 Verf und der impliziten Schranke laut Art. 117 Abs. 2 lit. *s)* Verf auch einige Sachbereiche ausschließlicher staatlicher Zuständigkeit berücksichtigt werden, die den Jagdsektor tangieren. Hierzu zählen die Sachbereiche Waffen, Munition und Sprengstoffe,[1001] öffentliche Ordnung und Sicherheit[1002] sowie Zivil- und Strafgesetzgebung.[1003]

Angesichts der restriktiven Einstellung des VerfGH verbleibt dem Landesgesetzgeber momentan lediglich ein marginaler gesetzgeberischer Spielraum, der im Wesentlichen die Detailgestaltung betrifft. Der VerfGH hat nämlich zahlreiche zentrale Aspekte der Jagdkompetenz, wie z. B. die Festlegung der jagdbaren Wildarten und der Jagdzeiten, die Definition von Wildtierfauna sowie die Wahl der Jagdform allesamt dem Staat zugesprochen.

Dass die Autonome Provinz Bozen im Sachbereich Jagd über mehr Befugnisse als Regionen mit Normalstatut verfügt, lässt sich auf die Ausgestaltung der Autonomiesphäre durch das Landesjagdgesetz zurückführen. Wesentliche Errungenschaften, wie z. B. die gesetzliche Verankerung der Jagdzeiten, dürften sich heute nämlich kaum noch durchsetzen lassen.

1001 Art. 117 Abs. 2 lit. *d)* Verf.
1002 Art. 117 Abs. 2 lit. *h)* Verf.
1003 Art. 117 Abs. 2 lit. *l)* Verf.

9. Ausblick in die Zukunft

Obschon der VerfGH die Durchführungsbestimmung zum Sonderstatut Art. 1 Abs. 2 DPR Nr. 279/1974[1004] als *tamquam non esset* betrachtet, kann sie als Ausgangspunkt für eine Weiterentwicklung der Gesetzgebungsbefugnis der Autonomen Provinz Bozen im Sachbereich Jagd betrachtet werden. Mittelfristig könnte nämlich eine auf Art. 10 VerfGes Nr. 3/2001 gestützte Modifizierung dieser Norm angestrebt werden, die vorsieht, dass der Landesgesetzgeber die Standards zum Schutz der Wildtierfauna, die Jagdzeiten und jagdbaren Wildarten im Einklang mit den im Landesjagdgesetz umgesetzten unionsrechtlichen Bestimmungen und internationalen Abmachungen selbst festlegt.[1005]

Darüber hinaus könnte die Umsetzung des Unionsrechts durch den Landesgesetzgeber, wie sie von Art. 6 und 7 DPR Nr. 526/1987 *praeter statutum* vorgesehen ist und von Art. 117 Abs. 5 Verf auf Verfassungsebene bestätigt wurde, im Hinblick auf die Ausübung der staatlichen Ersatzgewalt mittels Durchführungsbestimmung abgesichert werden.[1006] Diesbezüglich würde sich der Vorschlag von ***Happacher*** anbieten, wonach *„die Ersatzgewalt des Staates erst greift, wenn eine Entscheidung des Gerichtshofs der Europäischen Union eine Unionsrechtsverletzung der Republik Italien festgestellt hat, die auf die Autonome Provinz zurückzuführen ist.“*[1007]

Um die primäre Gesetzgebungskompetenz der Autonomen Provinz Bozen im Sachbereich Jagd vollinhaltlich wiederherzustellen, sollte **der Inhalt des Sachbereichs Jagd dezidiert im Autonomiestatut verankert** werden. Hierfür sollten alle zentralen Aspekte dieses Sachbereichs aufgelistet werden, um künftig eine neuerliche Aushöhlung der primären Gesetzgebungskompetenz im Sachbereich Jagd *ab origine* zu unterbinden. Die künftige statutarische Beschreibung der primären Gesetzgebungsbefugnis der Autonomen Provinz Bozen im Sachbereich Jagd könnte etwa folgende Kompetenzen beinhalten:

- Festlegung der jagdbaren Wildarten;
- Festlegung der Jagdzeiten;

1004 Siehe hierzu näher unter 1.2.2.

1005 Würde die einschlägige Durchführungsbestimmung Art. 1 Abs. 2 DPR Nr. 279/1974 in diesem Sinne abgeändert, sollte die folgende Anpassung des Landesjagdgesetzes unbedingt im politischen Einvernehmen mit der römischen Regierung erfolgen, um eine direkte Verfassungsbeschwerde gemäß Art. 127 Abs. 1 Verf. zu unterbinden.

1006 Vgl. *Happacher*, Südtirols Autonomie in Europa, 610 f.

1007 *Happacher*, Südtirols Autonomie in Europa, 611.

- Regulierung der Wildtierfauna nach Anhören der Wildbeobachtungsstelle der Autonomen Provinz Bozen;
- Schutz der Wildtierfauna.

Die statutarische Verankerung dieser unmittelbar mit der Jagd verbundenen Kernkompetenzen würde die primäre Gesetzgebungskompetenz wieder mit all jenen Befugnissen ausstatten, die sie nach Ansicht von ***Reggio D'Aci***[1008] und ***Bronzetti***[1009] nach Inkrafttreten des Autonomiestatuts 1972 beinhaltete.

Alternativ bzw. ergänzend zur Verankerung der genannten Kernkompetenzen muss **längerfristig** das Ziel anvisiert werden, die Zuständigkeit im Bereich **Umweltschutz in** die **Landeszuständigkeit** zu **holen**. Wenngleich dieses Unterfangen schwierig erscheinen mag, sollte es mit Nachdruck verfolgt werden, da sich die staatliche Umweltschutzkompetenz ob ihrer transversalen Natur auf mehrere Sachbereiche von Landeszuständigkeit sowie auf einschlägige Durchführungsbestimmungen zum Autonomiestatut äußerst einschränkend auswirkt.

Um den *status quo* aufrechtzuerhalten, empfiehlt es sich jedoch, vorerst jene Bestimmungen des Landesjagdgesetzes, die für den Landesgesetzgeber von besonderer Bedeutung sind, nicht zu novellieren, um zumindest das Risiko einer direkten Verfassungsbeschwerde zu vermeiden.

Sind dagegen **Abänderungen am Landesjagdgesetz** vorzunehmen, so sollten diese nach Möglichkeit in politisch günstigen Momenten und **nach Rücksprache mit der Regierung** vorgenommen werden, um eventuelle Anfechtungen durch den Präsidenten des Ministerrates *ab origine* zu unterbinden.

Ziel der Weiterentwicklung des Landesjagdgesetzes muss sein, die an den Staat verlorenen Zuständigkeiten zurückzugewinnen. Nur auf diesem Weg kann die primäre Gesetzgebungskompetenz der Autonomen Provinz Bozen im Sachbereich Jagd wieder inhaltlich ausgefüllt werden, sodass der Landesgesetzgeber die lokalen Erfordernisse und Traditionen verstärkt berücksichtigen kann.

1008 *Reggio D'Aci*, La Regione Trentino-Alto Adige, 147.

1009 *Bronzetti*, Le potestá legislative ed amministrative della Regione Trentino-Alto Adige e delle Province di Trento e Bolzano[2] (1985) 103.

Literaturverzeichnis

AMIRANTE, Domenico, Profili di diritto costituzionale dell'ambiente, in *Dell'Anno/Picozza* (Hg), Trattato di diritto dell'ambiente, Volume I (2012) 233.

ANTONINI, Luca, Art. 117, 2° co., in *Bifulco/Celotto/Olivetti* (Hg), Commentario alla Costituzione Artt. 101–139 (2006) 2229.

ARIENZO, Alfredo/EULA, Ernesto, Caccia, in *Azara/Eula* (Hg) Novissimo digesto italiano[3] (1957) 636.

AUCKENTHALER, Adolf, Die Verwaltungsbehörden in Südtirol - ausgewählte Bereiche von Verwaltungsaktivitäten, Vorlesungsskriptum Wintersemester 2013/14, Universität Innsbruck, nicht veröffentlicht.

AUKENTHALER, Heinrich, Jagdzeiten-Entwarnung aus dem Parlament, Jagdzeitung, Magazin des Südtiroler Jagdverbandes, Nr. 4/2005, 14.

AUKENTHALER, Heinrich, Omnibusgesetz ändert Jagdbestimmungen, Jägerzeitung, Magazin des Südtiroler Jagdverbandes, Nr. 1/2012, 8.

AUKENTHALER, Heinrich, Südtirols Jagd von 1946 bis heute, Der Anblick, Zeitschrift für Jagd, Fischerei, Jagdhundewesen und Naturschutz, Nr. 8/1996, 24.

AUKENTHALER, Heinrich, Jagdgesetz-Anlauf Nr. 3 in Rom erneut gescheitert, Jägerzeitung, Magazin des Südtiroler Jagdverbandes, Nr. 2/1996, 8.

AUKENTHALER, Heinrich, Neues Jagdrahmengesetz jetzt im Senat, Jägerzeitung, Magazin des Südtiroler Jagdverbandes, Nr. 4/1991, 2.

AUKENTHALER, Heinrich, Jagdgesetz-Auswirkungen, Jägerzeitung, Magazin des Südtiroler Jagdverbandes, Nr. 1/2008, 17.

AUKENTHALER, Heinrich, Zusammenfassung der wichtigsten Tätigkeiten und Ereignisse des Jahres 1991, Jägerzeitung, Magazin des Südtiroler Jagdverbandes, Nr. 3/1992, 6.

AUKENTHALER, Heinrich/GERSTGRASSER, Lothar/HEIDEGGER, Alfons et. al., Wild-Wissen. Lebensraum-Biologie-Jagd[2] (2008).

AUKENTHALER, Heinrich,/ERHARD, Heinrich, Unsicherheiten bei Jagdausübung in anderen Provinzen Italiens, Jägerzeitung, Magazin des Südtiroler Jagdverbandes, Nr. 4/2010, 15.

AUKENTHALER, Heinrich/WALDBURGER, Helmuth, Die Jagd in Tirol und Südtirol. Gemeinsamkeiten und Unterschiede im Waidwerk nördlich und südlich des Brenners, Tiroler Bauernkalender 2014, 181.

AUTONOME PROVINZ BOZEN (Hg) Agrar- und Forstbericht der Südtiroler Landesverwaltung 2012, unter *http://www.provinz.bz.it/landwirtschaft/download/PABZ_Op_Agrar-UndForstbericht_2012_Ted.pdf* (abgerufen am 20.03.2014).

AZARA, Antonio/EULA, Ernesto, Novissimo digesto italiano[3] (1957).

BARBERA, Augusto, Chi è il custode dell'interesse nazionale ?, Quaderni costituzionali 2001, 345.

BARTOLE, Sergio/BIN, Roberto, Commentario breve alla Costituzione[2] (2008).

BELLOCCI, Mario/PASSAGLIA, Paolo, La giurisprudenza costituzionale relativa al riparto di competenze tra Stato e Regioni in materia di "ambiente" e di "beni culturali", unter *http://www.cortecostituzionale.it/documenti/convegni_seminari/STU_189_2_Ambiente.pdf* (abgerufen am 20.03.2014).

BELLONI PERESSUTTI, Paolo, Artt. 841–842, in *Cian* (Hg), Commentario breve al Codice civile[10] (2011).

BENELLI, Filippo/BIN, Roberto, Prevalenza e "rimaterializzazione" delle competenze: scacco matto alle Regioni, unter *http://www.robertobin.it/ARTICOLI/Rimaterializzazione.pdf* (abgerufen am 25.04.2014).

BENELLI, Filippo, Art. 117, 2° co. ff., in *Bartole/Bin*, Commentario breve alla Costituzione[2] (2008) 1044.

BENELLI, Filippo, Separazione *vs* collaborazione: due nuove pronunce della Corte costituzionale in tema di tutela dell'ambiente e di materie trasversali, unter *http:www.forumcostituzionale.it/site/images/stories/pdf/documenti_forum/giurisprudenza/2008/0020_nota_104_105_2008_benelli.pdf* (abgerufen am 10.04.2014).

BIFULCO, Raffaele/CELOTTO, Alfonso/OLIVETTI, Marco, Commentario alla Costituzione Artt. 101–139 (2006).

BOBBIO, Giorgio, Il riparto di competenze tra Stato e Regioni: Il paradigma della disciplina della caccia e le deroghe al prelievo venatorio dettate dal diritto comunitario, unter *http://www.federalismi.it/ApplMostraDoc.cfm?Artid=6871&edoc=25012007090420.pdf&tit=La%20disciplina%20della%20caccia%20in%20un%20sistema%20multilivello#.UxMaw_l5O6M* (abgerufen am 20.03.2014).

BONELL, Lukas/WINKLER, Ivo, Südtirols Autonomie[9] (2006).

BORGONOVO RE, Donata, Land- und Forstwirtschaft, Jagd und Fischerei, öffentliche Nutzungsrechte und geschlossene Höfe, in *Autonome Region Trentino-Südtirol/Universität Trient* (Hg), Kommentar zu den Durchführungsbestimmungen des Autonomiestatuts (1995) 535.

BRONZETTI, Gianfranco, Le potestá legislative ed amministrative della Regione Trentino-Alto Adige e delle Province di Trento e Bolzano[2] (1985).

BRONZETTI, Gianfranco, L'estensione al Trentino-Alto Adige del D.P.R. 616. Appendice di aggiornamento a Le potestá legislative ed amministrative della Regione Trentino-Alto Adige e delle Province di Trento e Bolzano (1991).

CALZOLAIO, Simone, L'ambiente e la riforma del Titolo V. Nota breve a due sentenze contrastanti, unter *http://www.forumcostituzionale.it/site/index3.php?option=content&task =view&id=271* (abgerufen am 21.03.2014).

CAMERLENGO, Quirino, Legge o atto amministrativo? La Corte Costituzionale e il calendario venatorio, unter *http://www.forumcostituzionale.it/site/images/stories/pdf/documenti_forum/giurisprudenza/2012/0005_nota_20_2012_camerlengo.pdf* (abgerufen am 21.03.2014).

CARMIGNOLA, Giorgio/ERHARD, Heinrich, Natura 2000: Auswirkungen auf die Jagd? Jägerzeitung, Magazin des Südtiroler Jagdverbandes, Nr. 2/2002, 22.

CARMIGNOLA, Giorgio/ERHARD, Heinrich, Sonderbewilligungen zur Jagd im Jahr 2000, Jägerzeitung, Magazin des Südtiroler Jagdverbandes, Nr. 2/2001, 8.

CASSESE, Sabino (Hg), Diritto amministrativo speciale, IV, La disciplina dell'economia[2] (2003).

CASSESE, Sabino (Hg), Dizionario di diritto pubblico II (2006).

CECCHETTI, Marcello, Ambiente, paesaggio e beni culturali, in *Corso/Lopilato* (Hg), Il diritto amministrativo dopo le riforme costituzionali, Parte speciale, Volume I (2006) 307.

CENDON, Paolo (Hg), Commentario al Codice civile artt. 810–951 (2009).

CHIOLA, Claudio, La legge-provvedimento sul calendario venatorio, unter *http://www.federalismi.it/federalismi/ApplMostraDoc.cfm?Artid=20160&content=La+legge-provvedimento+sul+calendario+venatorio&content_author=Claudio+Chiola#.UywS7vl5Mue* (abgerufen am 21.03.2014).

CIAN, Giorgio (Hg), Commentario breve al Codice civile[10] (2011).

CORRENTI, Teresio, Commento teorico pratico alla legge sulla caccia 27 dicembre 1977 n. 968 (1986).

CORSO, Guido/LOPILATO, Vincenzo (Hg), Il diritto amministrativo dopo le riforme costituzionali, Parte speciale, Volume I (2006).

COSTATO, Luigi/GERMANÓ, Alberto/ROOK BASILE, Eva Hg, Trattato di diritto agrario, Volume II (2011).

D'ATENA, Antonio, Diritto regionale (2010).

D'ATENA, Antonio, Riarticolazione delle competenze legislative e disciplina della caccia, Vortragsmanuskript der Tagung "Ecosistema e Caccia tra Stato e Regioni", Rom, 10.12.2002, nicht veröffentlicht.

DE SANTIS, Valeria, Riparto di competenze tra Stato e Regione (tra "standards" uniformi e limite delle norme fondamentali delle riforme economico-sociali dopo la riforma del titolo V), Giurisprudenza italiana 2004, 8.

DELIPERI, Stefano, La Corte Costituzionale frena la "deregulation" in materia venatoria, Rivista Giuridica dell'Ambiente 2003, 538.

DELL'ANNO, Paolo/PICOZZA, Eugenio (Hg), Trattato di diritto dell'ambiente, Volume I (2012).

DI DIO, Fulvio, La tutela della fauna selvatica, dell'ambiente e dell'ecosistema nella giurisprudenza della Corte Costituzionale, Diritto e giurisprudenza agraria, alimentare e dell'ambiente 2004, 86.

Digesto delle Discipline Pubblicistiche[4] (1999).

DURNWALDER, Luis, Das Südtiroler Jagdgesetz, in *Sailer* (Hg), Wild und Weidwerk in Südtirol (1994), 53.

DURNWALDER, Luis, Landesjagdgesetz: Bestimmungen über die Wildhege und Jagdausübung, Jägerzeitung, Magazin des Südtiroler Jagdverbandes, Nr. 7/1987, 2.

EBNER, Michl, Nachhaltige Jagd. 20 Jahre Intergruppe „Nachhaltige Jagd, Biodiversität und Ländliche Aktivitäten" im Europäischen Parlament (2005).

ERHARD, Heinrich, Das Südtiroler Jagdsystem – Ergebnis der geschichtlichen Entwicklung in der Provinz Bozen, Bündernwald Nr. 2/1994, 73.

ERHARD, Heinrich, Die Entwicklung des Jagdrechtes im südlichen Teil Tirols vom 19. bis Anfang des 21. Jahrhunderts, unter *http://www.provinz.bz.it/forst/download/DIE__ENTWICKLUNG_DES_JAGDRECHTES.pdf* (abgerufen am 21.03.2014).

ERHARD, Heinrich, Die wichtigsten Sonderregelungen für die Jagdausübung im Jahr 2011, unter *http://www.provinz.bz.it/forst/download/TESTO_ERHARD_DISPOSIZIONI_SPECIALI_CACCIA_2011.pdf* (abgerufen am 08.03.2014).

ERHARD, Heinrich, Jagd auf Murmeltier ist Tiroler Tradition, Dolomiten, 22.09.1994, 20.

ERHARD, Heinrich, Presa di posizione sull'esposto LAV per presunti danni all'erario, danni asseritamente causati dal prelievo di specie faunistiche non cacciabili, unveröffentlichtes Manuskript (2012).

FALCON, Giandomenico, Auswirkungen des Verfassungsgesetzes Nr. 3/1001 auf die Gesetzgebungs- und Verwaltungsautonomie Südtirols, in *Happacher/Obwexer* (Hg) 40 Jahre Zweites Autonomiestatut. Südtirols Sonderautonomie im Kontext der europäischen Integration (2013) 32.

FRACCHIA, Fabrizio, Governo del territorio e ambiente, in *Pozzo/Renna,* L'ambiente nel nuovo titolo V della Costituzione (2004) 45.

GABRIELE, Francesco, Decreti legislativi di attuazione degli statuti speciali, Enciclopedia giuridica (1988).

GALLO CURCIO, Jacopo/LACAVA, Chiara, La caccia, in *Cassese* (Hg) Diritto amministrativo speciale, Volume IV, La disciplina dell'economia[2] (2003), 3255.

GAMBARO, Antonio, Art. 841, 842, 923, in *Cendon* (Hg), Commentario al Codice civile (2009).

GEISEL, Odward/HILPISCH, Helmut/LEBACHER, Franz, Vor und nach der Jägerprüfung[53] (2003).

GORLANI, Innocenzo, A proposito dei piccioni domestici inselvatichiti e della nutria: la Corte riscrive la nozione di fauna selvatica, Diritto e giurisprudenza agraria, alimentare e dell'ambiente 2013, 94.

GORLANI, Innocenzo, Caccia, *Digesto delle discipline pubblicistiche*[4] (1999) 419.

GORLANI, Innocenzo, La caccia in deroga su parere di esperti regionali nella sentenza n. 16 del 2012 della Corte costituzionale, Diritto e giurisprudenza agraria, alimentare e dell'ambiente 2012, 249.

GORLANI, Innocenzo, La caccia programmata. Per un esercizio venatorio ecocompatibile. Commento alla legge 11 febbraio 1992 n° 157[2] (1992).

GORLANI, Innocenzo, La Corte costituzionale mette al bando i calendari venatori approvati con legge, Diritto e giurisprudenza agraria, alimentare e dell'ambiente 2012, 397.

GORLANI, Mario, La materia della caccia davanti alla Corte Costituzionale dopo la riforma del titolo V Cost.: Ritorna l'interesse nazionale e il "primato" della legislazione statale di principio?, unter *http://www.forumcostituzionale.it/site/index3.php?option=content&task=view&id=274* (abgerufen am 21.03.2014).

HAPPACHER, Esther, Südtirols Autonomie in Europa. Institutionelle Aspekte der europäischen Integration (2012).

HAPPACHER, Esther/OBWEXER, Walter (Hg), 40 Jahre Zweites Autonomiestatut. Südtirols Sonderautonomie im Kontext der europäischen Integration (2013).

Istituto Superiore per la Protezione e la Ricerca Ambientale, Linee guida per la gestione degli Ungulati 91/2013, unter *http://www.isprambiente.gov.it/files/pubblicazioni/manualilineeguida/MLG_91_* (abgerufen am 10.04.2014).

KIEM, Erwin, Das Jagdrevier von Rechts
gerzeitung, Mitteilungsblatt des Landesjag
Bozen, Nr. 4/1984, 1.

LACAVA, Chiara, Caccia e Pesca, in *Cass*
zionario di diritto pubblico (2006) 761.

LOBELLO, Tiziana, Caccia e ambiente: una problematica non ancora risolta, Giurisprudenza italiana 2004, 12.

LUCIFERO, Nicola, La caccia e la tutela della fauna selvatica, in *Costato/Germanó/Rook Basile* (Hg), Trattato di diritto agrario (2011) 441.

MAFFIOLETTI, Roberto, La disciplina legislativa del prelievo venatorio dopo la riforma dell'articolo 117 della Costituzione, Diritto e giurisprudenza agraria, alimentare e dell'ambiente 2002, 293.

MAGGIOLO, Marcello, Art. 923, in *Cian* (Hg), Commentario breve al Codice civile[10] (2011).

MAHLKNECHT, Eduard, Bericht des Landesjägermeisters Eduard Mahlknecht, Jägerzeitung, Magazin des Südtiroler Jagdverbandes, Nr. 3/1992, 2 ff.

MAROCCO, Teodora, Nota a sentenza Corte Costituzionale n. 407/2002 in *Pozzo/Renna,* L'ambiente nel nuovo titolo V della Costituzione (2004) 211.

MATHÀ, Thomas, Der autonome Vollzug von EU-Recht anhand ausgewählter Kompetenzen Südtirols, in *Happacher/Obwexer* (Hg) 40 Jahre Zweites Autonomiestatut. Südtirols Sonderautonomie im Kontext der europäischen Integration (2013) 95.

MEZZETTI, Luca, Manuale di diritto ambientale (2001) 653.

MORI, Edoardo, La caccia. Il diritto della caccia, le leggi, la giurisprudenza commentata (2011).

MORRONE, Andrea, Una spada di damocle sulla potestá legislativa esclusiva delle regioni, Giurisprudenza costituzionale 2002, fasc. 6, pagg. 4416.

OBWEXER, Walter, Die europäische Integration: Auswirkungen auf die autonomen Kompetenzen Südtirols, in *Happacher/Obwexer* (Hg) 40 Jahre Zweites Autonomiestatut. Südtirols Sonderautonomie im Kontext der europäischen Integration (2013) 57.

PARISI, Stefania, La potestá primaria alla deriva? Spunti ricostruttivi per ripensare un luogo comune, Le Regioni 2011, 821.

PITRUZZELLA, Giovanni, Articolo 10, Regioni a statuto speciale, Le Regioni 1998, 518.

POZZO, Barbara/RENNA, Mauro (Hg), L'ambiente nel nuovo titolo V della Costituzione (2004).

REGGIO D'ACI, Enzo, La Regione Trentino-Alto Adige[2] (1994).

RICHTER, *Paolo Stella,* Un nuovo tipo di sentenza costituzionale: la sentenza creativa, Giustizia civile 2003, 608.

RIZ, Roland/HAPPACHER, Esther, Grundzüge des Italienischen Verfassungsrechts unter Berücksichtigung der verfassungsrechtlichen Aspekte der Südtiroler Autonomie[4] (2013).

RUGGIU, Ilenia, Le "nuove" materie spettanti alle Regioni speciali in virtú dell'art. 10, legge costituzionale 3/2001, Le Regioni 2011, 775.

RUOTOLO, Marco, Caccia in *Corso/Lopilato* (Hg), Il diritto amministrativo dopo le riforme costituzionali, Parte speciale, Volume I (2006) 421.

SAILER, Oswald, Wild und Weidwerk in Südtirol (1994).

SCHEGGI, Carlo, Il riparto di competenze Stato-Regioni in materia di chiusura della stagione venatoria alla luce della recente riforma costituzionale. Una compressione delle potestá regionali, Diritto e giurisprudenza agraria, alimentare e dell'ambiente 2005, 160.

SOBRINO, Giorgio, Leggi-provvedimento delle Regioni e competenze legislative dello Stato: la Corte Costituzionale fissa i "paletti" (ulteriori) all'esercizio dell'autonomia regionale, Giurisprudenza Italiana 2013, 788.

SUNDSETH, Kerstin, Vorschlag für eine neue Verordnung zu invasiven gebietsfremden Arten, Natura 2000 Newsletter Natur und Biodiversität, Nr. 35/2014, 12.

TERZER, Benedikt, Sonderabschussermächtigungen im Landesjagdrecht, Seminararbeit, Universität Innsbruck, Wintersemester 2013, nicht veröffentlicht.

TRUCCO, Lara, La regolamentazione della caccia tra complessitá (del presente) e continuitá (col passato), unter *http://www.giurcost.org/studi/Trucco7.pdf* (abgerufen am 21.03.2014).

TÓTERO, Alberto, La nuova legge venatoria nazionale. Commento teorico-pratico (1985).